U0657296

中国低碳经济发展策略论
——国际碳关税视角

Strategic Theory on China's Low-Carbon Economic Development
— in the Perspective of International Carbon Tariff

鲁　旭◎著

人民出版社

序

　　自《京都议定书》签署以来，低碳经济就开始被国际社会广泛关注，2003 年该词正式出现在英国能源白皮书《我们能源的未来：创建低碳经济》里。低碳经济当时还只是被看作是西方发达国家走过工业化之后的新兴做法。

　　碳关税的出现充分表达了发达国家对于率先进行减排和低碳发展可能导致竞争力损失和碳泄漏的担忧和不满。由于碳关税是贸易手段，西方学者在肯定碳关税会给中国等发展中国家带来严重后果的同时，并不看好碳关税的付诸实践，但是，碳关税却一直受到西方发达国家政府的极力推动，并以此来倒逼其他国家共同减排。2009 年哥本哈根气候大会前夕，碳关税的密集抛出严重削弱了中国的谈判实力，也让中国在国际上承诺进行碳强度减排。这种压力传导至国内，促成了我国新能源发展、战略性新兴产业发展、节能减排措施密集出台，从而加速了中国低碳经济发展的进程。从 2009 年开始，我国学者碳关税和低碳经济的学术关注度陡然上升，特别是"低碳经济"一词在国内越来越热。

　　当今的碳关税研究热度因航空碳关税的暂时搁置而有所降低，但是，其发展并没有就此停滞，而且，与碳关税有着千丝万缕联系的不同碳概念也在层出不穷，如碳金融、碳交易、碳汇、碳足迹、碳标签、碳标准、碳中和等，使得碳关税的发展更加复杂与多样化，也使得我国在利用这些碳措施过程中很容易陷入碳关税的圈套之中。

　　我国低碳经济发展需要规避碳关税的影响，以获得更多的发展空间和时间，在国际社会对中国实施碳总量强制减排之前完成中国的低碳经济转型。割裂对于碳关税的认识来单一地看待我国低碳经济的发展，或者会在行政命令式节能减排上形成路径依赖，或者在市场化工具的选择上过急或过慢。而过于担忧碳关税并有意规避碳关税，也使得中国的碳足迹、碳标签没有像西方发达国家那样激发消费端对生产链的低碳发展动力。而无论是哪一种情况，都不利于我国低碳经济的发展转型与低碳竞争力的增强。因此，有必要对碳关税理论与实践发展、碳概念间的逻辑关系、西方发达国家低碳经济发展模式的选择进行更深层次的分析，甄别性借鉴国外经验，结合我国国情，探索我国低碳经济发展主导模式，以破解碳关税的国际难题，使得我国在国际碳博弈中占领制高点。

2015 年 5 月发布的《中共中央国务院关于加快推进生态文明建设的意见》明确指出，"坚持把绿色发展、循环发展、低碳发展作为基本途径"。鲁旭博士的著作，从国际碳关税的视角论述了中国低碳经济策略，是有现实意义和理论价值的。该书梳理了碳关税的产生与发展、碳关税等碳概念间的逻辑关系以及碳关税在经济、贸易和国际法等领域的相关理论，并将有关碳关税的研究提升至理论机制（包括碳博弈机制和碳减排倒逼机制）的高度，突破了碳关税原本贸易壁垒的研究范畴，认为中国未来的低碳经济发展需要在减少碳减排倒逼机制影响的同时，有效利用碳博弈机制去加快形成低碳竞争力，从而构建了具有动态调整性的中国低碳经济发展对策体系，能够为中国低碳转型发展提供思路创新。

作为鲁旭博士的导师，我很高兴见到她的研究成果正式出版，这是一段时间以来她本人辛勤劳作、孜孜以求取得的结果，祝愿她在今后的学术道路上不懈追求，获得新的研究成果。

特之为序。

2015 年 6 月

目 录

前　言

化石能源的利用对于促进全球经济发展与人类社会进步起到了至关重要的作用，然而，燃烧化石能源所产生的无限度二氧化碳排放也导致全球气候逐渐变暖。一些受气候变化影响较大的西方发达国家开始主动在国内发展低碳经济，与此同时，也在国际上通过多边气候谈判极力推动更多国家接受强制碳减排的约束条件。但是，由于率先进行减排的国家在本国竞争力损失以及碳泄漏问题上存在顾虑，国际气候谈判向前推进得异常艰难。碳关税作为试图逼迫在谈判中不合作的国家接受碳减排的贸易手段，其出现推动了该进程，也使得气候变化问题开始与国际贸易问题相交织。从开始的反对到在环境与能源的相关法案中富有戏剧性地采纳，美国对于碳关税的态度转变标志着其在重新考量碳关税的战略价值。碳关税不仅可以将发展中大国一同纳入强制碳减排行列以遏制其发展，也可以改变传统的国际贸易比较优势，帮助西方发达国家在国际经贸领域形成新的低碳竞争力。越来越多的西方发达国家看到了碳关税所产生的国际碳博弈效果，积极培育低碳竞争力，试图凭借在全球低碳经济领域的主导权，来获得经济和政治上的最大国家利益。

虽然中国在外交上的确应该极力谴责发达国家自工业化以来高碳化行为造成的气候环境变化恶果和碳关税的贸易保护主义行径，但并不意味着中国就能始终以碳关税不合理或不合法为由去轻视国际碳减排问题以及本国的低碳经济发展。随着中国经济发展以及工业化与城镇化的快速推进，中国的二氧化碳排放量也在高速增长。无论是国际减排压力，还是国内环境与资源的容纳程度，中国的低碳经济发展都已到了势在必行的地步，而且在气候变化问题全球化的今天也已不能脱离国际大环境而存在。因此，重视碳关税并且有效地针对碳关税才能使中国的低碳经济转型获得更多的时间和空间，而在争取的有限时间内更加有所作为则是中国低碳经济获得未来竞争力的必然选择。

本书以中国低碳经济发展为研究对象，以碳关税问题为切入点，采用历史研究法梳理了碳关税的产生与发展，采用归纳与演绎相结合的方法分析了碳关税等碳概念间的逻辑关系以及从碳关税的理论架构中得出碳关税的两种理论机制——碳博弈机制和碳减排倒逼机制，采用比较分析法对于不同西方发达国家的低碳经济发展模式以及中国的低碳经济发展实践进行了比较分析，采用定性与定量相结合的模型分析法得出了中国未来低碳经济发展的最优模式，以及采用规范分析法构建了中国低碳经济动态协调发展的对策体系。通过这些研究方法的使用，本书希望能够以碳关税的视角为中国低碳经济发展提供更为全面而系统化的建设思路。

作 者

2015 年 6 月

导　论

国际碳关税这个国际问题与中国低碳经济发展这个国内问题都是当前不同领域的崭新研究课题，本书将对二者的研究有机结合起来，更是一种全新的挑战。本书试图站在碳关税①的研究视角，通过对碳关税理论机制的探索，将碳关税问题延展到国内的低碳经济发展问题，以期能够为中国未来的低碳经济发展构建动态系统的政策体系。导论部分作为全书的导读，系统地介绍了开展此项研究的背景，碳关税和低碳经济的相关国内外研究综述，以及本书的研究框架。

第一节　中国低碳经济相关问题的提出

化石能源利用开启了人类社会快速进步与经济发展日新月异的新天地，但是，燃烧化石能源所产生的无限度二氧化碳（Carbon Dioxide，CO_2）排放也导致全球气候持续变暖。从 1896 年科学家首次提出全球气候变暖的假设，到 1985 年标志全球气候变化问题政治化进程开始的奥地利维拉赫会议的召开，到 2006 年将经济学成本效益分析法用于比较气候变化预期损失与减缓气候变化成本间关系的《斯特恩报告》的

---

① 书名中使用"国际碳关税"一词，主要起到与"中国低碳经济发展"相照应的效果，说明本书研究的是国际与国内相结合的问题。由于"关税"一词本身就是用于国与国之间的措施，即使不加"国际"二字，也不会出现理解上的偏差。因此，出于简化语言的目的，本书中普遍使用"碳关税"一词，而不刻意在此之前添加"国际"二字。

发布，再到美国前副总统戈尔拍摄的《难以忽视的真相》[①] 以及联合国政府间气候变化专门委员会（Intergovernmental Panel on Climate Change, IPCC）2014 年底发布的《气候变化第五次评估报告》，仅仅百余年的时间，气候变化就已经走过了从科学化到政治化再到经济化的历程，已经成为囊括一切的发展问题，使得国际气候大会成为继世界贸易组织之后的又一个国际多边谈判焦点。而在气候变化的多边谈判中，时不时抛出的碳关税言论则让气候变化问题开始与国际贸易问题相交织，问题更加复杂化。

1997 年签署的《京都议定书》标志着国际气候大会要率先针对发达国家和市场经济转型国家进行碳排放总量的强制约束。然而，自签署之日起，美国就因《京都议定书》没有对发展中国家的碳减排作出规定而存有异议，2001 年其因担心产业竞争力会由此受到损害而宣布退出。美国的退出曾给国际碳减排带来阴影，经过欧盟一年多的不懈努力，《京都议定书》才回到原有轨道，开始进入碳减排操作层面上的实质协商。与此同时，欧盟等发达国家在国内也开始积极探索市场机制下的减排之路，低碳经济概念呼之欲出。2003 年，"低碳经济"一词正式出现在英国能源白皮书《我们能源的未来：创建低碳经济》里，低碳经济发展理念开始在西方发达国家不断升温。

2005 年 2 月，《京都议定书》正式生效，但以美国为首的一些伞形国家[②]碳减排态度消极，引发欧盟对于碳泄漏和产业竞争力的担心。自2006 年开始，以法国为首的欧盟国家开始在公开场合抛出碳关税言论，提到将对来自未履行二氧化碳减排义务国家（主要是美国等伞形国家）的进口产品采取单边性质的边界调整措施，迫使相关国家尽快承担约束

---

① 《难以忽视的真相》作为 2006 年上映的环保纪录片，记录了美国前副总统戈尔几年来跑遍全世界主要国家和城市去讲授温室效应对地球威胁的经历，反映了人类正在遭受全球气候变暖的困扰。2007 年，戈尔与 IPCC 分获诺贝尔和平奖。

② 包括美国、日本、加拿大、澳大利亚、俄罗斯等欧盟以外的国家，从地图上看，这些国家的连线很像一把伞。

性减排义务。而原本成为碳关税众矢之的的美国对此问题一反常态，其国会参议院环境与公共事务委员会2007年12月审议通过的《美国气候安全法案》纳入了碳关税措施，并将碳关税的矛头指向了发展中大国。之后，其多项法案中都提及碳关税，并得到了欧盟国家以及其他伞形国家的认同。金融危机的出现使得欧美国家越来越意识到碳关税是发达国家后金融危机时代争夺世界经济主导权的重要法宝，在将发展中大国一同纳入强制减排以遏制其快速发展的同时，也可以凭借其低碳经济领域的国际主导权来获得经济和政治上的最大国家利益。

在欧洲低碳经济兴起之时，虽然中国的可持续发展理念也在萌芽与发展之中，但由于中国属于《京都议定书》的非附件一国家，并没有强制减排压力，较之经济快速发展的巨大开放红利而言，中国选择了更加实际的工业化和城镇化所带动的经济发展，并充分利用有利机遇期大量吸引国外的产业转移，以及通过清洁发展机制（CDM）从海外获得低碳技术和资金等。然而，中国作为最大的发展中大国，工业化和城镇化进程的加速推进必然带来能源消耗量和二氧化碳排放量的显著增加。为了消除国际社会对中国碳排放过快增长的担心，我国于2007年及时发布了《中国应对气候变化国家方案》，在国内开始采取财政信贷等激励措施进行节能减排，与此同时，在国际上也表达了对低碳经济技术和碳汇的浓厚兴趣，如时任国家主席胡锦涛出席2007年9月的亚太经合组织（APEC）会议时，曾明确主张"发展低碳经济"，提出"研发和推广低碳能源技术""增加碳汇""促进碳吸收技术发展"，低碳经济也开始进入中国学者的研究视野。但是，当时的中国只是重视低碳技术和碳汇的发展，并没有碳减排的危机感，因此，低碳经济无论在理论层面还是在实践层面热度都不高。

中国经济在金融危机中率先企稳回升，然而，碳排放总量也开始赶超美国。美国等欧美发达国家更为一致地将碳关税对准发展中大国特别是中国。碳关税在2009年哥本哈根气候大会前夕被密集抛出，严重削弱了中国在国际气候大会上的谈判实力，也给中国的碳减排带来强大压力。为规避碳关税可能导致的中国贸易受损和被强制进行碳总量减排，中国一方面在国际上承诺开始进行碳强度减排，另一方面则加紧在国内部署低碳经济的转型发展，如启动新能源发展战略、发展战略性新兴产业、加大节能减排实施力度等。碳关税将中国带入了低碳经济发展的新时代，无论是被动还是主动，中国都已经参与到了全球低碳竞争之中，而且这种竞争已成为覆盖政策、技术、资本和产业的国家间的全方位竞争，是国家战略利益的竞争。中国如何发展低碳经济，在解决碳关税难题的同时获得低碳竞争力，是具有时代挑战性的战略谋划。

第二节 国内外关于碳关税的文献综述

碳关税是近几年出现的新问题，目前，从概念到定义再到整个理论体系以及如何实施都存有争议。国外对碳关税的研究大多集中在构建一般均衡模型研究碳关税能否改善全球环境以及如何影响全球福利。国内关于碳关税的研究刚刚起步，较多集中于对碳关税性质及影响的分析上，即从贸易壁垒和世贸规则角度讨论碳关税的合理性与合法性，定性或定量分析碳关税对我国的影响以及讨论碳关税的应对策略。国内碳关税的研究内容广泛，但研究还不够深入与透彻。

一、国外碳关税的文献综述

目前，西方学者热衷于研究碳关税的国家间福利影响，系统分析了碳关税对于经济合作与发展组织（Organization for Economic co-operation and Developmect，OECD）国家间以及与发展中大国之间的贸易与环境效应。

（一）有关碳关税全球福利影响的综述

乌尔卡德等（Hourcade, et al., 2007）认为，二氧化碳成本仅对部分在国民生产总值与就业中占比很小的行业（水泥、钢铁、铝业、化工、造纸、炼油等）存在碳泄漏的潜在影响，政府可以通过引导相关部门达成协议、在恰当的国际贸易框架内实施边境调整以及继续允许自由的投资选址来解决。[①] 麦基宾和威尔科克森（McKibbin 和 Wilcoxen，2008）认为，由于碳泄漏很小，即使碳关税可以有效减少碳泄漏排放，其对进口竞争产业的保护意义也不大，其贸易效果比不上可能产生的行政管理的复杂性或对国际贸易的不利影响。[②] 维尼达尔和曼德（Veenendaal 和 Manders，2008）应用多区域跨产业的 World scan 模型，也就是一种全球的可计算的一般均衡模型（Computable General Equilibrium，CGE），评估在仅有欧盟实行碳排放权交易且没有清洁发展机制条件下的碳关税影响，结果表明，出口退税帮助欧盟能源密集型产业从国外市场上恢复了市场份额，进口征税又不可能提高到对欧盟外国家产生损害的程度，因而，碳关税作用有限，并认为存在碳关税的替代方案。[③]格罗斯（Gros, 2009）在不考虑出口退税的条件下，构造了一个简单的局部均衡模型去分析碳关税的全球福利影响，结果表明，碳关税因为对进口征税传递了碳定价，可以补充改进国内的排放限额交易，从而增进了全球福利，至少部分地针对那些不采取任何措施的国家而言是这样的，最优的碳关税税率取决于需求与供给弹性参数，最重要的是排放外部性

---

① Hourcade J., Demailly D., Neuhoff K. & Sato M., *Differentiation and Dynamics of EU - ETS Industrial Competitiveness Impacts*, London：Climate Strategies, 2007, pp. 6—10. 在此及之后的引文中所出现的碳边境税、边境调整、边境税调整等措辞均等同于碳关税，本书将在第四章作详细解释。

② McKibbin W. J. & Wilcoxen P. J., *The Economics and Environmental Effects of Border Tax Adjustments for Climate Change*, http：//www. brookings. edu/~/media/events/2008/6/09% 20climate% 20trade/2008_ mckibbin_ wilcoxen. pdf, 2008（6）, pp. 16—17.

③ Manders T. & Veenendaal P., *Border Tax Adjustments and the EU - ETS*, a Quantitative Assessment, http：//ideas. repec. org/p/cpb/docmnt/171. html., Vol. 10, 2008, pp. 32—33.

参数。① 董和沃利（Dong 和 Whalley，2008）认为，今后几十年里关于全球碳排放的主要问题是排放的增长而不是全球贸易及其结构，而且，仅就贸易而言，国家间的贸易规模比贸易结构对碳排放强度的影响更大，碳关税只是改变了贸易结构，对全球气候变化的作用有限。② 董和沃利还将能源供给作为内生变量来发展多区域一般均衡模型，结果表明，碳关税只有很小和间接的减少全球碳排放的效果，即使利用惩罚机制效果也很小，不应该成为抑制气候变化的重要策略。③ 综上所述，西方大多数学者认为碳关税确实能够减少全球碳排放，增进全球福利，但是，由于碳关税涉及行业有限、难以控制征收的管理成本、对贸易规模和结构影响小以及可能引发贸易摩擦等内外部原因，导致其作用有限。

（二）有关碳关税国家影响的综述

西方学者对于碳关税国家影响的研究普遍认为，发达国家将从碳关税中获益，而碳关税对发展中大国的负面影响则较大。马约基和米萨莉亚（Majocchi 和 Missaglia，2001）利用 CGE 模型分析了碳关税对欧盟环境和就业的积极影响；马蒂森和莫斯塔（Mathiesen 和 Maestad，2002）、德马伊和奎利恩（Demailly 和 Quirion，2005）分别就欧盟的水泥和钢铁行业的研究表明，碳关税能够有效阻止碳泄漏的发生。④ 约翰逊（Johnson）从美国行业角度进行分析，认为实施碳关税可以保护美国的弱势产业（钢铁、水泥、造纸、化工等）和降低国内实施碳减排所带来的失业率。⑤ 豪泽艾等（Houser，et al.，2008）认为，美国进口的高能耗产品中发展中国家只占很小一部分，碳关税作用很小，也无法影

---

① Gros D., *Global Welfare Implications of Carbon Border Taxes*, Munich：*CES/ifo Working Paper*, No. 2790, 2009 (9), pp. 1—15.

② Dong Y. & Whalley J., *Trade Policy and Carbon Free Trade Areas*, Cambridge Massachusetts：*NBER Working Paper*, No. 14431, 2008 (10), pp. 24—28.

③ Dong Y. & Whalley J., *Carbon Motivated Regional Trade Arrangements：Analytics and Simulations*, Cambridge Massachusetts：*NBER Working Paper*, No. 14880, 2009 (4), pp. 1—30.

④ Gros D., *Global Welfare Implications of Carbon Border Taxes*, p. 2.

⑤ 叶莉、翟静霞：《碳关税对出口贸易影响研究综述》，《生态经济》2011 年第 11 期。

响除美国之外的国家之间的同类产品贸易。①巴比克尔（Babiker，2005）、世界银行（World Bank，2007）、库尔辛和艾伦（Courchene 和 Allan，2008）等普遍认为发展中国家如中国、巴西等将因碳关税实施承担大部分的税赋而致使贸易状况恶化和损失较大福利，②如世界银行预测平均 26% 的碳关税会使中国出口下滑 21%。③ 于布莱（Hübler，2009）认为，如果中国加入减排行列，发展中国家将受益而工业化国家几乎不受影响；若对不加入减排行列的中国实施碳关税，则工业化国家将显著受益而中国将显著受损。④

（三）有关碳关税壁垒的综述

洛克伍德和沃利（Lockwood 和 Whalley，2008）认为，碳关税不能阻止发达国家间的高碳产品出口，可能对贸易流并没有影响或影响有限，对碳泄漏和竞争力损失问题也可能起不到根本的弱化作用，相反还会构成自由贸易壁垒。⑤ 彼得森和克莱珀（Peterson 和 Klepper，2008）运用 CGE 模型 DART 软件包模拟欧盟气候政策制定至 2020 年的不同场景，结果显示碳关税的气候政策对多数贸易品的碳排放减少效果不明显，却减少了贸易额，从而降低了世界国民生产总值，由此可以证明其壁垒性。⑥ 奎克（Quick，2009）的研究则否定了碳关税的作用，认为出口国的生产会因为碳关税而改变贸易流向，不会减少生产，从而碳关

---

① Houser T.，Bradley R.，Childs B & et al.，*Leveling the Carbon Playing Field：International Competition and US Climate Policy Design*，Washington，D C：Peterson Institute for International Economics，2008，pp. 24—26.

② 席艳乐、孙小军、王书飞：《气候变化与国际贸易关系研究评述》，《经济学动态》2011 年第 10 期。

③ World Bank Group，*International Trade and Climate Change - Economic，Legal，and Institutional Perspectives*，Washington，D. C.：World Bank Publication，2007，pp. 4—18.

④ Hübler M.，*Can Carbon Based Import Tariffs Effectively Reduce Carbon Emissions?*，Germany：*Kiel Working Papers*，No. 1565，2009（10），pp. 1—26.

⑤ Lockwood B. & Whalley J.，*Carbon Motivated Border Tax Adjustments：Old Wine in Green Bottles?*，Cambridge Massachusetts：*NBER Working Paper*，No. 14025，2008（5），pp. 1—18.

⑥ Peterson S. & Klepper G.，*The Competitiveness Effects of the EU Climate Policy*，Germany：*Kiel Working Paper*，No. 1464，Vol. Ⅱ，2008，pp. 1—23.

税影响不了出口国的碳排放，因此，基于环保目的的碳关税对全球温室气体减排没有任何贡献，实施中必然滑向贸易保护主义。[①] 瑞秋·布鲁斯特（Rachel Brewster，2009）认为，排放配额问题未达一致之前，碳关税只是一纸空文；由于各国排放配额问题背后存在标准之争，碳关税会增加贸易壁垒。[②] 约翰·沃利（John Whalley，2009）指出，碳关税如果实施，世界在变"绿"的同时会走向贸易保护主义，这是不容易解决的。[③] 帕特里克·马塞林（Patrick Messerlin，2010）揭示，欧盟委员会试探性列出众多可能面临"碳泄漏重大风险"的产业部门，而有关专家认为只有其所列的少数几个部门才是碳密集型产业，可见相关法规的首要考虑是允许保护主义势力抬头，而不是降低碳排放。[④] 帕特里克·迈克尔（Patrick J. Michael，2010）认为《美国清洁能源安全法案》中的碳关税条款就是 20 世纪大萧条时期的《斯姆特—霍利法案》的现代版本，具有贸易保护主义的本质；萨利·詹姆斯（Sallie James，2010）指出，美国碳关税政策主要针对中国和印度，法、德等欧盟国家的更多高耗能产品却规避了惩罚。[⑤] 综合不同学者的观点，由于碳关税只是针对特定国家征收，在减少这些国家碳排放的同时，由于碳泄漏的存在，不受约束国家的碳排放势必呈快速上升趋势，使得贸易措施作用有限，而且如何征收的技术问题还没有解决，征收环节只要存在不合理的地方必然遭到被征收碳关税国家的强烈反对继而采取贸易报复措施。出于担忧引发全球贸易保护主义，发达国家的学者在肯定碳关税会给中

---

① Quick R. , "Border Tax Adjustment to Combat Carbon Leakage: A Myth", *Global Trade and Customs Journal*, Vol. 4, 2009, p. 354.

② 章文:《碳关税不应引爆中美贸易战》，2009 年 7 月 22 日，见 http://time-weekly.com/story/2009-07-22/102067.html。

③ 陈晓晨、田小山、约翰·沃利:《世界走向绿色保护主义》，2009 年 6 月 15 日，见 http://finance.ifeng.com/huanbao/lsft/20090615/790291.shtml。

④ Cattaneo O. , *Taxing Carbon at the Border could be Protectionism in Disguise*, June 24, 2010, see http://yaleglobal.yale.edu/content/growing-challenges-energy-and-environment-part-ii.

⑤ 王成至:《碳关税的讨论及其实施前景》，2010 年 7 月 16 日，见 http://www.eedu.org.cn/Article/es/envir/ptheory/water/201007/49839.html。

国等发展中国家带来严重后果的同时，并不看好碳关税的付诸实践。

二、国内碳关税的文献综述

我国对碳关税问题的重视始于 2009 年哥本哈根会议前后，之后的几年内，许多学者就征收碳关税会对中国产生的影响进行定性或定量分析，普遍认为碳关税会对中国产生严重影响，大多数学者对碳关税持否定态度，随着研究的深入，也有学者开始理性看待碳关税，不再完全否定碳关税。

（一）有关碳关税对中国出口影响的综述

多数国内学者将注意力放在碳关税对中国对外贸易的影响上，分别从不同产品、不同行业、不同贸易类型和不同出口市场对碳关税的贸易影响进行深入分析。沈可挺（2010）采用动态 CGE 模型评估出口行业所受的影响，结果显示，碳关税可能对中国工业品出口量下降产生长期持续影响，对制造业造成结构性冲击，冲击程度取决于产品隐含在生产过程中的碳排放强度。[①] 胡安彬（2010）使用"单位碳价值率"估算了碳关税实施可能对中国 33 种主要大宗出口商品的直接影响，结果发现碳关税对高耗能和资本密集型产品的冲击较严重，对劳动密集型产品有利有弊，对低耗能和能源产品的影响并不严重。[②] 王跃生、焦芳（2010）认为，中国的出口产品，无论是加工贸易还是一般贸易，都有较高隐含碳，必然深受碳关税的影响。[③] 吴力波、汤维祺（2010）认为，发达国家本国的商品价格弹性低、收入弹性高，进口的中国商品价格弹性高、收入弹性低，如果对中国出口征收碳税，税收成本显然主要由中国出口

[①] 沈可挺：《碳关税争端及其对中国制造业的影响》，《中国工业经济》2010 年第 1 期。

[②] 胡安彬：《碳关税对我国未来出口商品竞争力的影响》，《金融与经济》2010 年第 8 期。

[③] 王跃生、焦芳：《低碳经济背景下我国对外贸易发展模式的转变》，《河北经贸大学学报》2010 年第 6 期。

企业承担。① 《21 世纪经济报道》约请上海财经大学刘小川团队（2009）所做的研究课题显示，征收 30 美元/吨和 60 美元/吨的碳价将导致中国高碳产业出口总额分别下降 0.715% 和 1.244%。② 张茉楠（2011）提供的数据显示，若按 45 美元/吨的碳价对我国产品征收碳关税，中国出口产品进入欧美市场的关税会在目前 3%—4% 的水平上提高大约 14 个百分点，每年增加的额外负担约为 550 亿美元，并且，这种成本会随时间和减排目标的变化而增加。③ 崔连标等（2013）采用比较静态的多区域多部门 CGE 的全球贸易分析计划—能源环境版模型（GTAP - E）去评估碳减排政策对国际贸易的影响，认为美国对中国征收碳关税能够促进世界碳排放下降的幅度有限，但对中国会产生重要的负面影响。④ 综上所述，目前大多数学者主要采用 CGE 模型，利用投入产出表的相关数据，测算贸易隐含碳含量，在此基础上添加税率来预估碳关税对我国的影响。由于新的投入产出表还未公布，因此，大多数学者的测算均是在 2007 年投入产出表的基础上加工而成，也有学者采用国际组织公布的最新数据来进行测算。各个学者处理数据的方法不同，分析的结果也会出现不同。但总体而言，学者们普遍认为征收碳关税会对中国的外贸发展产生严重影响。

（二）有关碳关税对中国国内经济影响的综述

国内学者大多数认为，碳关税除了影响中国的对外贸易，也会对中国经济（企业生存、产业发展、就业等）带来严重的负面影响。杨金贵主持的中国国际经济合作学会调研课题于 2009 年对计算机、通信设备等 15 个重点机电行业的调研结果表明，行业平均利润率普遍在

---

① 吴力波、汤维祺：《碳关税的理论机制与经济影响初探》，《世界经济情况》2010 年第 3 期。

② 邓丽：《中美"碳关税"过招，中国说"不"》，《21 世纪经济报道》2009 年 7 月 4 日。

③ 张茉楠：《"碳关税"对中国转型形成强大倒逼机制》，《中国经贸导刊》2011 年第 11 期。

④ 崔连标、朱磊、范英：《碳关税背景下中国主动减排策略可行性分析》，《管理科学》2013 年第 2 期。

3%—6%，而根据国际能源组织（IEA）每吨二氧化碳征收 30—60 美元相当于中国制造业出口成本提高 3%—8% 的相关预测来看，多数行业的出口企业将面临亏损和倒闭。王慧（2010）认为中国出口美国的绝大部分产品属于《美国清洁能源与安全法案》中有关碳关税条款的清单产品，加之中国应对气候减排的措施与美国没有可比性，因此，美国法案中的碳关税条款对中国经济有潜在影响。[①] 马其家（2010）认为，碳关税虽然直接针对高耗能产品，但是这些产品由塑胶、五金、电子零件、包装等材料组成，碳关税影响将波及上游供应商，乃至整个供应链。[②] 蓝庆新（2010）认为，新兴经济体国家由于低碳减排技术没有实质性突破、正处在工业化发展的加速期以及人口众多等因素，若化工、有色、钢铁、机械等重要制造业被征收碳关税，且没有可替代的新兴产业出现，则可能造成产业链断裂，国民经济增长受到影响。[③] 沈可挺、李钢（2010）用 CGE 模型测算出，30 美元/吨碳和 60 美元/吨碳的税率将分别造成我国大约 100 万和 200 万左右的工人失业。[④] 王磊（2010）认为，碳关税由美国进口部门传导到中国出口企业，在中国国内没有征收碳税的情况下，会在出口企业与内销企业之间形成巨大的竞争力落差，大批出口企业对内和对外的竞争力都受到损失，只有倒闭或转型，这种国际传导效应也会让越来越多的国家（地区）尝试对华征收碳关税。[⑤]

（三）有关碳关税本质的综述

我国大多数学者定性分析碳关税的本质，认为其属于单边环境措施，表面上是为环境目的而为之，但是，在实施过程中很容易滑向贸易

① 王慧：《美国气候安全法中的碳关税条款及其对我国的影响——兼论我国的诉讼对策》，《法商研究》2010 年第 5 期。
② 马其家：《碳关税及中国的应对策略研究》，《社会科学战线》2010 年第 11 期。
③ 蓝庆新：《国际碳关税发展趋势析论》，《现代国际关系》2010 年第 9 期。
④ 沈可挺、李钢：《碳关税对中国工业品出口的影响》，《财贸经济》2010 年第 1 期。
⑤ 王磊：《美国碳关税政策对中美贸易的影响》，《财经科学》2010 年第 12 期。

保护主义，是一种新型贸易壁垒。鄂晓梅（2007）指出，自由贸易派和环境保护派都承认在 GATT/WTO 体系中，伪装的贸易保护主义可能会滥用环境贸易措施，有必要限制单边环境贸易措施的使用，两派争议的核心仅在于限制单边环境贸易使用的程度。[①] 夏先良（2009）认为，对发展中国家征收碳关税，会直接影响这些国家的出口，这与提高进口技术标准的壁垒措施是相同的。[②] 谢来辉、陈迎（2010）认为，尽管发达国家主张碳关税的实施目的是防止碳泄漏和保护公平贸易，但是，碳关税增加进口产品成本，产生贸易限制效果，能够起到保护进口国国内产业的作用，其征收必然会过度纠正碳泄漏，可能成为不合理的贸易壁垒。[③] 勾洪洋（2010）认为，碳关税的提出是以环境保护议题占领道德制高点，为贸易保护主义找到正当借口，从而获取更多的对外贸易主动权。[④] 曹静、陈粹粹（2010）认为，碳关税被发达国家冠以"公平竞争"的帽子，是发达国家披上的"绿色"外衣，实质是贸易保护主义行为，企图让发展中国家永远落后，这不仅不能推动，相反还干扰了国际气候谈判进程。[⑤] 韩琦（2010）认为，绿色贸易壁垒主要表现形式有多种多样，如绿色技术标准制度、绿色关税制度、绿色补贴制度、绿色环境标志制度、绿色包装制度等，而碳关税是一种新的绿色贸易壁垒表现形式。[⑥] 卢仁祥（2011）认为，贸易自由化的推行使得关税大幅削减以及传统非关税壁垒逐步撤销，碳关税作为一种新型贸易保护措施，可以起到避免贸易冲击本国经济和市场的壁垒作用，将来可能会被广泛采

---

① 鄂晓梅：《单边 PPM 环境贸易措施与 WTO 规则：冲突与协调》，法律出版社 2007 年版，第 38 页。

② 夏先良：《碳关税、低碳经济和中美贸易再平衡》，《国际贸易》2009 年第 11 期。

③ 谢来辉、陈迎：《中国对碳关税问题过度担忧了吗?》，《国际经济评论》2010 年第 4 期。

④ 勾洪洋：《低碳阴谋：中国与欧美的生死之战》，山西经济出版社 2010 年版，第 11 页。

⑤ 曹静、陈粹粹：《"碳关税"：当前热点争论与研究综述》，《经济学动态》2010 年第 1 期。

⑥ 韩琦：《碳关税贸易壁垒法律对策研究》，《新远见》2010 年第 9 期。

用。① 王俊（2011）认为，碳关税措施扭曲世界资源的优化配置和国际贸易的比较利益原则，若美国采取该措施去保护面临进口竞争的美国企业，碳关税就沦落为纯粹的保护主义工具；而且碳关税也提高了依赖进口产品的美国消费者和美国企业的生活或生产成本，是一种效率低下的做法。② 王海峰（2011）认为，美国过分夸大碳泄漏的严重性，真实目的不是保护清洁空气，而是实施贸易壁垒，若真是希望解决碳泄漏问题，最好的办法应是向发展中国家提供开发减排技术的资金以及免费或低价转让减排技术。③ 陈宝明（2012）认为，低碳贸易壁垒是为直接或间接减少碳排放而采取的贸易限制或禁止措施，与绿色贸易壁垒一脉相承。④ 张秀娥、杜青春（2013）认为，碳关税既是一种关税，又是一种环境规制，在推进世界低碳经济和绿色贸易发展方面具有一定程度的积极效应，但是，碳关税在更大程度上是一种新型的具有隐蔽性的技术贸易壁垒。⑤

（四）有关碳关税引发国际碳博弈的综述

鲍健强、苗阳、陈锋（2008）认为，在承接发达国家高碳产业转移后的20—30年，发展中国家将背负高碳经济所带来的沉重资源环境包袱，因此，碳排放权和经济发展权问题将是两类国家博弈的焦点。⑥ 夏先良（2009）认为，在国际金融危机调整全球经济格局的背景下，美欧发达国家相继提出碳关税，将引发新一轮的国际政治经济利益博弈，其和发展中国家的对立与矛盾会更趋复杂化，不利于全球共同应对

① 卢仁祥：《碳关税的相关理论机制及其经济影响与启示》，《生产力研究》2011 年第 7 期。

② 王俊：《从制度设想到贸易政策：美国碳关税蜕变之路障碍分析》，《世界经济与政治》2011 年第 1 期。

③ 王海峰：《WTO 视野下的碳关税制度分析》，《国际贸易》2011 年第 3 期。

④ 陈宝明：《低碳贸易壁垒发展趋势及我国的对策》，《中国科技论坛》2012 年第 9 期。

⑤ 张秀娥、杜青春：《碳关税对全球贸易体系及我国经济的影响与对策》，《学术交流》2013 年第 1 期。

⑥ 鲍健强、苗阳、陈锋：《低碳经济：人类经济发展方式的新变革》，《中国工业经济》2008 年第 4 期。

气候变化。[①] 张建平（2009）认为，严格的减排标准对于发展中国家而言是一种技术歧视，而作为迫使接受严格减排标准的碳关税措施更不利于世界经济的复苏，有可能引发新一轮的贸易战。[②] 何代欣（2010）指出，进入后工业化社会的发达国家向发展中国家转移了高碳产业，再对发展中国家生产出来的向其出口的高碳产品课征碳关税，这是买卖空气的新殖民主义，存在零和博弈的错误逻辑。[③] 王俊（2011）认为，尽管美国可以通过碳关税措施胁迫"搭便车"国家尽早加入到减排行列，但碳关税也可能会增加美国与这些国家之间的不信任，拉大的距离更加难以达成国际协议。[④] 俞海山、郑凌燕（2011）认为，基本上都是发达国家的学者和政府官员在支持碳关税，有些政府官员甚至将碳关税作为国际气候谈判的武器来使用。[⑤] 刘成玉、杨颖（2013）认为，国际社会碳减排"劣币淘汰良币"的现象普遍存在，碳关税等气候政策是在国家利益至上而国际治理与协调机制不到位的情况下出现的，促进了21世纪西方发达国家与发展中国家低碳经济发展的利益博弈，极有可能成为人类战争与冲突的新火种。[⑥] 综上所述，我国学者普遍认识到碳关税将成为国际气候变化问题与国际贸易问题相交织的国家间的博弈焦点。

---

① 夏先良：《碳关税、低碳经济和中美贸易再平衡》，《国际贸易》2009 年第 11 期。
② 张建平：《严防国际贸易保护，主动应对碳关税》，《中国科技投资》2009 年第 10 期。
③ 何代欣：《碳关税：机制困境、政治纠葛与经济悖论》，《中国行政管理》2010 年第 10 期。
④ 王俊：《从制度设想到贸易政策：美国碳关税蜕变之路障碍分析》，《世界经济与政治》2011 年第 1 期。
⑤ 俞海山、郑凌燕：《碳关税的合规性及合理性分析》，《财贸经济》2011 年第 12 期。
⑥ 刘成玉、杨颖：《中国低碳经济发展的现实制约与调控政策探讨》，《西南民族大学学报》（人文社会科学版）2013 年第 1 期。

第三节　国内外关于低碳经济的文献综述

低碳经济与生态经济、绿色经济、可持续发展一脉相承，又有国际气候大会协商好的低碳经济基本框架，国内外学者普遍能够在低碳经济转型与发展上达成共识。目前，西方发达国家有关低碳经济的研究已较为成熟，形成了有关能源结构、产业结构、生产过程、消费结构等较为全面的理论体系，而我国自 2009 年以后也开始结合本国的发展特点来阐释低碳经济含义，不断探索在新的国内外环境下的低碳经济发展。

一、低碳经济概念的文献综述

继"可持续发展"、"循环经济"、"绿色经济"之后，"低碳经济"是生态经济范畴出现的又一新概念，是 20 世纪后半期产生的新的经济思想。20 世纪 70 年代以来，针对世界人口失控、粮食供应紧张、工业增长无度、环境污染严重和不可再生资源大量消耗等全球性问题，罗马俱乐部提出的"增长的极限"理论引起了人们的深思，而西蒙则提出了较为乐观的"增长的无限"理论。联合国环境与发展委员会在报告《我们共同的未来》（1987）中，反对了上述或消极悲观或盲目乐观的言论，提出了可持续发展①理念。1992 年，这一理念得到了《里约宣言》与《21 世纪议程》的重申与发扬。1994 年 3 月 21 日正式生效的《联合国气候变化框架公约》及 1997 年 12 月制定的《京都议定书》不仅将这一理念确立为基本原则，还为全球应对气候变化问题的合作搭建了基本框架，从而在可持续发展理念下各国低碳经济理念开始萌发。1998 年，金齐希（Kinzig）和科曼（Kammen）合著的文献中开始出现"低碳经济"一词，而 1999 年，莱斯特·R. 布朗（Lester R. Brown）的

---

① 可持续发展就是既满足当代人的需要，又不损害后代人满足需要的能力的发展。

著作《生态经济革命：拯救地球和经济的五大步骤》中对低碳经济作了初步解释。2003 年 2 月 24 日，英国能源白皮书——《我们能源的未来：创建低碳经济》则正式给出"低碳经济"概念，即以更少的自然资源消耗和环境污染来获得更多的经济产出并创造机会发展、应用和输出低碳技术。2008 年，"转变传统观念，推行低碳经济"成为"世界环境日"的主题，联合国环境规划署希望以此推动国际社会在相关决策中形成低碳经济的共识。现今广泛引用的"低碳经济"概念是英国环境专家鲁宾斯德于 2008 年提出的，即低碳经济是在市场机制的基础之上通过制定和创新制度框架和政策措施从而推进低碳技术开发与利用以及促进低碳社会转型的一种经济模式，这里的低碳技术包括能源节约、能效提高、可再生能源发展、温室气体减排等技术，而低碳社会是向低能耗、高能效、低排放转型。①

我国学者从不同研究视角给出低碳经济概念。庄贵阳（2005）从技术和制度创新角度阐述低碳经济概念，认为低碳经济是通过技术创新和政策措施实施能源革命从而建立温室气体较少排放的一种经济发展模式，其实质是能源效率和清洁能源结构，核心是能源技术创新和制度创新，目标是减缓气候变化和促进人类的可持续发展。② 李建建、马晓飞（2009）从减少排放角度阐述低碳经济概念，认为低碳经济是一种经济模式或者经济形态，"三低"（低能耗、低污染和低排放）和"三高"（高效率、高效能和高效益）是发展基础，低碳是发展方向，节能减排是发展方式，碳中和技术是发展方法。③ 程恩富、王朝科（2010）认为低碳经济通过预设的二氧化碳减排目标倒逼与之相适应的先进技术，其逻辑起点就是技术问题。④ 一些学者从经济与社会的和谐发展角度将低

---

① 王淑新、何元庆、王学定：《中国低碳经济演进分析：基于能源强度的视角》，《中国软科学》2010 年第 9 期。

② 庄贵阳：《中国经济低碳发展的途径与潜力分析》，《太平洋学报》2005 年第 11 期。

③ 李建建、马晓飞：《中国步入低碳经济时代》，《广东社会科学》2009 年第 12 期。

④ 程恩富、王朝科：《低碳经济的政治经济学逻辑分析》，《学术月刊》2010 年第 7 期。

碳经济上升至经济形态高度，如冯之浚、牛文元（2009）认为，低碳经济是经济形态的总称，包括低碳发展、低碳产业、低碳技术、低碳生活等①；赵志凌等（2010）认为，低碳经济既是企业生存及盈利模式和经济模式，也是社会存在状态和社会制度发展状态②；潘家华等（2010）认为，低碳经济是指受一定碳排放约束的一种经济形态，目标为碳生产力和人文发展均达到一定水平，具有"低碳排放"、"高碳生产力"和"阶段性"三个核心特征。③ 何平均（2010）④、郑晶和张春霞（2011）⑤ 等的低碳概念中都出现了产业转型这一具有发展中国家特点的低碳经济发展手段。李文钰（2012）对于经济结构调整的观点更加突出，认为低碳经济除了积极完成国家节能降耗指标要求之外，还要调整经济结构，发展新兴工业，提高能源利用效益，建设生态文明。⑥张平、杜鹏（2011）认为低碳经济有广义与狭义之分，广义指低投入和高产出的经济发展方式，主要考虑所有资源的有效利用，以实现人类可持续发展为长期目标；狭义指以"三低"为特征的较少排放温室气体的经济发展方式，以应对当前气候变暖问题为短期目标。⑦ 卢现祥、王宇（2012）从制度层面认为，低碳经济是一种制度安排，通过正式约束、非正式约束以及实施机制，引导社会主体方方面面贯彻低碳理念，激励各个环节实现低碳环保。⑧

① 冯之浚、牛文元：《低碳经济与科学发展》，《中国软科学》2009 年第 8 期。
② 赵志凌、黄贤金等：《低碳经济发展战略研究进展》，《生态学报》2010 年第 8 期。
③ 潘家华、庄贵阳等：《低碳经济的概念辨识及核心要素分析》，《国际经济评论》2010 年第 4 期。
④ 何平均：《促进低碳经济发展财税政策的国际实践及启示》，《改革与战略》2010 年第 10 期。
⑤ 郑晶、张春霞：《低碳经济发展的动力研究》，《福建师范大学学报》（哲学社会科学版）2011 年第 4 期。
⑥ 李文钰：《低碳经济视域中的政府管理创新》，《文史博览》（理论）2012 年第 1 期。
⑦ 张平、杜鹏：《低碳经济的概念、内涵和研究难点分析》，《商业时代》2011 年第 10 期。
⑧ 卢现祥、王宇：《论国外发展低碳经济的财税政策支持体系》，《经济与管理评论》2012 年第 2 期。

二、低碳经济理论体系的文献综述

(一) 低碳经济在西方经济理论体系中的发展综述

以萨缪尔森为代表的"新古典综合派"把 GDP 作为经济学研究的主要内容，一直以来使人们误认为经济学是研究一国如何增加 GDP 的学科，20 世纪 90 年代以后才有所改观。1991 年，格罗斯曼和克鲁格（Grossman 和 Krueger）在分析北美自由贸易协定（NAFTA）的环境效应时，首次提出"环境库兹涅茨曲线"（EKC），认为经济增长与环境质量之间存在"倒 U"形的动态关系，即起飞阶段经济高速增长的同时环境破坏加剧，转折阶段随着经济增长环境污染达到峰值后开始下降，稳定阶段经济增长时污染物排放总量不再同步增长，甚至是下降，这被称之为"脱钩"，也就是低碳经济发展。[1] 一些西方学者通过实证研究肯定了发达国家 EKC 的存在，认为脱钩可以实现，但这是一个长期复杂的过程，如霍尔茨－埃金和塞尔登（Holtz－Eakins 和 Selden，1995）、罗伯茨和格里姆斯（Roberts 和 Grimes，1997）、安特魏勒等（Antweiller, et al.，2001）等均证实了 EKC 的存在。[2] 温艳（2011）认为，低碳经济对于已过拐点的发达国家而言是一个经济增长和碳排放增加逐步从耦合走到脱钩的过程。[3] 鲁丰先等（2012）认为，低碳经济对于发展中国家而言是在经济发展的爬坡阶段不再翻山，而是通过在半山腰开凿隧道实现穿越而行，即所谓的低碳经济的"隧道效应"（见图0.1）。[4] 而王素立、张振鹏（2013）则认为，从"倒 U"形来看，发展中国家低碳转型的轨迹不应再是人类环境质量的过山车，应该在控制过

---

① 陆钟武、毛建素：《穿越"环境高山"——论经济增长过程中环境负荷的上升与下降》，《中国工程科学》2003 年第 12 期。

② 席艳乐、孙小军、王书飞：《气候变化与国际贸易关系研究评述》，《经济学动态》2011 年第 10 期。

③ 温艳：《发展低碳经济的理论内涵研究》，《生产力研究》2011 年第 8 期。

④ 鲁丰先、王喜等：《低碳发展研究的理论基础》，《中国人口·资源与环境》2012 年第 9 期。

山车峰顶不高于人类持续生存的生态阈值基础上，尽量削减过山车的峰度和上坡里程，争取尽早经过拐点（见图0.2）。[1]

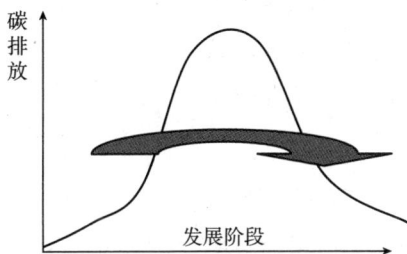

图0.1　低碳的"隧道效应"示意图　　　　图0.2　低碳的削峰示意图

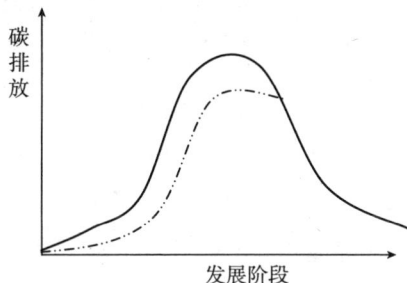

　　低碳经济除了用 EKC 和脱钩理论进行阐释以外，许多学者也认为低碳经济需要多学科的视角来综合审视，如阿尔迪和史蒂文斯（Aldy 和 Stavins，2007）认为，气候变化问题涉及多个学科，从经济角度看，低碳经济就是要综合运用"看不见的手"和"看得见的手"来解决全球经济增长与碳排放量增加之间的矛盾，因此，对低碳经济的整体把握也需要跨学科的综合视野。[2]我国学者方大春、张敏新（2011）认为，国际经济学欠缺对于国际社会的整体考虑，从其狭隘角度来看，传统贸易理论或新贸易理论下的国际经济合作能够增强一国的经济竞争力，但是，从生态效益来看，则会产生更多的环境负效应，使得每个国家的利益都受损；只有将低碳经济有关理论纳入进来，国际经济学才是真正意义上的国际经济学。[3]牛桂敏（2011）认为，应在制度经济学框架内分析低碳经济，这是一种新的制度安排，是将化石能源和大气环境均看成

---

　　[1]　王素立、张振鹏：《发达国家低碳经济战略选择及其对中国的启示》，《河北经贸大学学报》2013 年第 3 期。

　　[2]　Aldy J. E. & Stavins R. N. , *Architectures for Agreement：Addressing Global Climate Change in the Post - Kyoto World*，London：Cambridge University Press，2007，pp. 1—30.

　　[3]　方大春、张敏新：《低碳经济的理论基础及其经济学价值》，《中国人口·资源与环境》2011 年第 7 期。

是稀缺的自然所赋予的公共物品纳入经济运行过程并参与定价和分配，使得生产的社会成本纳入私人获利之中。① 罗宏等（2011）认为应运用外部性和公共物品的传统经济学理论、行为经济学理论、博弈论、协同效应理论、碳循环和碳平衡理论等深入研究低碳经济的内涵与基本规律、碳排放与经济发展的关系以及低碳经济与绿色经济、循环经济的关系，并形成低碳经济理论。②

（二）低碳经济在马克思主义政治经济学中的发展综述

马克思在《资本论》第三卷分析级差地租时有关于"自然力对生产力产生正向作用"的论断，即"自然力不是超额利润的源泉，而只是超额利润的一种自然基础，因为它是特别高的劳动生产力的自然基础"。③ 在马克思所处的年代里，经济系统可以从自然力那里不费分文地索取可利用资源，因此，自然力在当时只是人类社会经济活动的自然基础。马克思更多关注的是当时新兴的资本主义生产方式和生产关系，在用剩余价值理论揭示资本主义生产方式本质上作出了重要贡献。恩格斯则论述了自然力的负向作用，即"如果说人靠科学和创造天才征服了自然力，那么自然力也对人进行报复，按他利用自然力的程度使他服从一种真正的专制，而不管社会组织怎样"。④ 可见，恩格斯的研究触角开始涉及生产对于自然的破坏，方法论中已包含自然力与社会经济系统的辩证关系。然而，随着时代发展，物质财富增长的速率远不及自然系统被破坏的速度，自然力对社会经济系统的反向制约越来越大，也就是说，自然力条件已随时代的发展发生了根本改变。我国许多学者提出应该与时俱进地发展马克思主义政治经济学体系，将低碳经济的发展理念纳入其中以适应时代发展的要求。为此，一些学者在发展马克思的有机

---

① 牛桂敏：《发展低碳经济的制度创新思路》，《理论学刊》2011 年第 3 期。
② 罗宏、裴莹莹等：《促进中国低碳经济发展的政策框架》，《资源与产业》2011 年第 2 期。
③ 《资本论》第三卷，人民出版社 1975 年版，第 728 页。
④ 《马克思恩格斯全集》第 18 卷，人民出版社 1964 年版，第 342 页。

构成理论和社会总资本再生产理论上做出了有益探索。马克思的资本有机构成理论中资本分为不变资本与可变资本，劳动分为物化劳动与活劳动，生产要素分为生产资料与劳动力，这为揭示资本主义发展的一般规律和总体趋势提供了理论支持；而马艳、严金强（2011）认为，马克思的这种两分法对于分析经济发展中的一些具体问题存在局限性，如部门或行业的技术特征、部门或行业内部技术差异等，而这些问题正是影响碳排放量的重要因素，应该扩展马克思的资本有机构成理论，将生产资料分为低碳型生产资料和高碳型生产资料，技术分为低碳型技术和高碳型技术，产业部门分为分为低碳产业和高碳产业。[①] 而李忠民、姚宇（2010）提出了"包含资源环境部类的马克思社会总资本再生产理论"，即在保留原有两大部类划分的基础上，将资源环境及用于补偿资源环境的社会产品作为新的资源部类，则社会再生产过程就可以被分解为生产资料部类、生活资料部类和资源环境部类这三个部类之间的交换过程，从而形成马克思主义的资源环境补偿机制。[②]

综上所述，无论是西方经济学，还是政治经济学，低碳经济思想都受到了学者们的普遍认同，无论哪个领域的学者，都在积极地将低碳经济纳入整个的经济理论框架之中，使其理论体系更加具有科学性与现实指导性。

（三）低碳经济与其他新兴经济的关系综述

美国海洋生物学家蕾切尔·卡逊（Rachel Carson，1962）发表的《寂静的春天》一书引起公众对环境保护问题的注意，而美国经济学家博尔丁（Boulding，1966）发表的论文《一门科学——生态经济学》中首次使用了"生态经济"一词，此后生态经济很快就成为引人注目的新兴学科。生态经济以生态大系统（包含人类）为研究对象，借鉴物

[①]　马艳、严金强：《经济发展方式与低碳经济关系的理论与实证分析》，《经济纵横》2011 年第 1 期。

[②]　李忠民、姚宇：《马克思社会总资本在生产理论与低碳经济的发展》，《陕西师范大学学报》（哲学社会科学版）2010 年第 9 期。

质循环和能量转化的生态学原理，从经济学角度探讨人类经济活动和自然生态之间的关系以及如何解决经济增长和资源环境约束之间的矛盾。[①] 博尔丁在20世纪60年代环保运动大背景下还提出了"宇宙飞船经济理论"，该理论是循环经济的思想基础，浓缩为资源利用的减量化（Reduce）、产品的再使用（Reuse）和废弃物的再循环（Recycle），简称3R原则。2004年，循环经济开始融入中国主流经济概念中。英国环境经济学家普利斯（Preece，1989）在《绿色经济的蓝图》中首次提到"绿色经济"一词，认为绿色经济是以生态农业、循环工业和持续服务业为基本内容的经济结构、增长方式和社会形态。

高飞、刘亚丛（2011）认为，低碳经济、循环经济和绿色经济的理论基础主要是生态经济学理论和系统理论。[②] 倪晓宁（2012）认为，循环经济侧重研究整个物质世界的循环利用，绿色经济侧重研究不与环境相对抗的经济行为，低碳经济侧重研究碳排放量的减少和强调低碳技术更新的作用。[③] 潘家华等（2010）认为，从减少能源消耗、提高能源效率和捕集埋存二氧化碳等温室气体等方面来看，低碳经济可以很好地体现循环经济的3R原则，因此，低碳经济与循环经济之间具有紧密的联系；在应对气候变化的过程中，低碳经济可以一并解决水污染、大气污染和固体废弃物等传统生态环境问题，因此，低碳经济与绿色经济之间存在协同效应。[④] 方大春、张敏新（2011）认为，与其他几种提法相比，低碳经济更能体现目前经济发展过程中的主要矛盾和紧迫目标。[⑤] 李宏岳、陈然（2011）认为，低碳经济是可持续发展的核心、本质和灵魂，抓住了应对气候变化、解决能源安全和发展创新经济这三大当代

---

① 傅海霞：《低碳经济相关概念综述》，《商业时代》2011年第13期。
② 高飞、刘亚丛：《论我国低碳经济制度体系的构建》，《生产力研究》2011年第3期。
③ 倪晓宁：《低碳经济下的国际贸易问题研究》，中国经济出版社2012年版，第23页。
④ 潘家华、庄贵阳等：《低碳经济的概念辨识及核心要素分析》，《国际经济评论》2010年第4期。
⑤ 方大春、张敏新：《低碳经济的理论基础及其经济学价值》，《中国人口·资源与环境》2011年第7期。

经济发展的要害，其可测量、可报告和可检查性也可以在操作中形成明确的"抓手"。① 张海良（2013）从意识形态的角度认为，低碳经济是从"浅绿色"经济过渡到生态资本主义历史形态，中国应以循环经济作为长效客观机制来建立生态社会主义低碳经济。②

三、国内有关低碳经济认识的文献综述

我国的一些学者从发展史的角度去认识低碳经济。周生贤（2008）指出，低碳经济是继原始文明、农业文明、工业文明之后人类社会的又一大进步，是在生产模式、生活方式、价值观念和国家权益等方面所进行的全球性革命。③ 鲍健强、苗阳、陈锋（2008）认为，低碳经济变革经济发展方式、能源消费方式和人类生活方式，使依赖化石能源的现代工业文明向生态经济与生态文明转变。④ 何建坤（2010）认为，继农业经济、工业经济和信息经济之后，低碳经济是人类社会的又一次划时代革命浪潮。⑤ 张小刚（2011）认为，低碳经济能够实现经济发展与资源环境保护的双赢，是改变、摒弃原有粗放发展模式的现实途径和必然选择。⑥ 王国莲（2012）认为，低碳经济不是简单回归原始文明和农业文明，而是辩证地扬弃工业文明。⑦

一些学者从实现手段与方式的角度去认识低碳经济。赵志凌等（2010）认为，低碳经济以节能减排为技术手段，以不同层面和领域

---

① 李宏岳、陈然：《低碳经济与产业结构调整》，《经济问题探索》2011年第1期。

② 张海良：《低碳经济模式、机制及其当代构建》，《求索》2013年第9期。

③ 见周生贤为《低碳经济论》（张坤民、潘家华、崔大鹏主编，中国环境科学出版社2008年版）一书写的序言。

④ 鲍健强、苗阳、陈锋：《低碳经济：人类经济发展方式的新变革》，《中国工业经济》2008年第4期。

⑤ 何建坤：《低碳发展——应对气候变化的必由之路》，学苑出版社2010年版，第130—150页。

⑥ 张小刚：《中西部地区发展低碳经济的政策困境与出路》，《中国人口·资源与环境》2011年第3期。

⑦ 王国莲：《略论低碳经济的发展向度与意义》，《经济问题》2012年第1期。

的循环经济发展为实现方式，是一种经济发展模式，更是一种社会生活方式，也是一种技术运行体系。[①] 马艳、严金强（2011）认为，发展低碳经济就是要变革生产和消费方式以及调整和优化技术和产品结构，从而为经济发展创造良好的外部环境。[②] 王国莲（2012）认为，低碳经济是整个经济过程的低碳化运行，实现扩大再生产由外延向内涵转变，能源结构上实现由化石能源为主向可再生能源为主的转变，生产上实现由高能低效污染生产向低能高效清洁生产的转变，流通上实现粗放型向集约型的转变，消费上实现奢侈高碳浪费向适度低碳消费的转变。[③]

一些学者从国际角度去认识低碳经济。林灿铃（2010）认为，低碳标准的制定和实行涉及世界各国的要素资源禀赋、生产发展水平与结构、生产与生活方式历史文化背景、国民价值观念和科技素质等诸多方面，体现了综合国力基础上的各国整体竞争力的较量。[④] 肖文燕（2011）认为，低碳经济在世界多极化发展格局下已经从经济范畴上升为政治范畴，是关于国际政治话语权争夺与重组的问题。[⑤] 既然世界发展格局的新规制将会是低碳经济，那么，中国和平崛起之路就需要通过发展低碳经济来实现。正如杜群、王兆平（2011）所指出的那样，低碳经济毫无疑问是世界经济未来发展的必然趋势，引领全球的生产和生活方式、人类的价值观念以及国家权益发生深刻变革。[⑥]

综上所述，我国学者虽然在低碳经济的研究上起步较晚，但是，在

---

① 赵志凌、黄贤金等：《低碳经济发展战略研究进展》，《生态学报》2010 年第 16 期。

② 马艳、严金强：《经济发展方式与低碳经济关系的理论与实证分析》，《经济纵横》2011 年第 1 期。

③ 王国莲：《略论低碳经济的发展向度与意义》，《经济问题》2012 年第 1 期。

④ 林灿铃：《论"低碳"》，《中国政法大学学报》2010 年第 6 期。

⑤ 肖文燕：《国外低碳经济的发展历程、策略选择及对中国的启示》，《江西财经大学学报》2011 年第 6 期。

⑥ 杜群、王兆平：《国外碳标识制度及其对我国的启示》，《中国政法大学学报》2011 年第 1 期。

低碳经济的概念、内涵、必要性、现实意义、实现方式等问题上能够与西方学者达成共识。我国的低碳经济发展才刚刚起步，许多实践还在试点当中，由于面临与西方发达国家不同的发展环境，今后的研究还需要在应对国际气候变化的进程中，结合国内经济发展方式转变以及试点经验，来深入研究适合中国的低碳经济发展路径和进行相关的成本收益分析，构建适用技术研发、市场调节机制、政策法规等相关制度，进而指导企业和社会行为，建立有利于政府、企业及公众参与的多位一体推动的低碳经济发展长效机制。

第四节　关于中国低碳经济的研究框架

一、研究中国低碳经济的主要目的

从碳关税与低碳经济的文献综述来看，中外学者在低碳经济发展问题上已经达成共识，但是，对于碳关税，中外学者的基本立场就存在明显差异。西方学者关注碳关税这种贸易手段对于气候外部性问题的解决程度，而中国学者则关注碳关税的贸易保护主义行径并对此进行谴责。尽管碳关税与低碳经济看似是两个截然不同的研究领域，但是，由于二者与其他碳概念（如碳金融、碳贸易、碳汇、碳足迹、碳标签、碳标准、碳中和等）之间存在着必然的联系，二者之间也就具有了一定的关联。近年来，不同碳概念层出不穷，所形成的措施有助于一国发展低碳经济，增强该国的低碳竞争力。但是，这些碳概念也与碳关税有着千丝万缕的复杂联系，中国在发展低碳经济时一旦忽视这些关联，很容易陷入碳关税的圈套，被迫提前进入碳总量强制减排行列，承受与经济发展阶段不相匹配的压力。而且，碳关税的发展并没有停滞不前，航空碳关税还在酝酿，欧盟碳交易过多的免费配额导致碳价下跌的问题也使得碳关税有升温的倾向，随之而来的是碳关税与碳概念以及低碳经济之间的复杂关系也在不断演进。因此，有必要对碳关税及其理论机制的运作进行深入分析，把握碳概念间的逻辑关系及演进发展，以及由此所形成的西方发达国家的低碳经济发展模式，在充分考虑中国国情的基础上给予中国低碳经济发展所需的国外经验借鉴，以期中国在探索低碳经济发展有效之路的同时，去破解碳关税的国际难题，争取更多发展空间和时间，从而在国际社会对中国实施碳总量强制减排之前完成中国的低碳经济转型，并且能够在国际碳博弈中占领制高点。从这一角度来看，碳关税这个国际问题与低碳经济这个国内问题放在一块进行研究显得十分必要且具有紧迫性。

二、研究中国低碳经济的重要意义

碳关税概念出现的时间不长，目前还不到十年的时间，但是，仅就其概念而言，除了碳关税的提法之外，还有诸如边境税调整、边境调整措施、碳边境税调整等说法，概念的不统一给相关研究带来了一定的困难。除了概念上的不统一，碳关税理论还出现了经济、贸易、法律等不同研究视角，也出现了实施国与被实施国之间差距较大的观点，如采用何种征收标准以及带来的影响成为两类国家饶有兴趣的热议。中国有关碳关税的研究从 2009 年开始快速增多，随着碳关税的升温，各类碳概念也开始逐渐进入人们的视野。然而，二氧化碳作为气体而言本身就有抽象性，而由此延伸至技术、经济、贸易、金融等领域的碳概念由于纷繁复杂、相互交织且不成体系，让碳关税的研究更加具有复杂性。本书对碳关税及其相关碳概念进行逻辑梳理，纳入碳关税理论机制的分析框架，并以该框架为基础对各国实践进行理论层面的分析，在与中国作比较研究的基础上，结合中国在国际谈判中的实际情况，为中国低碳经济发展提供清晰思路。因此，本书的研究具有理论意义。

碳关税的理论与实践在不断发展，碳关税与碳税、碳交易、碳标签等碳概念间的逻辑关系也在不断演进，完全规避或者消除这些碳概念对于碳关税实施的影响已不可能，而且，这些碳概念对于一国低碳经济发展确实也具有一定的作用，如何综合利用这些碳措施，在国际规则的夹缝中寻求更多有利于中国的发展空间和时间，需要更为深入的研究。目前，对于中国的低碳经济发展而言，行政命令式节能减排、碳税、碳交易的实施都有其利弊得失，而三者又都能对低碳生产直接产生全局影响，不可能成为并行不悖的低碳经济发展模式。究竟以何种方式为主导，使其既能在未来应对碳关税和碳减排的国际谈判中做到游刃有余，又能在促进该方式循序渐进发挥功效的同时让其他措施起到配合发展的作用，就成为中国低碳经济发展迫切需要解决的问题。本书试图构建以某一种碳减排制度为主导的低碳经济发展模式，在该发展模式的形成路径、模式形成后的各方面政策的协同配合以及充分调动地方政府、企业、非政府组织、消费者等各个微观经济主体的低碳发展动力等方面提供建设思路，以期有效促进我国低碳经济的发展。因此，本书的研究具有实践意义。

三、研究中国低碳经济的思路与方法

本书以中国低碳经济发展为研究对象，以碳关税问题为切入点，通过梳理碳关税的产生与发展，以及分析碳关税等碳概念间的逻辑关系，得到碳关税无论实施与否都能产生的理论机制。在此基础上，本书用碳关税的碳博弈机制去分析西方低碳经济的发展模式，用碳关税的倒逼机制去分析中国低碳经济的发展实践并对其实施效果进行评价。对于中国未来低碳经济发展的主导模式，本书用定性与定量相结合的层次分析法进行实证分析。在实证分析的基础上，本书将模型运行结果得到的碳税为主体的决策思路，连同有效针对碳关税和激发微观企业低碳发展动力这两大中国低碳经济发展要解决的棘手问题，共同作为中国低碳经济发展对策体系的构建原则，并在此原则的指导下，研究探讨中国低碳经济

动态协调发展的对策体系，以期能以碳关税的视角为中国低碳经济发展提供更为全面与系统的建设思路。

本书所采取的的研究方法主要包括：历史研究法、归纳与演绎法、比较分析法、定性与定量相结合的模型分析法以及规范分析法。

历史研究法：以时间为线索，追寻国际碳减排和碳关税的发生发展规律。

归纳与演绎法：对于碳关税与其他碳概念间的逻辑关系以及碳关税的相关理论进行归纳，在此基础上，合理推断出碳关税与其他碳概念的逻辑关系演进。

比较分析法：对西方发达国家较为成功的低碳经济发展模式进行归纳总结，将西方国家的实践背景与中国实际情况相比较，选择最为适合中国低碳经济发展的政策措施组合。

模型分析法：采用定性与定量相结合的层次分析法对中国低碳经济发展的决策模型进行实证分析，从而找出中国低碳经济发展的最优主导模式。

规范分析法：本书目的是为中国低碳经济发展构建政策体系，从整体上来看，全书的研究是正规的规范分析法框架。

本书整体思路遵循"提出问题—分析问题—解决问题"的规范分析框架，如图0.3所示。

| 提出问题 | 导论：将碳关税的国际问题与低碳经济发展的国内问题置于同一分析框架 |

以碳关税为切入点进行研究

碳关税的产生与发展 → 碳概念间的逻辑关系 → 碳关税的理论机制

| 分析问题 |

碳博弈机制下的西方低碳经济发展模式

碳减排倒逼机制下的中国低碳经济发展实践及效果

定性与定量模型分析未来中国低碳经济发展的主导模式

中国低碳经济发展的对策体系构建
（三原则：以碳税为主体、针对碳关税和激发微观企业低碳发展动力）

| 解决问题 |

碳税实施前的各项准备

碳税方案的实施

碳交易的协同发展

政府低碳管制措施的转变

碳关税的外交应对措施

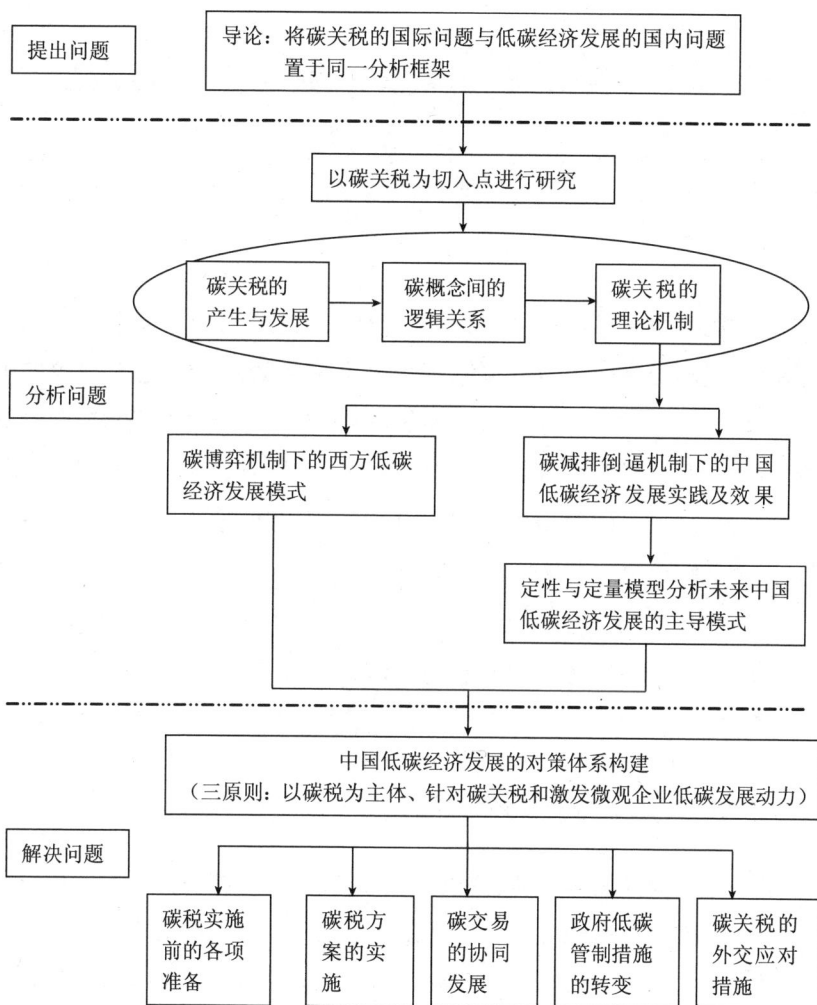

图 0.3　本书的研究思路框架图

第一章　碳关税的产生背景、提出与进展

碳关税的产生与二氧化碳温室效应所导致的全球气候变暖以及国际社会应对气候变化所进行的国际气候大会多边谈判有着追根溯源的关系，而且，也正是在国际气候大会关于碳减排问题迟迟不能达成一致的情况下，才有了碳关税的不断演进与发展。本章对全球气候变化、国际气候大会、碳关税的提出以及碳关税的进展以历史脉络的形式进行梳理，以期能够更为透彻地认识碳关税。

第一节　全球气候变化

一、化石能源中的二氧化碳排放

化石能源是生物有机质在沉积岩经过漫长的时间转化而来的碳氢化合物。这种碳氢化合物充分燃烧后在产生巨大能量的同时也产生大量的二氧化碳（CO_2）。化石能源是高碳能源，也属于不可再生能源，包括煤炭、石油、天然气等。而新兴的低碳或无碳能源有核能、水能、风能、太阳能、生物质能、潮汐能、地热能等，除了核能之外，其余的能源还具有可再生性。目前，不可再生能源利用占到一次能源的 90% 左右，而且，由于日本核泄漏事件的发生，各国核能的发展进程大大减慢，不可再生能源中化石能源仍然占据了绝大比例，其中以石油为主，其次是煤炭，然后是天然气。与可再生能源相比，化石能源燃烧是产生

二氧化碳的主要因素（见表1.1）。

表1.1　化石能源燃烧产生的 CO_2 量

（单位：吨）

CO_2 量的不同计算方法	煤炭	石油	天然气
燃烧每吨化石能源产生的 CO_2	0.70	0.54	0.39
燃烧单位热量产生的 CO_2	1.61	1.19	1.00

资料来源：Podesta, J. Stern, T., K.（2007），转引自鲍健强、苗阳、陈锋：《低碳经济，人类经济发展方式的新变革》，《中国工业经济》2008 年第 4 期。

从世界能源经济发展史来看，自给自足的农耕经济时期主要以薪柴为主要燃料，并不需要消费大量的化石能源；19 世纪中期开始的工业革命时代，蒸汽机的广泛使用需要燃烧大量的煤炭资源，世界能源经济进入"煤炭时代"；20 世纪 60 年代之后，美、苏主导的石油贸易得到迅速发展，石油消费开始超过煤炭在一次能源消费结构中的比例，宣告了"油气时代"的到来。在化石能源体系的支撑下，火电、石化、钢铁、有色金属、建材等重化工业开始迅猛发展并衍生出汽车、船舶、航空、化工、建筑、机械、电子等高能耗工业，甚至传统农业也由于以化石能源为基础的化肥和农药的使用而演变成高碳农业。化石能源的开发和利用改变了经济发展方式和水平，促进了工业发展与科技进步，人类得以获得大量物质财富。与此同时，化石能源燃烧所导致的 CO_2 排放量的增加也对地球自然生态系统的内在平衡性产生威胁，让人类备尝了工业文明所带来的如气候变化、环境污染等巨大苦果，而且，稀缺且不可再生的化石能源与资源的日趋枯竭也向传统的工业文明提出了新挑战。

二、气候变化问题的科学化

首先对人类生存与发展产生威胁的全球性环境问题是全球气候变化，而全球气候变暖是气候变化的核心问题。

（一）温室效应的发现

法国科学家和数学家让·傅立叶（Jean Fourier，1824）首先提出了温室效应理论，即太阳短波辐射（可见光辐射）可以透过大气层到达地面，而从地球表面辐射出去的长波热辐射（如红外线等）却被大气层捕捉，从而温暖了地球。随后，爱尔兰物理学家约翰·廷德尔（John Tyndall，1861）发现，水蒸气与二氧化碳的存在使得大气层能够吸收热辐射，十分类似于栽培农作物的温室作用，故形象地称该现象为"温室效应"。温室效应是生命存在的必要条件，可以将地表温度维持在15℃左右的水平，若没有温室效应，地表的平均温度将是人类不能生存的−18℃。工业革命之前，大气中的 CO_2 浓度平均值约为280ppm[①]，自然界的碳循环是保持平衡的（见图1.1），这种平衡下的温室效应使得地球表面的平均温度保持恒定。若温室效应强度过大，也就是说地球吸收的能量大于辐射的能量，则地球表面的平均温度就会上升，使得全球变暖。

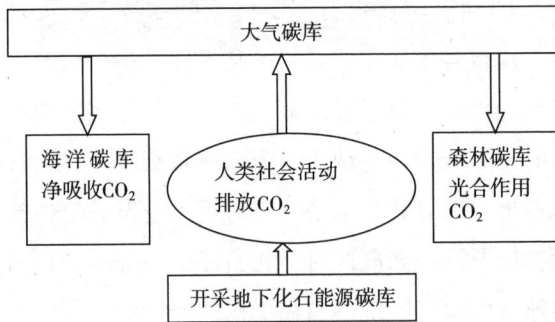

图1.1　地球碳循环图

①　1ppm $= 10^{-6}$，即百万分之一，包括 ppmv 百万分之一体积单位和 ppmw 百万分之一质量单位，多用于表示气体浓度。

（二）气候变暖的发现

瑞典化学家斯凡特·阿兰纽斯[1]（Svante Arrhenius，1896）首次提出气候变化的科学假设——人为温室效应的可能性，即化石能源燃烧排放的 CO_2 使大气中 CO_2 的浓度提高，从而导致全球气候变暖。1908年，阿兰纽斯在《形成中的世界》一书中提到，地球的气候可能受人类工业活动的影响极大，在未来几个世纪中，大气中 CO_2 的比重会增加到惊人的程度。然而，当时的科学家们，包括阿兰纽斯本人在内，因为海洋能够吸收大部分的 CO_2 从而对气候变暖持有比较乐观的态度，加之当时的西方国家正经历经济快速发展的辉煌时期，也无暇顾及环境问题。之后的研究表明，地球大气中的温室气体主要包括水蒸气（H_2O）、二氧化碳（CO_2）、甲烷（CH_4）、氧化亚氮（N_2O）和臭氧（O_3），也包括完全由人为因素产生的各种气体，如《蒙特利尔协议》中涉及的卤烃和含氯或含溴物——氢氟碳化物（HFCs）、全氟碳化物（PFCs）、六氟化硫（SF_6）、氯氟烃类化合物（CFCs）、氢氯氟烃类化合物（HCFCs）等。《京都议定书》限制排放的温室气体包括 CO_2、CH_4、N_2O、HFCs、PFCs、SF_6 及 CFCs。[2]

1957年，美国化学家罗杰·雷维尔（Roger Revelle）和汉斯·苏斯（Hans Suess）第一次指出二氧化碳大部分没有被海洋吸收，而是留存在大气中。这标志着科学家们对气候变暖的乐观态度开始转变。真正用实证方法证明全球变暖的是美国著名地球化学家和海洋学家查尔斯·戴维·基林（Charles David Keeling）。他通过设在夏威夷莫纳罗亚火山的观测站从1959年开始搜集有关大气中二氧化碳含量的数据。1960年，

---

[1] IPCC 对气候变化有关的各种问题定期展开有关科学技术和社会经济方面的评估，从而证实了气候变暖的事实，2007 年因此荣获诺贝尔和平奖。追根溯源，该年斯凡特·阿兰纽斯也因其气候变暖假说受到世人的另一种关注。

[2] Solomon S. , *Climate Change* 2007: *The Physical Science Basis – Working Group Contribution to the Fourth Assessment Report of the IPCC*. London: Cambridge University Press, 2007, pp. 718—721.

他用搜集的数据证实了二氧化碳含量急速上升的趋势，也就是著名的"基林曲线"（Keeling Curve），并警告世界人类活动是温室效应和全球变暖的罪魁祸首。1972 年，《自然》杂志做出了更加具体的预测，即到 2000 年气温将升高 0.5℃。同年，罗马俱乐部发表的第一个研究报告《增长的极限》做了世界性灾难即将来临的预测，第一次对传统工业文明和高碳经济发展方式进行了深刻反思，向公众敲响了警钟。同年召开的斯德哥尔摩人类环境会议开始促进人们对气候变化相关问题的认知。

1988 年，联合国成立政府间气候变化专门委员会（IPCC），开始集全球之力对气候变化问题展开全面而深入的研究。从 1990 年 IPCC 第一次发布气候变化评估报告，再到 2007 年的第四次评估报告，科学家们不断发现有力新证据去证明气候变暖的事实。IPCC 第四次评估报告指出，1970—2004 年间，CO_2 排放量增加了大约 80%，CO_2、CH_4、N_2O、氟化物（包括 HFCs、PFCs、SF_6）造成的温室效应分别占全部温室效应的 63%、18%、6% 和 13%；工业革命以来，大气中的 CO_2 浓度比率在快速升高，已经超过 380ppm，致使地球表面温度平均上升 0.75℃，而最暖的 12 个年份中有 11 个年份在 1995—2006 年间；照此下去，若 CO_2 浓度超过 550ppm，气候变暖将导致恶劣自然灾害的发生，如冰川融化、海平面上升、病毒增加、物种减少、灾难气候频繁等。尽管 2009 年"气候门"事件[①]质疑了全球变暖的科学依据，但世界气象组织 2012 年 11 月 28 日发布的报告显示，2012 年有望成为有记录以来十大最热年份之一，干旱、洪水频发，北极海冰范围创新低。而 2013 年 IPCC 第五次报告出台前的第一小组报告也再次用科学依据有力证明了气候逐渐变暖的事实，维护了 IPCC 的权威性（见表 1.2）。

---

① 2009 年 11 月 17 日，黑客入侵研究气候变化的权威机构——英国东英吉利气候研究中心（该机构为 IPCC 第四次评估报告和制定全球应对气候变化政策提供重要参考依据），盗取了上千封气象专家们的电子邮件和三千多份有关气候变化的文件。这些文件显示，该机构有意不采用 1976—2005 年的大气温度值作为 30 年气候趋势基准，而以 1961—1990 年的数据为基准，来支持全球气候变暖加剧的结论。

表 1.2　IPCC 历次评估报告的气候变暖结论

评估报告	时间	气候变暖的主要结论
第一次	1990 年	近百年的气候变化可能是自然波动，也可能是人为活动，或者是二者共同影响的结果
第二次	1995 年	人类活动对气候变化的影响已经可以"被检测出来"
第三次	2001 年	人类活动导致气候变暖的可能性有 66%
第四次	2007 年	人类活动导致气候变暖的可能性上升至 90% 以上
第五次 第一小组报告	2013 年	人类活动导致气候变暖的可能性上升至 95% 以上

资料来源：IPCC 官方网站，Http：//www.ipcc.ch/。

三、气候变化问题的政治化

1979 年 2 月，世界气象组织（WMO）在瑞士日内瓦召开第一届世界气候大会，专门讨论全球气候变化，被认为是国际科学界在达成全球变暖科学共识上迈出的重要一步。1985 年 10 月，气候问题奥地利维拉赫会议的召开开启了全球气候变化问题的政治化进程。1988 年，美国物理学家詹姆斯·汉森（James Hansen）在美国国会听证会上 99% 肯定了人类活动导致的全球气候变暖风险，听证会引发了广泛的关注；同年 6 月，加拿大政府在多伦多举办了以"变化中的大气：对全球安全的影响"为主题的国际会议，首次将全球变暖视作政治问题；同年 9 月，联合国大会首次将全球变暖问题作为大会议题，之后，联合国与世界气象组织共同组建 IPCC 去专门负责有关温室气体及影响的研究与汇报工作。自成立以来，IPCC 先后发布的四份气候变化评估报告成为国际气候谈判的科学基础，极大地推动了国际气候谈判的进程，如 1990 年发布的 IPCC 第一次评估报告，促使联合国大会拟定《联合国气候变化框架公约》（以下简称为《公约》），并推动了 1992 年第一次地球首脑峰会上该《公约》的签署；1996 年发布的 IPCC 第二次评估报告，推动了 1997

年《京都议定书》的签署；2001 年发布的 IPCC 第三次评估报告为各国政府制定应对政策，实现《公约》目标提供了客观的科学信息，成为 2002 年第二次地球首脑峰会宣言的重要基础；2007 年发布的 IPCC 第四次评估报告，其主要结论成为 2007 年年底国际气候大会的主要议题，促成各国接受巴厘路线图以及签署 2009 年的《哥本哈根协定》。

四、气候变化问题的经济化

2006 年 10 月 30 日，英国政府委托尼古拉斯·斯特恩[①]（Nicholas Stern）主持编写的《斯特恩报告：气候变化经济学》（以下简称《斯特恩报告》）正式对外发布，标志着气候问题开始成为经济问题。《斯特恩报告》提出，按照当前模式发展，气候变化将造成全球经济下挫 5%—10%，贫穷国家则会超过 10%，若把环境和健康等额外因素也综合考虑进来，气候变化总成本相当于削减每人 20% 的福利，碳的社会成本则是 85 美元/吨 CO_2。如果要实现把全球平均升温控制在 2℃ 以内的目标，就需要将大气中的温室气体浓度稳定在 450—550mL/m^3，为此，国际社会有必要采取严格的 CO_2 减排措施。如果立即采取行动，到 2050 年减排成本大概仅占世界生产总值的 1%，碳的社会成本仅为 25—30 美元/吨 CO_2。如不采取行动，全球经济将付出比采取行动高 5—20 倍的代价。[②]《斯特恩报告》引起了经济学界的广泛关注，三位诺贝尔经济学奖得主阿罗（Arrow）、索洛（Solow）、斯蒂格利茨（Stiglitz）以及世界银行行长沃尔福威茨（Wolfowitz）等对报告评价很高，也有一些经济学家对斯特恩模型 0.1% 这一极低贴现率参数的设定产生质疑，如韦茨曼（Weitzman，2007）、达斯古帕塔（Dasgupta，2008）、诺德豪斯（Nordhaus，2008）、门德尔松（Mendelsohn，2008）等，但经济学家的

---

① 尼古拉斯·斯特恩是世界银行前首席经济学家和英国政府经济顾问。

② Stern，N.，*The Economics of Climate Change：The Stern Review*，London：Cambridge University Press，2007，pp. 1—18.

分歧仅在于代际贴现率应该多高才合适①，并没有否认减缓气候变化措施的未来收益。2009 年 6 月，世界贸易组织（WTO）和联合国环境规划署（UNEP）联合发布《贸易与气候变化报告》，首次阐释了自由贸易与气候变化的关系。世界银行也在《2010 年世界发展报告：发展与气候变化》中警告说，全球气候变化与金融危机相比危害更大。随着减排行动框架的确立，后京都时代的谈判细节更加倾向于经济问题的讨论，如各国由于减排成本不同而对减排的约束性指标争论不休，发展中国家要求发达国家提供减排所需的资金与技术等，由减排所引发的低碳经济发展也成为国际社会的共识。

第二节　国际气候谈判

一、《联合国气候变化框架公约》与《京都议定书》

1990 年，联合国发起针对《联合国气候变化框架公约》（United Nations Frame Convention on Climate Change，UNFCCC，以下简称《公约》）的谈判工作。1990 年第二次世界气候大会，主题为"全球气候变化及相应对策"，制定了"气候变化需要人类共同关注""公平""可持续发展""预防"，以及不同发展水平国家"共同但有区别的责任"等原则。1992 年 5 月，联合国总部通过了《公约》，正式启动削减温室气体排放的国际合作。同年 6 月，巴西里约热内卢召开的联合国环境与发展会议对《公约》进行了开放签字，并通过了国际社会致力于处理气候变化的首份公约——《关于环境与发展的里约热内卢宣言》，史称"里约宣言"（Rio Convention），是人类环境保护与可持续发展进程上迈出的重要一步。《公约》于 1994 年 3 月 21 日生效。支持《公约》实施

---

① 席艳乐、孙小军、王书飞：《气候变化与国际贸易关系研究评述》，《经济学动态》2011 年第 10 期。

的联合国秘书处设在德国波恩，与 IPCC 相互协作，负责组织会议和各项讨论并促进共识的达成，以及监督和评估执行效力。截至华沙会议，公约缔约国已增至 195 个。中国政府一直参与《公约》谈判，1992 年签署《公约》并于 1993 年批准，成为《公约》的正式缔约国。

然而，《公约》仅有原则性共识，没有对缔约方的具体减排数量进行约束，也没有相应的实施机制，必然会缺少执行力度。1995 年，第一次联合国气候变化框架公约缔约方会议（COP1）为弥补《公约》没有约束力的不足而发表《柏林授权》（Berlin Mandate），约定今后每年都将进行例会，商讨协议框架内的阶段性约束指标及具体实施。1997 年，各缔约方为加强《公约》的法律约束力，在 COP3 会议上签署了补充协议《京都议定书》（以下简称《议定书》），开启了附件一国家（Annex I，主要是指工业化国家和一些转型国家）定量减排的先河，即要求附件一国家 2008—2012 年间的温室气体排放量比 1990 年减少 5.2%，而发展中国家根据"共同但有区别的责任"原则可以不承担约束减排义务。《京都议定书》在其签署和批准过程中一直充满了争议。《公约》荷兰海牙 COP6 大会期间，美国退出《议定书》，成为国际减排谈判进程中的障碍。当时的美国认为，按照《议定书》的规定，美国一旦签署，将不得不限制高碳产业发展，加大减排技术研发与应用的投入力度，会给美国经济带来巨额成本，而中国、印度等发展中国家却不存在类似问题，这会使美国产业处于不对等的国际竞争地位。美国对于《议定书》的态度也影响了其他伞形国家，如澳大利亚拒绝批准《京都议定书》，加拿大政府对后京都谈判反应消极等。之后，欧盟极力推动达成《波恩政治协议》和《马拉喀什协定》，规定附件一国家可以通过帮助发展中国家进行环境保护来减轻减排义务，确定了碳汇的计算方法及碳汇的额度上限，还以支持俄罗斯加入 WTO 为条件，积极推动俄罗斯批准《议定书》，最终扫清了《议定书》生效的障碍。中国分别于 1998 年和 2002 年签署和批准了《议定书》。该《议定书》于 2005

年正式生效，至 2007 年 12 月，随着澳大利亚宣布加入《议定书》，美国成为唯一没有签署此项协议的发达国家。

二、后京都时代的气候谈判

在《议定书》框架内，世界各国出自国家利益的考虑，结成了三大利益集团，即节能减排"领头羊"的欧盟、减排并不十分积极的伞形国家和要求排放权即发展权的发展中国家①，利益集团之间的矛盾以及每个利益集团的内部差异决定了减排国际机制和制度建立的复杂性和艰巨性。加之，《议定书》本身并不具有法律约束力，加入和退出比较自由，对于各国的减排义务规定也没有强制执行能力，这些都使得后京都时代的国际气候合作问题，尤其是减排目标的分担与实施充满诸多障碍，气候谈判成为一场没有终点的国际政治经济博弈，而碳关税作为国际政治经济博弈的一种手段，就越来越受到以欧美为首的一些发达国家的重视，成为《议定书》相关谈判的重要砝码。

（一）巴厘路线图

2007 年 12 月，《公约》第 13 次缔约方会议（COP13）暨《议定书》第 3 次缔约方会议（CMP3）启动了双轨谈判进程，既讨论发达国家量化减排义务及可比性问题，也涉及发展中国家的适当减缓行动，也就是同时为美国和发展中大国设定减排义务。达成的巴厘路线图包括三项内容：一是制定《巴厘行动计划》以加强落实《公约》的决定；二是特设工作组继续谈判以确定发达国家 2012 年后（也就是第二承诺期）的减排指标，确定未来谈判的时间表，决定 2009 年哥本哈根气候变化会议召开时间为谈判的最后截止时间；三是确定了审查《议定书》第 9 条的目的、范围和内容。巴厘路线图确立了后京都协议的谈判进程，提出了推动谈判进程的减缓、适应、技术和资金这"四大车轮"，成为国

---

① 包括发展中大国（中国、印度等）、最不发达国家集团、小岛国联盟以及石油输出国组织（阿联酋、沙特等）。

际气候谈判史上的一座里程碑。

(二) 哥本哈根会议前的形势变化

2008 年 12 月的波兹南气候大会出现矛头指向发展中大国的倾向，这种倾向的热度直到 2009 年年底的哥本哈根会议都一直不减。2009 年 6 月，世界贸易组织（WTO）和联合国环境规划署（UNEP）联合发布的《贸易与气候变化报告》指出，尽管当前非 OECD 成员国 CO_2 排放总量仅略高于 OECD 成员国，但是，这些国家每年 CO_2 排放的增长量却是 OECD 成员国的五倍，若减排政策不改变，至 2030 年，这些国家每年的 CO_2 排放量将高出 OECD 成员国约 72% 之多。[①]联合国贸易和发展会议（UNCTAD）公布的《2009 年贸易与发展报告》也指出，发展中国家和经济转型国家的温室气体排放量出现了急剧上升的趋势，特别是发展中大国。这些国家若不大力采取行动，这一趋势还将继续持续下去。[②] 2009 年 8 月，在波恩召开的《公约》特设工作组的非正式小组会议上，印度要求在国际气候谈判文本中加入"对来自发展中国家的货物与服务，发达国家缔约方不得以保护和稳定气候为理由采取包括碳关税在内的任何形式的单边措施"的条款，得到包括巴西、南非、阿根廷和沙特阿拉伯等在内的发展中国家支持，伞形国家中的日本和新西兰认为应该使用国家通报制度来报告单边措施的影响，澳大利亚认为应在 WTO 规则下讨论该议题，而欧盟和加拿大则认为单边措施有挑战也有机会，只是解决单边措施时不应偏离减排行动的轨道。[③]之后，一些发达国家在哥本哈根会议召开前夕在各种场合"热炒"碳关税，来增加向发展中国家施压减排的谈判筹码。为此，"基础四国"（包括中国、

① Tamiotti L., Teh R., Kulacoglu V., Olhoff A. & Simmons B., *Trade and Climate Change: WTO - UNEP Report*, New York and Ottawa: Renouf Publishing Company Limited, 2009, pp. 5—6.

② UNCTAD Secretariat. *Trade and Development Report 2009*, New York and Geneva: United Nations publications, 2009, pp. 1—50.

③ Jhamtani H., *Unilateral Trade Measures to Protect Climate Change Violate Climate Treaty - say Developing Countries*, August 13, 2009, TWN Bonn News Update 7.

印度、巴西、南非）及"七十七国集团"主席国苏丹的代表2009年11月底在北京紧急磋商，就12月举行的哥本哈根气候变化大会协调立场，并就碳关税等重要问题形成一致看法。

（三）哥本哈根协议

2009年12月召开的哥本哈根气候变化大会被称为"人类拯救地球的最后机会"，达成了"将地表温度升高幅度控制在2℃以内"的共识，也就是将CO_2浓度控制在450ppm以下，而实现这一愿景意味着至2020年全球CO_2排放总量至少要下降10%。哥本哈根会议上，发达国家与发展中国家不仅在协议的地位、约束性和具体的条文方面存在分歧，而且在单轨还是双轨机制、减排目标、资金技术支持方式、检测手段等问题上也存在激烈争论。美国此前一直受到欧盟和发展中国家的两头挤压，但在此次会议中，美国先是根据本国的气候法案提出较低约束的减排计划[①]，然后与欧盟和其他伞形国家联手，单方面炮制无视发展中国家利益的"丹麦提案"，后推动"金砖四国"采取自愿减缓措施，如中国计划2020年单位国内生产总值的温室气体排放量较2005年减少40%—45%，印度较2005年减少20%—25%，巴西"情景照常（BAU）"模式下减少36%—39%；俄罗斯较1990基准年减少15%—25%等，继而要求日本、澳大利亚等国也在减排方面作出积极承诺，以及推动《哥本哈根协议》（Copenhagen Accord）的达成，又以国内立法程序为由不受多边机制的制约，从而成为会议的最大赢家。

（四）坎昆协议

2010年11月底的坎昆气候变化大会主要探讨发达国家向发展中国家提供资金的机制，各方均认为分歧较大，难以达成具有法律约束力的协议。日本、加拿大和俄罗斯威胁放弃减排目标，甚至日本提出以包含

---

①　较2005年减排17%，大大低于其他发达国家的减排承诺，相当于较1990基准年减排4%，而1997年签订的《京都议定书》已经要求美国到2012年的碳排放量较1990基础上减少7%。而且，美国承诺的资金投入也不足其GDP的0.01%。尽管国际社会对此不满，但美国政府没有作出让步。

新兴经济体减排目标在内的新减排协议来替代《议定书》，美方也要求中国、印度等新兴经济体必须作出同步减排的正式承诺，并以退出谈判为要挟，会议经过近9个小时的"加时赛"才终于达成《坎昆协议》。《坎昆协议》维护了"共同但有区别的责任"原则和"双轨制"的谈判机制，保证了附件一国家第二承诺期和第一承诺期的衔接，为"三可"核查（可测量、可报告和可核实，简称MRV）和国际磋商与分析（ICA）规定了进程，承认了发展中国家的减排行动，并推动发达国家以多种方式向发展中国家提供减排资金与技术的支持，如加强清洁发展机制（CDM）、建立绿色气候基金①、制定新的"坎昆适应框架"、建立由"技术执行委员会"和"气候技术中心与网络"组成的技术机制等。②《坎昆协议》是国际谈判分歧较大时务实的小修小补，谈判的关键问题，如第二承诺期发达国家的确切减排目标、发展中国家的自主减排方式、资金与技术的具体资助等，只是列为备选项，还没有明确的答案。

（五）德班系列协议

2011年12月，欧盟在德班气候变化大会上提出有条件地签署第二承诺期《议定书》，并要求2015年之前制定2020年之后的涵盖主要经济体的新法律框架。德班会议为解决分歧，一方面宣布从2013年起进入《京都议定书》第二承诺期，另一方面建立德班平台负责制定适用于所有《公约》缔约方的法律框架，计划不晚于2015年完成，在此基础上各缔约方可以探讨2020年起的减排。除此之外，德班会议还达成了《德班系列协议》（Durban Package Outcome），包括正式启动绿色气

---

① 基金落实发达国家的300亿美元资金来快速启动气候融资以满足发展中国家的短期需求，并计划于2020年之前募集1000亿美元资金用以帮助贫穷国家发展低碳经济，保护热带雨林，共享洁净能源新技术等。

② UNFCCC Secretariat, *UN Climate Change Conference in Cancun Delivers Balanced Package of Decisions, Restores Faith in Multilateral Process*, December 11, 2010, http://www.unep.org/climatechange/News/PressRelease/tabid/416/language/en – US/Default.aspx? DocumentId = 653&ArticleId = 6866.

候基金、成立基金管理框架、制定减排监督与核查规则、向发展中国家转移清洁能源技术、保护森林等。德班会议虽然使得第二承诺期得以保障，但气候合作前景不容乐观，一是发达国家的减排承诺很低，二是绿色气候基金缺乏长期资金保障，三是会后加拿大立即宣布正式退出《议定书》，世界各国通过协商合作解决气候问题的未来充满很多不确定的因素。

（六）多哈气候变化大会

多哈会议开幕前夕的 2012 年 11 月 21 日，联合国环境规划署全球同步发布了《2012 年排放差距报告》，指出全球温室气体排放水平比预定目标高出约 14%，这增加了多哈谈判的急迫性。2012 年 11 月 26 日多哈气候大会开幕，对延续第二承诺期作出了具体安排，重申就长期愿景、减缓、适应、资金和技术等已达成的政治共识，力求在 2015 年德班平台谈判达成新的国际气候协议并于 2020 年生效实施，决定 2013 年开启关于"损失与损害"的国际赔偿机制谈判，会议起到了承前启后的重要作用。会议上各方分歧很大，很多难题留给华沙气候大会，如加拿大、日本、新西兰和俄罗斯明确表示不参加第二承诺期；仅有澳大利亚、日本、挪威、瑞士、列支敦士登和摩纳哥六国表示不使用或购买一期排放余额去扩充二期排放额度；发展中国家要求发达国家 2013—2015 年的中期落实资金应翻番达 600 亿美元，而发达国家对此闪烁其词等。①

（七）华沙气候变化大会

2013 年 9 月，IPCC 审议并通过了第一工作组关于气候变化的自然科学基础报告，警告各国领导人，对抗全球变暖要成为各国发展战略中优先考虑的问题。从《京都议定书》到《巴厘行动计划》，再到哥本哈根、坎昆和德班等系列协议，发达国家一直试图模糊化"共同但有区别

---

① 陈迎：《多哈召开气候大会减排任务任重道远》，2012 年 12 月 25 日，见 http：//www.chinanews.com/gj/2012/12－25/4435187.shtml。

的责任"原则,进而要求中国、印度等发展中大国承担跟发达国家一样的"三可"强制约束性减排目标。在华沙会议中,发达国家又提出针对减排责任与目标设定、气候基金出资义务等问题设立一个适用于所有成员国的单一标准,而发展中国家坚持单列其责任与义务。谈判中欧盟态度强硬,导致一些发展中国家联合起来指责欧盟制定的碳减排时间表根本不符合发展中国家的实际减排能力。最终,华沙会议维护了发展中国家的基本权益,规定德班增强行动平台要基本体现"共同但有区别的责任"原则,迫使发达国家再次承认应出资支持发展中国家应对气候变化。此外,华沙会议也就损失损害补偿机制问题达成初步协议,同意开启有关谈判。[①]

（八）利马气候大会

2014年年底,利马气候大会的主要议题是就2015年巴黎大会协议草案的各项要素达成一致。大会谈判异常艰难,经过30多个小时的加时谈判,最终形成了一个比较平衡的决议草案,基本满足了发展中国家的一些要求,如遵循"共同但有区别的责任原则"的基本政治共识等,也对发达国家加速落实2020年前减排指标,提高执行力作出进一步安排。

（九）全球气候大会前景展望

《公约》已经走过了20年的谈判历程,《议定书》也有了近十年的发展（见表1.3）。从各届气候变化大会上各国的纷争与博弈来看,在美国、欧盟、日本等发达国家以及中国、印度、俄罗斯等发展中大国没有达成共识的情况下,很难达成全球减排协议。应对全球气候变化的国际政治与经济博弈还会长期存在。随着之后气候变化大会的一系列谈判渐进地、循序地向2020年新气候协议前进,温室气体减排注定是各国都"不得不玩"的一场游戏。一直以来,IPCC评估报告对于全球气候

---

① 袁瑛:《华沙气候大会:虽无惊喜,暗流涌动》,2013年11月7日,见http://www.infzm.com/content/95725。

变化谈判都具有巨大的推动作用，已发布的 IPCC 第五次评估报告必将对之后的全球气候大会产生深远影响。作为最大的发展中国家，中国不仅不可能置于此外，而且还会成为国际气候谈判的焦点，应早做准备，不仅不受他国摆布，还应成为规则的制定者。

表1.3　全球气候大会议程表

时　间	届　数	地　点	内　　容	IPCC 报告
1990 年				第一次评估报告发布，确认了气候变化问题的科学基础
1992 年			开放签署《公约》	
1994 年			《公约》生效	
1995 年 3 月	COP1	德国柏林	发表"柏林授权"，成立特别小组负责后续的法律文件谈判	第二份评估报告发布，指出全球气候变化受人类活动影响
1996 年 7 月	COP2	瑞士日内瓦	赞同 IPCC 报告结论，通过《日内瓦宣言》，呼吁实质性的有法律约束力的减排	
1997 年 12 月	COP3	日本东京	通过《议定书》，规定附件一国家的强制减排目标	
1998 年 12 月	COP4	阿根廷布宜诺斯艾利斯	通过《布宜诺斯艾利斯行动计划》，计划 COP6 会议上解决京都机制问题	
1999 年 10 月	COP5	德国波恩	决定履行布宜诺斯艾利斯行动计划，促进《议定书》早日生效	
2000 年 9 月	COP6	荷兰海牙	由于欧美分歧严重，会议无果而终	

续表

时　间	届　数	地　点	内　容	IPCC 报告
2001 年 7 月	COP6 续会	德国 波恩	达成《波恩政治协议》，从而挽救《京都议定书》	第三次评估报告发布，证实气候变化不可避免，并检验气候变化与可持续发展的关联
2001 年 10 月	COP7	摩洛哥 马拉喀什	通过《马拉喀什协定》，完成《议定书》生效的准备工作	
2002 年 10 月	COP8	印度 德里	通过《德里宣言》，明确提出可持续发展框架	
2003 年	COP9	意大利 米兰	解决《议定书》操作和技术问题	
2004 年 12 月	COP10	阿根廷 布宜诺斯 艾利斯	讨论《公约》生效十年的成就、未来挑战、技术转让、资金机制、能力建设等问题	
2005 年 2 月			《议定书》正式生效	
2005 年 12 月	COP11 CMP1	加拿大 蒙特利尔	开始《议定书》第二承诺期温室气体减排谈判	
2006 年 11 月	COP12 CMP2	肯尼亚 内罗毕	讨论发达国家第二承诺期温室气体减排指标	
2007 年 12 月	COP13 CMP3	印度 尼西亚 巴厘	通过"巴厘岛路线图"，决定在 2009 年年底前完成第二承诺期谈判	第四次评估报告发布，详细探讨全球长期与短期减排目标、潜力和成本
2008 年 12 月	COP14 CMP4	波兰 波兹南	讨论减排中长期承诺、应采取的有效措施以及绿色资金等问题	
2009 年 12 月	COP15 CMP5	丹麦 哥本哈根	通过发达国家强制减排和发展中国家自主减缓行动	

时　间	届　数	地　点	内　容	IPCC 报告
2010 年 12 月	COP16 CMP6	墨西哥 坎昆	探讨了发达国家向发展中国家提供资金的机制，并为诸多争议条款留出了备选项	
2011 年 12 月	COP17 CMP7	南非 德班	达成《德班系列协议》，《议定书》第二承诺期得以保障	
2012 年 12 月	COP18 CMP8	卡塔尔 多哈	讨论第二承诺期规划，确保在 2013 年 1 月 1 日生效；力求在 2015 年达成适用所有缔约方的新的国际气候协议，并于 2020 年生效实施	
2013 年 11 月	COP19 CMP9	波兰 华沙	会议通过德班平台、气候资金和损失损害补偿机制等决议，但减排时间表和发达国家对发展中国家的减排资助两大核心内容未最终落实	第五次评估第一工作组关于气候变化的自然科学基础报告发布
2014 年 12 月	COP20 CMP10	秘鲁 利马	会议基本通过巴黎大会协议草案的各项要素	第五次评估报告发布，确认全球气候系统在变暖，温室气体排放等人为驱动因子是主要原因

第三节　碳关税的提出

结合《京都议定书》所规定的碳减排责任，以碳税或碳交易为发展路径的"低碳经济"逐渐成为西方发达各国的一项政策目标，但是，在贸易自由化发展的全球背景下，实施这些低碳减排制度所带来的成本加重成为西方发达国家忧心竞争力损失的头号问题，也使得西方发达国家不断提出碳关税的相关议题。

一、法国——碳关税的推动者

法国政府是碳关税的极力推动者。2007 年 1 月，时任总统希拉克（Jacques René Chirac）警告说，美国若不签署《京都议定书》和《后京都议定书》，则会面临征收碳关税的后果。2007 年 11 月，新任总统萨科奇（Nicolas Sarkozy）出于保护排放交易体制下的欧盟企业，再次将"碳关税"一词带到政治舞台。在 2008 年提出国内增设"气候—能源税"的基础上，2009 年 6 月，萨科齐又将"碳关税"的讨论升级。一方面他向哥本哈根气候变化大会提议在谈判不能达成一致时考虑碳关税去建立所谓的公平环境，另一方面呼吁欧盟内部共同推动设立碳税边界机制以防止他国的"环境倾销"行为。2009 年 7 月，萨科奇提议对发展中国家出口产品征收碳关税，但在当月的欧盟成员国环境部长非正式会议上遭到了他国的一致反对，德国代表强烈指责碳关税是"生态帝国主义"和对 WTO 规则的直接违反。[①]时任欧盟轮值主席国的瑞典环境大臣安德烈亚斯·卡尔格伦坦言对发展中国家征收碳关税只能让国际气候谈判更加艰难，反对这种贸易保护主义的尝试。印度对此强烈反对，称碳关税是"绿色保护主义"，宣称印度不会因此接受有约束力的限期减排目标。2009 年 9 月，萨科齐则继续在联合国气候大会上鼓吹设立欧盟碳税边界机制对进口的"污染国家"产品征收关税。

在国内，法国国民议会和参议院于 2009 年 10 月和 11 月先后投票通过了有关碳税的法案，即自 2010 年 1 月 1 日起对化石能源使用按照 17 欧元/吨 CO_2 的标准征税，且对来自环保立法不及欧盟严格的国家产品征收碳关税。面临来自国内政治、国际规则、管理成本压力以及可能招致的贸易报复，法国国内对该法案的颁布没有取得一致意见。2009

---

① Shanley M. & Wissenbach I. *Germany calls Carbon Tariffs "Eco-imperialism"*, July 24, 2009, http://www.reuters.com/article/2009/07/24/us-germany-tariffs-idUSTRE56N1RJ20090724.

年12月30日，法国宪法委员会以碳税制度没有遵循税收平等性且与抑制气候变暖的目的不符为由裁定违宪从而不得颁布。而萨科齐在2010年新年致辞法国经济界人士时则说，法国努力减排却使无所作为的国家获得贸易上的优势，为了公平竞争，国际间的碳关税对法国工业和就业市场至关重要，是对国内碳税的合理补充。2010年1月5日，法国政府宣布修订碳税法案，并拟定于7月份开始实施，但由于阻力过大，2010年3月，法国政府又宣布搁置该法案。

尽管国内碳税计划被无限期搁浅，但是，法国对外还在推动设立碳关税。鉴于欧盟考虑将2020年减排20%的目标提高到30%，法国在2010年3月的欧盟会议中提出"碳包涵机制"，也就是对进口欧盟的产品加入CO_2成本。2010年4月，法国又提出与美国就边界碳调节进行合作。2010年4月，时任意大利总理贝卢斯科尼同意萨科齐的碳关税观点，与其联名致信欧盟委员会主席巴罗佐，呼吁为促进欧盟以外国家采取减少CO_2排放的措施，对不符合欧盟碳排放标准的产品进口收取补偿金。[1]这一提议得到了荷兰、丹麦、比利时等国政界人士的支持与响应。该提议虽被纳入欧盟审议范畴，但欧盟的贸易官员一直担心启动碳关税会让受影响的国家以牙还牙，最终引发贸易战，从而反对采纳该提议。至此，法国的碳关税举措暂时告一段落。

二、美国——碳关税态度的转变者

在1997年《议定书》谈判的关键时刻，美国参议院一致通过《伯瑞德—海格尔决议》（Byrd – Hagel Resolution），规定美国政府不得签署任何严重损害美国经济而发展中国家不受影响的带有约束性减排目标期

---

① *Italy Joins French Calls for EU Carbon Tariff*, April 16, 2010, http：//www. euractiv. com/en/climate – environment/italy – joins – french – calls – for – eu – carbon – tariff – news – 450643.

限的国际气候变化条约。①虽然 1998 年 12 月时任副总统戈尔象征性签署了《议定书》，但时任总统克林顿却未将其递交议会批准。2001 年，布什政府正式宣布退出《议定书》，并拒绝承担规定的减排义务。2005 年《议定书》生效后，美国对于减排的不作为不断遭到欧盟指责，美国成为全球气候大会上的众矢之的。针对法国碳关税的警告，美国贸易代表苏珊·施瓦布（Susan Schwab）在 2007 年 12 月初巴厘岛举行的贸易部长会议上强调，借口应对气候变化而采取单边贸易措施，会导致贸易保护主义盛行。但是，施瓦布的发言话音未落，美国国会已在尝试把欧盟碳排放交易制度纳入本国立法中，而且，为了防止本国碳交易制度存在碳泄漏问题，这些立法草案普遍包含碳关税制度的实体性设想。

（一）《美国气候安全法案》

2007 年 12 月，《美国气候安全法案》（也被称为《利伯曼—华纳法案》，Lieberman – Warner Climate Security Act）在美国国会参议院环境与公共事务委员会上被审议通过，其在设定国内 CO_2 等温室气体减排目标的同时，解决碳泄漏问题不再是对排污权免费分配，而是要求美国进口商必须先购买相应的"国际储备指标"才能进口来自未承担类似减排目标国家的碳密集型产品。2008 年 6 月，由参议院议员芭芭拉·鲍可瑟（Barbara Boxer）提交的修正案《2008 年利伯曼—华纳气候安全法案》，因当时油价高企、金融危机以及总统大选等多因素被议会以程序有问题为由否决。但是，该法案全面详尽地提出将进口产品纳入碳排放交易制度框架，且提出了适用的进口产品类别、可能涵盖的产品来源国界定、进口所购排放权的定价方法、进口所购排放权的数量界定等具体实施措施。② 该法案被认为是美国未来所实施的碳关税雏形。

---

① Byrne J. , Hughes H. , Rickerson W. & Kurdgelashvili L. *American Policy Conflict in the Greenhouse: Divergent Trends in Federal, Regional, State, and Local Green Energy and Climate Change Policy*, Energy Policy, 2007, p. 4555.

② Veel P. E. , "Carbon Tariffs and the WTO: An Evaluation of Feasible Policies", *Journal of International Economic Law*, 2009 (9), p. 6.

（二）《美国清洁能源安全法案》

金融危机爆发后上台的奥巴马政府提出了新能源经济发展的新政，而气候政策关系到奥巴马新政的执行。[1] 2009 年 3 月，就职不久的能源部长朱棣文在众议院科学小组会议上声称，为了有助于公平竞争，对于没有实施温室气体强制减排措施的国家，美国将征收碳关税。[2] 2009 年 6 月，美国众议院以"219 票支持：212 票反对"勉强通过了《美国清洁能源安全法案》（The American Clean Energy and Security Act of 2009，也被称为《沃克斯曼—马基法案》），意在对哥本哈根会议施加影响。该法案为美国设定国内温室气体减排目标，即到 2020 年碳排放量在 2005 年基础上减少 17%，到 2030 年减少 42%，到 2050 年减少 83%；还规定从 2020 年起不实施减排限额的国家向美出口高碳产品时必须购买"国际储备配额"，成为世界上第一个规定对出口高碳产品征收碳关税的法案，标志着碳关税从理论可行性研究层面上升到政策实施层面。该法案对一些国家免征碳关税，如在国际协议中作出与美国相当的减排承诺国家、与美国同为特定国际行业协议的成员国、行业能源或温室气体强度目标低于美国的国家、最不发达国家、温室气体排放占全球份额低于 0.5% 的国家以及进口占美国该行业份额不足 5% 的国家。由于中国、印度等发展中大国发展快速，又不太可能放弃"共同但有区别的责任"原则，势必成为美国碳关税的实施重点。2009 年 6 月，在波恩举行的联合国气候变化会议上，美国代表就暗示会针对中国产品征收碳关税。

（三）《美国电力法案》

2009 年 9 月，公布的参议院版气候法案草案——《清洁能源工作

---

① Pauwelyn J., *U. S. Federal Climate Policy and Competitiveness Concerns*: *the Limits and Options of International Trade Law*, Duke University: Nicholas Institute for Environmental Policy Solutions, 2007, pp. 5, 12.

② 虽然美国气候法案中全文没有"碳关税"这个词，但是，一些美国官员和媒体将该法中的这一条款直接称为"碳关税"条款，如朱棣文等。参看 Talley I., Barkley T., *Energy Chief Says U. S. is Open to Carbon Tariff*, 2009, http://online.wsj.com/article/SB123733297926563315.html。

与美国电力法案》（The Clean Energy Jobs & American Power Act）规定，为使进口产品原产国承担与美国相一致的国际义务，根据美国能源密集型出口企业所承担的排放配额，在法案后续制定中可加入有关边境措施。2010 年 5 月，约翰·克里（John Kerry）和乔·利伯曼（Joe Lieberman）在参议院听证会上联合提出了《美国电力法案》（American Power Act of 2010），并获得众议院的通过。该法案提及，到 2025 年，与美国高能耗产业存在竞争的国家如果还没有采取具有可比性的减排措施，则其进口产品必须购买国际储备配额。[①]奥巴马对该法案表示支持，并希望尽快完成立法。美国参众两院和政府对待碳关税的趋同化态度意味着碳关税终将成为美国贸易措施的一部分。

三、欧盟——碳关税问题上的逐渐强硬者

根据 2003/87/EC 指令，欧盟碳排放交易体系（European Union Emission Trading Scheme，EU ETS）于 2005 年 1 月正式启动。EU ETS 涵盖一万多个规模以上的工业企业，涉及钢铁、水泥、电解铝、电力、化工、造纸、塑料、橡胶、玻璃等高耗能行业，能够覆盖欧盟 40% 的 CO_2 排放源。与此同时，欧盟测算的受竞争力损失和碳泄漏影响的工业部门也会多达 164 个，将导致产业外迁和就业机会外移，以及企业被外资并购的可能性也将增大。为此，许多欧洲学者和政治力量，尤其是欧洲议会以及以能源密集型产业为主的国家，开始强烈呼吁欧盟对外征收碳关税。2006 年 11 月，在第 12 届联合国气候变化大会上，法国前总理多米尼克·德维尔潘（Dominique de Villepin）提出对没有签署《后 2012 京都议定书》国家的工业产品出口征收额外关税。同年 12 月，欧盟贸易委员会委员曼德尔森（Mandelson）则表示，关税的提法在 WTO 法律框架下极有问题，实践中也几乎不可行，因为不加入京都减排既不违反

---

① Doniger D., *American Power Act "First Read" of the Kerry – Lieberman Climate and Energy Legislation*, May 12, 2010, http：//www.usclimatenetwork.org /policy /american – power – act.

WTO 规定，也不构成补贴。[①] 此后，法国并未罢休，一直极力推动欧盟对外征收碳关税。

2008 年 1 月，在有关 EU ETS 的 2003/87/EC 号指令的修改意见中，欧盟第一次正式考虑碳关税问题，提出建立碳均等机制，将与碳泄漏相关的工业部门以及次级部门的进口产品纳入 EU ETS 中。同期，欧盟主席巴罗佐（Jose Manuel Barroso）也提到，欧盟应该让进口商也购买 EU ETS 的排污许可证。2008 年 12 月通过的《气候与能源一揽子方案》（Climate and Energy Package）将征收碳关税视作解决碳泄漏问题的可行政策。为了更好地配合 2012 年以后 EU ETS 的具体运作，2003/87/EC 号指令被 2009/29/EC 号指令所取代。根据新指令的规定，为实现到 2020 年减排 21% 的目标，可以采取"其他任何措施"[②]，意味着欧盟今后采取的碳关税措施具有法律依据。2009 年 2 月，EU ETS 正式生效时也将航空碳关税合法化。2009 年 8 月，欧盟公布了 2000 多家进出欧盟及内部航线飞行的航空公司名单，拟于 2012 年开始对其超量排放征收 CO_2 排放税。

2009 年 12 月底，欧洲政策研究中心在其最新报告中建议欧盟考虑对来自没有采取减排手段国家的产品征收碳关税。虽然碳关税可以帮助欧盟在气候谈判中获得主导地位，也可以促进国内产业结构升级与碳市场的进一步发展，但是，碳关税影响联盟内诸多国家利益以及欧盟未来的经贸健康发展，欧盟内部分歧很大，孰重孰轻还需更长时间的谈判与磋商。在 2010 年 1 月中旬举行的欧盟气候政策听证会上，欧盟对是否实施碳关税并未明确表态就是很好的例证。2010 年 2 月，修改的《气候与能源一揽子草案》获得通过，欧盟决定继续采用 EU ETS 这一主要减排政策工具。此后，由于 EU ETS 对其内部工业免费发放碳排放配额

---

① Spongenberg H. , *Mandelson to Dismiss French Plan for "Carbon Tax"*, December 18, 2006, http：//euobserver. com/news/23124.

② Freestone D. & Streck C. , *Legal Aspects of Carbon Trading：Kyoto, Copenhagen, and Beyond*, London：Oxford University Press, 2009, pp. 337—366.

从而缓解了碳泄漏与竞争力损失问题，因此，欧盟对于产品碳关税问题暂时搁置，转而进行航空碳关税的试水。

第四节　航空碳关税的试水

相对于产品碳关税而言，航空碳关税的碳排放量测算较为简便，而且航空运输的巨大碳排放也是不争的事实，在产品碳关税征收受阻的情况下，对航空运输征收碳关税不失为另一种实施碳关税的途径。欧盟正是基于这样的考虑，在不遗余力推动航空碳关税的实施，企图将碳关税问题延伸至国际货物运输领域，以此为突破口，促进碳关税在整个国际贸易领域内的实施。

一、航空碳关税的提出

除了产品的生产环节会有碳排放之外，运输环节的运输工具燃料消耗也会造成大量温室气体的排放，按千克·公里的 CO_2 排放来计，航空运输排放大大超过其他运输方式（见表 1.4），航空运输日益成为国际碳减排的焦点。以航空业为试点推行碳关税有着充分的环保理由，如鼓励航空企业节约燃料和使用清洁燃料以保护大气环境等。为此，2009年2月，EU ETS 正式生效的同时也将全球航空业纳入体系，使得航空碳关税合法化。具体做法是，以 2004—2006 年进出欧盟所有航班的年平均碳排放总量 2.2 亿吨为基数，将 2012 年的排放许可限额定为 2.1亿吨，此后每年约 2 亿吨，2012—2013 年免费发放 85% 的排放配额，剩余 15% 用于拍卖，此后的拍卖比例将逐年上升，以促进航空业的强制性减排。按照上述原则，欧盟对进出的客货航班实行排放限量，超限则需通过 EU ETS 购买排放许可。免费与拍卖配额的确定以航空运营者向欧盟委员会提交的碳排放和吨公里数为依据，计算与征收均不复杂，欧盟可以借此抢占碳检测、碳报告、碳核查等业务的先机，加强对于国际气候政策和全球碳交易市场机制的主导权和话语权。按照较为激进的法国"碳包涵机制"的设想，所有进口产品或服务都将纳入 EU ETS 之中①，这预示了航空碳关税试水成功后的发展路径。

表 1.4 不同运输方式二氧化碳（CO_2）排放浓度表

运输方式	二氧化碳（CO_2）排放浓度（ppm/km）
铁路运输	17
海洋运输	43.5
公路运输	118
航空运输	870

资料来源：Reich - Weiser C.，Dornfeld D. A.（2009），转引自陈思源等：《基于碳足迹的供应链管理研究与思考》，《生态经济》2011 年第 7 期。

二、各国的反应

航空碳关税一经抛出，尽管当时还未到实施期限，就已经掀起轩然大波，各国对此反应不一，出现了接受和强烈反对两类不同的国家。

（一）接受航空碳关税的国家

对欧盟立法征收航空碳关税的做法，各国反应各有不同。欧盟国家航空交通占比不高，受到的影响就较小，所以大多国家对此不反对；韩国、新加坡、泰国等航空公司已做好加入 EU ETS 的各项准备工作，并与欧盟展开合作；中东等国考虑到很多远程航班会因此改在中东转机，认为航空碳关税的实施是商机；巴西认为本国具有研发生物燃料或低能耗飞行器的优势，航空碳关税的影响并不大；澳大利亚和日本则希望借此采取同样的措施，也尽早将航空业纳入本国的碳交易体系，从而抵消欧盟航空碳关税的影响。

---

① 曹晓云：《29 国签署联合宣言反对欧盟征收民航碳排放税》，2012 年 2 月 22 日，见 http：//ditan360.com/News/Info - 101257.html。

（二）强烈反对航空碳关税的国家

更多的国家如美国、中国等国家对欧盟该法案提出质疑。2009 年，美国三家航空企业和行业协会联合起诉欧盟，理由是航空碳关税违反《国际民用航空公约》的多项条款且具有歧视性。2011 年年底，诉讼被欧洲法院驳回后，美国众议院通过了禁止航空运输企业向欧盟缴纳航空碳关税的法律草案。2012 年 2 月，中国民航局宣布，中国航空企业未经有关部门批准不得参与 EU ETS，成为全球第一家政府正式公开表示反对的国家。随后，美国、印度、加拿大、南非等 40 多个经济体也公开反对航空碳关税。同月，包括中国、美国、俄罗斯、印度在内的 26个国际民航组织成员国①发表联合宣言并提出一揽子反制措施，如制定法律禁止本国航空企业参与 EU ETS，修改与欧盟的"开放天空"协议，进行暂停或改变有关扩大商业飞行权利的谈判等，并试图通过国际民航组织（International Civil Aviation Organization，ICAO）国际航空运输协会（International Air Transport Association，IATA）来加强与欧盟的谈判，迫使其取消实施或延缓实施或修改部分内容后实施。

（三）中国反对航空碳关税的原因及措施

中国强硬抵制航空碳关税的原因有二。一是航空碳关税会沉重打击我国正在蓬勃发展的民航业。一方面，低于一万吨的豁免额度②远远低于中国航空公司的国际航线运输量，另一方面，中国没有航空碳交易市场去抵消飞欧洲航班的碳排放额度。据中国民航运输协会估算，从 2012 年起，进入名单的国内 33 家航空企业需为此缴纳 8500 万欧元的碳排放费，至 2020 年将达 3 亿欧元。③ 二是航空碳关税可能引发连锁效

---

① 26 个国家中也包括巴西、韩国、新加坡、日本等国家，这些国家只是希望通过谈判延缓实施或修改部分内容后实施，与反映强烈的国家相比，反对的程度是不同的，很可能根据欧盟法案的修改而接受。

② 这仅仅相当于一架波音 747 客机执行约 13 个上海—伦敦航班的排放量。

③ 曹慧：《碳关税：中国与欧盟在气候谈判桌上的火药》，2012 年 4 月 7 日，见 http：//www. haodaxue. net/html/39/n - 11539. html，2012 - 04 - 07/2013 - 11 - 23。

应。航空碳关税的实施表明欧盟将以对跨境服务贸易征收碳关税的方式突破"共同但有区别的责任"原则，极有可能将碳关税迅速扩展至国际航海运输业，或者迅速拓展到商业贸易领域，如钢铁、水泥等高碳行业，对整个出口行业的利润、生存及竞争力都会产生严重影响。

从航空碳关税合法化到其实施，中国态度日益强硬。2007年9月，中国航空运输协会致函欧盟委员会，表示对航空碳关税"严重关注"。2008年该法案在欧盟获得通过，由于离2012年还较早，中国的行业协会和航空企业发出的反对声并不高。随着2012年1月1日的临近，2011年3月，中国航空运输协会发表声明，欧盟单边立法违反《国际民用航空公约》相关规定，在全球航空减排行动中增加了对抗全球碳交易因素。2012年2月，中国民用航空局禁止中国航空企业参与EU ETS。接着，中国航空运输协会提出"三不政策"，即不参与EU ETS、不提交监测数据和不与欧盟谈判交易优惠条件。随后，中国联合其他反对的国家正式向ICAO提出抗议。2012年9月，中国民航局和俄罗斯联邦运输部发表声明，共同反对未经双边同意就航空碳排放所采取的任何单边强制性做法。中国也在以实际行动向欧盟施压，一方面，2012年3月立即暂停价值120亿美元的35架A330空客飞机的定购，汉莎航空A380运营上海航线的申请也未获批准；另一方面，中国民航局局长李家祥2012年4月的上海讲话中提到，"十二五"期间中国民航每年引进300架以上飞机，暗示欧盟将失去贸易大订单。

三、航空碳关税被搁置

航空碳关税开始生效之前，尽管欧盟表态可以妥协，但姿态却十分强硬。2011年7月，在讨论美国日益反对航空碳税法的会议上，有些欧盟委员建议不作让步，"和美国来一次不留情面的马拉松谈判"。针对2012年2月6日中国的公开反对，欧盟负责气候问题的总干事乔斯·德尔贝克（Jos Delbeke）次日立即表示，如果ICAO能够出台新的解决方案，欧盟将"有条件暂停"航空碳关税法规。应对国际反对声浪，2012年3月，欧盟成员国环境部长会议既认为航空碳关税符合国际法，也希望在国际范围内找到解决方法。同月，空中客车公司联合法航、英航、汉莎、维珍大西洋等欧洲航空企业，联名致信英国首相卡梅伦、法国总理菲永、德国总理默克尔、西班牙首相拉霍伊以及欧盟负责环境和贸易的有关官员，认为欧洲航空业及相关产业正面临实实在在的贸易报复，呼吁采取行动阻止国家间的贸易争端。2012年9月，英、法、德、西四国政府公开向欧盟委员会申请停止征收航空碳排放税。由于国际民用航空组织也有引入基于市场的 CO_2 排放权分配体系的计划，欧盟日益认识到，可以寻求在 ICAO 框架下的全球性解决方案。于是，欧盟委员会于2012年11月宣布，在2013年秋季，即联合国 ICAO 大会之前，暂停对非欧盟航空公司征收航空碳排放税，但对欧盟境内的航班还将继续征收。欧盟气候行动发言人拉德隆表示，欧盟在立法上不会退缩，如果其他国家采取同等措施，这些国家的航班可豁免征收航空碳关税；同时也强调，如果 ICAO 找不到新办法，欧盟就会重启该法律。

四、搁置一年后的航空碳关税前景

多哈气候变化大会举行的第二天，美国高调宣布，总统奥巴马2012年11月27日签署了一份法案，准许美国交通部可以采取不向欧盟缴纳航空碳关税的其他措施以使美国航企免受 EU ETS 的影响，但也允许交通部在欧盟修改 EU ETS 或达成新国际协议的情况下再次评估这一禁令。[①] 据路透社报道，2013年3月，8位诺贝尔奖获得者和其他24名经济学家联名给奥巴马写信，认为 ICAO 在航空领域的碳排放定价会是统一全球碳排放价格的良好开端，支持美国制定类似欧盟的基于市场的

---

① 龙金光:《碳关税贸易阻击战袭来》，2012年12月1日，见 http://biz. xinmin. cn/2012/12/01/17424383. html。

碳计划措施，以鼓励技术变革和碳减排。^① 可以看出，美国的经济学家对于航空碳关税是支持的。之后，美国以及俄罗斯都配合欧盟规定，在2013年4月30日之前均报告了航班的碳排放量，并上交了相应数量的碳排放额度。但是，中国和印度因没有遵守规定而被欧盟威胁分别罚款约240万和3万欧元。^② 2013年9月，欧盟气候变化行动委员赫泽高公布，ICAO于2013年9月4日批准了一份草案，即按照EU ETS，无论航程起点在哪，在欧盟领空飞行的航空公司仅需支付整个航程15%碳排放量的污染费，欧盟已将征税计划提交了ICAO。^③ 与此同时，欧盟建议2016年前各国可以协商出一种新的"市场机制"，如只对国际航班在欧盟空域内的飞行里程而不再是对整个航线收费，这意味着欧盟可能接受最初的美国提议，美国因此也准备接受。^④ 2013年10月6日，ICAO大会否决了欧盟单方面征收航空碳关税的提案，然而，同月19日，欧盟委员会启动了另一方案，拟对飞经领空的外国航空公司按飞机吨位、飞行距离等征收航空碳关税，并希望2014年3月前协商一致并抓紧实施。可以看出，欧盟新的航空碳关税提案很可能使得欧美达成一致。

2014年3月4日，迫于英、法、德等成员国和国际社会的压力，欧盟达成协议只将欧洲航企欧盟领空内的航空碳排放纳入EU ETS，若2017年还未达成全球性航空减排协议，再将所有使用欧盟境内机场的航企都纳入EU ETS。^⑤英、法、德反对的背后是空客集团，因为空客集

---

① 贺娇：《诺贝尔奖得主联名敦促奥巴马支持航空碳税》，2013年3月22日，见 http：//cdm. ccchina. gov. cn/Detail. aspx？newsId＝39625&TId＝2。

② 李娜：《欧盟威胁对中印航空公司碳排放罚款》，2013年5月20日，见 http：//cdm. ccchina. gov. cn/Detail. aspx？newsId＝40186&TId＝2。

③ 刘利芳：《消息显示欧盟准备在征收航空碳税之事上作出让步》，2013年9月6日，见 http：//finance. ifeng. com/a/20130906/10623896_ 0. shtml。

④ 任文：《欧盟让步航空碳税条例消除贸易争端》，2013年9月12日，见 http：//gb. cri. cn/40151/2013/09/12/7091s4251437. htm。

⑤ 陈倩：《迫于压力 欧盟扭转对非欧航企征收碳税方案》，2014年3月7日，见 http：//www. traveldaily. cn/article/78467. html。

团主要在这些国家境内运营，该协议的达成也让空客集团受益。2014年3月27日，中国签署购买空客公司70架飞机的框架协议，以及共同生产1000架直升机的协议。但是，该协议还需欧洲议会通过，必会遭到欧洲低成本航空公司协会（ELFAA）的极力反对，因为该协会本已对2013年的让步方案表示反对，更何况是彻底将境外航空公司排除在外。虽然中国暂时在航空碳关税问题上成为遏制欧盟的重要力量，但欧盟内部的博弈还在继续，欧盟航空碳关税的最终局势还不明朗，也意味着航空碳关税的危机并未真正解除，未来碳关税对中国的压力将更大。

就在航空碳关税问题焦灼之时，2012年5月，法国新任工业复兴部部长蒙蒂伯格承诺将重启萨科齐政府曾提出的碳关税计划，并宣称该计划已在欧委会议事日程之中。① 可以说明，无论是航空碳关税还是产品碳关税都是欧盟不遗余力推进的目标，今后在适当时机欧盟还是会将其作为重要砝码对外施压。2013年6月，欧盟委员会向欧洲议会和欧盟理事会提出立法建议，即建立欧盟的航海排放监测、报告和核查体系（MRV），从2018年1月1日起，所有抵离欧盟港口的超过5000吨的大型船舶均应向欧盟委员会及船旗国提交前一年度的 CO_2 排放数据②，表明欧盟航海碳关税也在酝酿之中。欧洲议会也认为，只有一个航空业的碳抵消系统还远远不够。2013年欧洲碳价的急剧下跌威胁到整个的碳交易体系，西方学者提出的改进措施中更加认同碳关税，但是，由于中国该时期的碳交易发展在加速进行之中，欧盟如何实施碳关税还在观望中国的行动。这些新情况均说明，未来欧盟对于碳关税的实施并没有就此停手，而是酝酿进入全面推进的新阶段。

---

① 张日：《欧盟边境"碳关税"恐曲高和寡》，2012年5月29日，见 http：//energy. people. com. cn/BIG5/18013522. html。

② 驻欧盟使团：《欧委会就推动航海减排提出立法建议》，2013年7月5日，见 http：// cdm. ccchina. gov. cn/Detail. aspx？ newsId＝40693&TId＝2。

第二章 碳概念间的逻辑关系

随着碳关税的出现，一些含"碳"的概念也陆续出现在人们的视野之中，带来新奇的同时，也让人们对于这些碳概念之后所隐藏的复杂关系感到疑惑。本章试图对碳关税的概念，包括名称、含义、征收方式和贸易福利效应等，进行全面分析，在此基础上，将与碳关税相关的碳概念以减排、金融、消费等不同视角加以区分，通过归纳与演绎法的运用去阐述碳关税与这些碳概念间的逻辑关系。

第一节 碳关税的认识

一、碳关税最初的关税含义

"碳关税"概念可以追溯至 2005 年，当时的英国绿党欧洲议会议员卢卡斯（Caroline Lucas）提到，可以考虑向非《京都议定书》国家的公司征税以避免欧洲本土公司遭受这些国家的不公平竞争。[①]在 2006 年 11 月的第十二次联合国气候变化框架公约缔约方会议（COP12）大会上，法国前总理德维尔潘（Dominique de Villepin）提议对来自未签署《后京都议定书》国家的工业产品征收额外关税，但当时的欧盟委员会认为这种关税的提法与 WTO 之间存在潜在冲突。2007 年 1 月，法国总

---

① Spongenberg H., *Mandelson to Dismiss French Plan for "Carbon Tax"*, December 18, 2006, http://euobserver.com/news/23124, 2013 – 09 – 23.

统希拉克警告，对美国不签署《京都议定书》和《后京都议定书》的行为会征收碳关税，"碳关税"一词的使用频率开始高涨。之后，新一任的法国总统萨科齐一直致力于推动欧盟建立统一的碳税制度，在此基础上对进口产品征收特别关税，进而推动国际统一碳税的形成。因此，萨科齐所提出的"碳关税"在英文中的含义也是"Tariff"，即碳关税是关税的一种。一些学者也认同这一观点，如泰利（Talley）等认为，碳关税是对进口发展中国家的碳密集产品征收的 CO_2 排放关税，是调整贸易的一种职责。[①]

二、碳关税与关税的不相符

碳关税与关税在定义和税则上存在冲突。从定义来看，关税是海关按照国家税法规定代表国家对进出境货物征收的一种流转税，可分为进口税、出口税和过境税，进口税又可分为进口正税和进口附加税，其中，进口附加税是基于某种原因在税则规定的正税以外额外加征的关税。[②] 碳关税如果被理解为关税的话，应该符合进口附加税的特征，即进口商进口产品时为其生产排放的 CO_2 所缴纳的额外关税。但是，如果碳关税征收的是与进口国国内相当的碳税时，则碳关税应该属于在边境缴纳的国内税。[③] 因此，碳关税在税种归属上还存在概念上的模糊性。此外，如果碳关税不是进口商所缴纳的额外关税，而是购买的排放许可，如"排放配额"或"国际储备配额"等，则这种措施是否等同于GATT 1994 第 2.2 条（a）款中的"税费"，学术上也还存有争议。[④] 从关税税则来看，海关征收关税所确定的关税税率需要在关税税则的商品

---

① 叶莉、翟静霞：《碳关税对出口贸易影响研究综述》，《生态经济》2011 年第 11 期。

② 张红：《海关法》，对外经济贸易大学出版社 2002 年版，第 275—277 页。

③ 一般来说，关税在出入境的时间与地点征收，国内税在进入边境后的时间与地点征收，但也会出现特殊情况，也就是在出入境时间和地点征的税是国内税，在入境以后的时间和地点征的税是关税。

④ GATT 1994 第 2.2 条中的税费实质上是一种在进口环节征收的国内税，并不属于世贸组织法律中所规定的关税范畴。

分类目录中去查找。碳关税颠覆了传统的从量从价税概念，征收的基础是这一商品在生产过程中直接和间接所排放的 CO_2，即商品的隐含碳。碳关税是将"碳"作为一种商品去确定一个关税税率，再对每一商品的隐含"碳"量来征收，必然会出现操作上的困难，还不可能作为一种商品归入关税税则，也就与关税特征不相吻合。

三、碳关税更倾向于表述为碳的"边境调整"

目前，西方发达国家更愿意将碳关税视作"边境税调整"或"边境碳调整"，对其概念还没有完全统一，有边境税调整（Border Tax Adjustments，BTA）、边境调整（Border Adjustments）、边境调整措施（Border Adjustments Measures）、与碳有关的边境调节（Carbon - related Border Adjustments）、边境碳调整（Border Carbon Adjustment）、碳边境税调整（Carbon Border Tax Adjustment）等诸多表述。

（一）"边境税调整"和"边境碳调整"的提出

边境税调整（BTA）18 世纪就已在实践中运用，当时是针对营业税、消费税和增值税所进行的边境调节。而在 20 世纪 60 年代早期，当时的欧共体决定对增值税进行边境调节曾引发理论界对 BTA 的关注和讨论。1968 年 GATT 理事会成立工作小组专门研究 GATT 关于 BTA 的规定，1970 年该工作小组提交的工作报告认为，BTA 是指任何全部或部分采纳目的地原则征税的财政措施，即允许出口国对出口产品进行税收返还，进口国对进口产品课征与国内类似产品承担的税费。洛克伍德和沃利（Lockwood 和 Whalley，2008）的研究发现，碳关税实际上就是早期的边境税调整，并不制约贸易优势，而是被彻底的"中性化"（Neutral），也就是现今的边境税调整不再采取和进口国同样的碳税征收政策，而是对出口国货物的实际碳排放在进口边境进行了碳成本的内化，完全中和了出口国货物的高碳优势。[①]由于欧美国家在选择治理外部性问题上更加倾向于碳排放权交易的市场机制选择，近年来这些国家建议所征的碳关税就多为购买碳排放权或国际储备配额的形式，因此，一些西方学者认为"边境税调整"的表述没有"边境碳调整"的表述准确，如柯斯比（Cosbey，2008）认为"要求进口商购买配额的做法属于行政管理措施，将其归入边境税调整不合适，边境碳调整才是准确表述"。[②]

（二）"边境调整"的表述优于"关税"

有关碳关税的性质，主要存在的争议点是碳关税应当被理解为一种针对进口产品本身的征税，还是针对进口产品生产过程中所排放 CO_2 的边境税收调节。二者性质不同，产生的法律后果也不同。如果碳关税被认定为进口关税，根据 GATT 1994 第 3.2 条的规定，任何国家不得对进口产品课加高于本国同类产品所应征收的税，那么，征收碳关税就可能与 GATT 的国民待遇原则相违背，被戴上不合法的"贸易保护主义"帽子，招致各方反对，从而对其实施设置诸多阻力，这是诸多提出碳关税的国家所不愿意看到的。目前，许多发达国家更倾向于将"碳关税"理解为一种边境税调整或边境碳调整，因为这种边境调整措施符合 GATT 1994 第 2.2 条所规定的例外情形[③]，就算这些措施能够具有间接提高关税的效果，但其本质不是关税，也就不违反 WTO 的关税减让原则，看上去更加符合碳关税的制度设计特征。此外，"边境税调整"和"边境碳调整"还可以扩展其内涵，如 WTO 和 UNEP 联合发布的《贸

---

① Lockwood B., & Whalley J., *Carbon Motivated Border Tax Adjustments: Old Wine in Green Bottles?*, Cambridge Massachusetts: *NBER Working Paper*, No. 14025, 2008, pp. 1—18.

② Cosbey A., *Border Carbon Adjustment*, Manitoba Canada: International Institute of Sustainable Development, 2008 (8), pp. 1—8.

③ GATT 1994 第 2.2 条规定，不妨碍缔约国对于任何输入产品随时征收下列税费：（a）与国内同类产品或这一输入产品赖以全部或部分制造或生产的物品按本协定第 3.2 条所征收的国内税相当的费用；（b）按本协定第 6 条征收的反倾销税或反贴补税；（c）相当于提供服务成本的规费或其他费用。

易与气候变化》报告（2009）中，边境调整措施大致分为三类，分别是针对排放交易制度的边境调整、针对国内碳税或能源税的边境调整以及其他调整措施（包括因为政府不作为构成事实或存在隐蔽补贴而征收的较高关税、环境反倾销与环境反补贴税以及针对国际运输距离与方式所征收的边境碳税）。[①]可见，"边境碳调整"或"边境税调整"有利于碳关税以更多形式出现，又不与 WTO 规则相冲突，因而，在联合国气候变化谈判中，"边境碳调整"或"边境税调整"的说法更为常用。

四、中国对碳关税概念的认识

当前，国内对于碳关税的定义还处于混乱阶段，有的学者将其认定为关税；有的将其解释为边境税调整；有的认为国外减排主要依赖于碳排放交易机制，对于购买排放配额或者国际储备配额而言碳关税完全脱离了税的概念，应属于边境碳调整；有的虽然认为可以称其为边境税调整，但期望将税收及其之外的其他措施都包含进去。何代欣（2010）认为，碳关税是指针对高耗能的进口产品所征收的 CO_2 排放的特别关税，带有差额比较与惩罚特征，用以弥合本国产品遵守减排协定与进口产品违背减排协定的成本差异。[②] 王磊（2012）认为，碳关税是一国对来自不符合其排放标准的国家产品所征收的特别边境税。[③] 高静（2010）认为，法国和美国所提议的碳关税是为平衡国内生产者因减少排放 CO_2 而承担的费用而在边境采取的贸易限制措施，是对进口产品在边境所征收的税费，并非传统意义上的关税。[④] 黄文旭（2011）认为，

① Tamiotti L., Teh R., Kulacoglu V., Olhoff A., Simmons B., *Trade and Climate Change: WTO – UNEP Report.* New York and Ottawa: Renouf Publishing Company Limited, 2009, p. 48.

② 何代欣：《碳关税：机制困境、政治纠葛与经济悖论》，《中国行政管理》2010 年第 10 期。

③ 王磊：《美国碳关税政策对中美贸易的影响》，《财政科学》2010 年第 12 期。

④ 高静：《"碳关税"法律制度研究》，中国政法大学硕士学位论文，2010 年，第 2 页。

碳关税不是传统意义上的关税，是关税新的表现形式。[1] 潘辉（2012）认为，碳关税是"碳"的边境税收调节措施，可以是一国对来自不承担碳减排责任国的进口商品进行征税，也可以是向其出口到不承担碳减排责任国的商品实行出口退税。[2] 唐启宁（2010）引述柯斯比（Cosbey）的观点，认为若以一国国内碳排放交易机制为基础，碳关税则是边境调节措施，是国内进口商在进口未实施碳减排措施国家的产品时所购买或缴纳的相应排放配额。[3] 李晓玲、陈雨升（2010）认为，碳关税名为"关税"，但还可能是国内税费、配额、许可证等。[4]

无论是哪种表述，我国学者普遍使用"碳关税"一词，使用类似"边境调整"等直译词汇的很少，有两方面的原因：一方面，碳关税作为新事物，直到目前尚未有一个国际认可的权威性定义，无论国内还是国外都尚未形成完善的理论体系，对其认识也在逐步深化，如果不断对碳关税概念进行变更，并不利于对此问题的持续研究；另一方面，无论是表述为"碳"的"关税"还是"边境调整"，对于我国都意味着将增加我国出口产品进入进口国边境的环境成本，与关税达到的是同一目的，使用"碳关税"一词更容易看清事物本质，认识该问题的严重性。因此，目前国内所称的"碳关税"实际上是对两种提法的统称。[5]

---

① 黄文旭：《碳关税相关概念辨析》，《岭南学刊》2011 年第 1 期。

② 潘辉：《碳关税对中国出口贸易的影响及应对策略》，《中国人口·资源与环境》2012 年第 2 期。

③ 唐启宁：《WTO 体制下碳关税问题研究》，西南政法大学硕士学位论文，2010 年，第 5—10 页。

④ 李晓玲、陈雨升：《"碳关税"与 WTO 规则相符性研究》，《国际经济合作》2010 年第 3 期。

⑤ 有的学者认为目前国内的碳关税名称与实际内涵存在大的差别，在学术文献中将碳关税一词加上引号，起到提醒注意碳关税名称与内涵关系的作用。本书出于简便起见，不再添加引号，但表达的是与这些学者相同的意思。

五、碳关税的征收方案

(一) 进口征税——以进口国同类产品碳排放为标准

这一方案以进口国国内产品碳排放为税基设置征收标准,不需要收集国外的相关减排数据,只需收集本国国内该产品行业的平均排放水平或者可得最优技术下的排放水平。欧盟碳交易体系下所设置的碳关税就是这种情况。这类碳关税的税基是同类低碳产品的碳强度与工业部门平均水平的碳强度之差,税率是 EU ETS 当天的日平均碳排放配额市场价格或一定时期内的平均价格。在这种征税方式下,进口产品附加的是进口国国内的实际碳排放成本,由于发达国家生产技术先进,同类产品的生产过程中的碳排放量更小,则测算的对于进口国的碳关税税负也较小,从而这种征税方式对出口国影响也较小。但是,这种征收方式下,出口国承担的碳关税成本与其出口国自身的碳排放水平不相关,并不能对出口国减排产生激励效应,而且,进口国的信息收集和规则制定与出口国无关,容易使得出口国质疑碳关税征收会存在信息不对称和征收的不公平。尽管该种方案已被学者佩尔松(Persson)、萨贝尔斯罗姆和豪伊克(Sabelstrom 和 Hoick,2010)等提及[1],但是,以航空碳关税试水情况来看,这种征收方案付诸实施具有不小的难度。

(二) 进口征税——以出口国平均产品碳排放为标准

该方案中,进口国对出口国产品征收碳关税的依据是出口国某类产品的平均排放量,《美国气候安全法案》草案所拟定的碳关税可以归于此类方案。从该草案来看,进口商购买的来自"涵盖的国家"的"涵盖的货物"的碳排放权数额是基于该出口国该类产品全体生产者排放量的平均值,对于进口国而言,完全可以在没有出口国配合的情况下通过该国的宏观数据来获取该平均值,其征收难度和所获得的阻力较小。但

---

① 转引自王珲:《碳关税方案的比较与选择》,江西财经大学硕士学位论文,2012 年,第 41 页。

是，出口国所承担的碳关税成本与其真实的碳排放水平关系不大，越是规模较大和生产技术较为先进的出口企业越是因为其生产排放低于行业平均排放而遭受更重的碳关税税负，其减排对于先进企业的激励很小甚至会产生负面效应。而对于进口国而言，则需要收集每个出口国相关行业的碳排放数据，会有大量信息收集成本的产生。美国将在 2020 年实施的碳关税是不是采用这一方案还未有定论。

（三）进口征税——以出口国实际产品碳排放为标准

该方案中，进口国对出口国产品征收碳关税的依据是出口产品实际的碳排放量，实际操作中可以凭出口企业提交的出口产品碳排放证明来收取。这种征收方式下，出口产品排放水平越高，所承担的碳关税成本就越大，对于单个出口企业来说是最为公平的。而且，这种征收方式也最具有减排激励，出口企业会基于成本的考虑而积极减排，从而带动整个行业的减排，这种激励效果在减排的边际成本等于出口的边际碳关税成本时终止。对于进口国而言，其国内的减排目标也会更少受到国外产品的冲击。从而，世界总的减排效果会有较大的改善。但是，这种方案对出口国的整体影响较大，除了需要交纳的碳关税之外，出口企业还要支付相关费用才能取得排放证明，而且在进口国和出口国排放技术和标准存在较大差距的情况下，取得这种证明的费用必然十分昂贵。在当前国际碳足迹标准还未出台的情况下，任意强制征收此类碳关税是会遭到出口国抵触的，而没有出口国在排放证明上的配合，进口国也无从征收此类碳关税。

（四）出口退税——在出口环节退还出口产品的国内碳成本

该方案是出口国在出口环节将已收取的国内碳税（或减排费用）部分或全额退还给出口企业。EU ETS 中的碳成本相当于对国内产品征收了碳税，其设计了两种出口产品的碳退税政策。一是在 EU ETS 全额拍卖排放配额的前提下，在出口环节退还部分或全部出口产品的碳成本；二是在免费发放排放配额的情况下，对仍受碳泄漏和产业竞争力影响的少数部门在出口环节退还其国内碳成本。退税方式解决了减排成本导致出口产品竞争力损失的问题，而且，退税措施不与他国产生纠葛，也不会招致他国反对。但是，出口退税相当于对出口生产企业没有实行减排措施，并不利于实现该国减排目标的实现，而且，对于税收部门而言，不仅没有税收收入，还会产生征税与退税环节的管理成本。因此，目前欧美碳关税讨论的焦点基本集中在针对进口商品的征税上，此类措施尚未进入主要议程。

六、碳关税的贸易福利效应

作为边境调节措施的碳关税，本质上与关税一样，都能够导致出口国高碳产品价格的上升，进而对进口国和出口国的福利产生影响。碳关税的贸易福利分析，可以站在出口国角度分析，也可以站在进口国的角度分析。

（一）出口国的福利效应

对于出口国而言，碳关税的征收势必会带来其福利损失。如图 2.1 所示，出口国面临的国际市场需求曲线 D 和供给曲线 S，出口国国内价格 P_D 等于当时的国际市场价格 P_W，出口国的供给大于需求则选择向国际市场出口。如果此时进口国对出口国的高碳产品征收碳关税，则出口国面临的国际市场价格 P_W 就高于国内市场价格 P_D，高出的价差就是所征收的碳关税 T。如果出口国为贸易小国，则其供应量并不能影响国际市场的价格变动，则该国的贸易损失就包括消费方面的福利损失三角形面积 a、供给方面的福利损失三角形面积 c 和缴纳碳关税的福利损失 b，也就是图中的 a + b + c 三部分面积；如果出口国为贸易大国，则碳关税的征收会导致其供应量减少，从而导致国际市场的供应量也减少，在国际需求不变的情况下，国际市场价格上涨，也就是从 P_W 上升至 P_W'，不仅消费方面的福利损失 a 和供给方面的福利损失 c 的三角区域面积扩大，而且除了缴纳碳关税的福利损失之外，还出现了多余的福利损失

d。可见，碳关税对于发展中的贸易大国的影响远远高于发展中的贸易小国。此外，发展中国家的福利损失还与该产品所面临的国际市场供给和需求曲线弹性有关，从图2.2中可以看出，如果产品需求和供给曲线

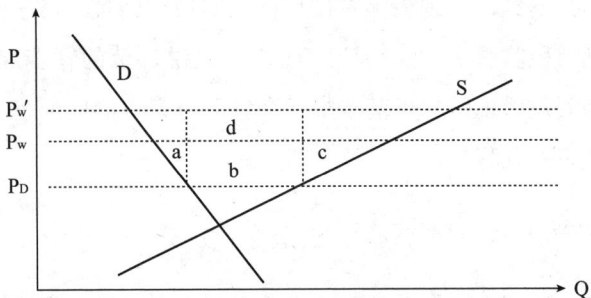

图2.1 出口国的碳关税福利损失图

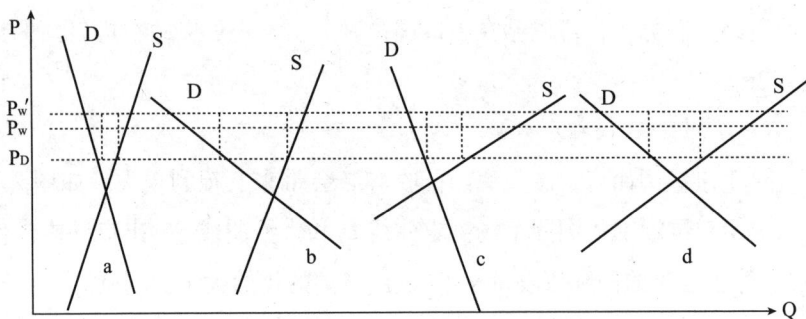

图2.2 结合弹性的出口国福利损失图

都不富有弹性的话，则福利损失 a 最小；如果产品需求和供给曲线都富有弹性的话，则福利损失 d 最大。对于中国的许多高碳出口产品来说，技术含量低，产品同质竞争压力大，国际市场价格高时供给激增，国际市场价格下降又会导致很多厂商倒闭破产，供给曲线富有弹性，而生产所消耗的物资需求弹性小，绝大多数增加的关税大部分将成为其生产成本。对于发达国家的需求而言，价格低是中国产品打入国际市场的法宝，可一旦中国产品价格提高，则消费者很容易选择其他国家的产品来替代中国产品，需求富有弹性，绝大多数增加的关税都将很难转化为消费者的生产或生活成本，因此，对于大多数的中国高碳产品更加符合 d

所描述的福利损失。

（二）进口国的福利效应

对于进口国而言，碳关税的征收会给其带来福利效益。如图 2.3 所示，进口国面临的国际市场需求曲线为 D 和供给曲线为 S，进口国国内价格 P_D 等于当时的国际市场价格 P_W，进口国的供给小于需求则选择从国际市场进口。如果此时进口国对出口国的高碳产品征收碳关税，则进口国面临的国际市场价格 P_W 就高于国内市场价格 P_D，高出的价差就是所征收的碳关税 T。由于提议征收碳关税的主要是欧美发达国家，也就

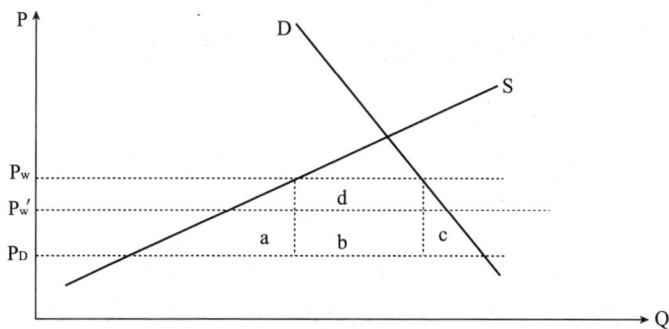

图 2.3 进口国的碳关税福利效益图

是贸易大国，则碳关税的征收会导致其需求量减少，从而导致国际市场的需求量也减少，在国际供给不变的情况下，国际市场价格下跌，也就是从 P_W 下降至 P_W'，此时，发达国家消费方面的福利损失为梯形面积 c，供给方面的福利损失为梯形面积 a，发达国家应征收的碳关税为 b，而实际征收的碳关税为 b + d，则发达国家的实际福利效益为 b + d - a - c。此外，发达国家的福利效应还与该产品所面临的国际市场供给和需求曲线弹性有关，从图 2.4 可以看出，如果产品需求和供给曲线都不富有弹性的话，则福利效应 a 最小，如果再加上征收碳关税所带来的行政管理成本以及发展中国家所采取的报复性行动的话，可能这种有限的福利效应还会变成福利损失；如果产品需求和供给曲线都富有弹性的话，则福利效应 d 最大。综合各种产品，碳关税的福利效应大小、正负并不

十分确定，所以发达国家在实施碳关税的问题上也极为慎重，目前只是抛出相关议题，还未真正实施。

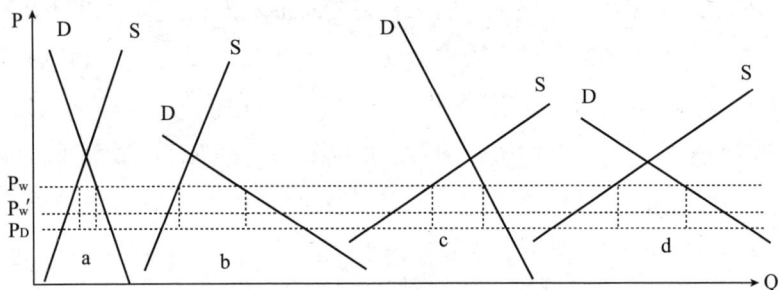

图2.4　结合弹性的进口国福利效益图

第二节　与碳关税相关的减排概念

发达国家市场经济发达，在治理气候变化问题上也青睐基于市场机制的制度选择。作为 CO_2 减排的市场机制主要有属于数量型的碳交易制度和属于价格型的碳税制度，而西方发达国家在碳关税的设计上充分考虑了其与这两种碳减排制度的衔接性。

一、碳交易

碳交易（Emissions Trading System，ETS），也称碳交易机制或碳排放交易，全称为碳排放权交易制度或排污权交易制度。碳交易就是在满足环境质量要求的前提下，在政府层面上将一定数量的合法的污染物排放权分配给排污单元，在市场层面上允许排污单元对剩余或不够的排放权进行买卖，从而实现污染物排放总量的有效控制。

（一）碳交易及其管理模式

绝对控制模式与相对控制模式是ETS的两种主要管理模式。绝对控制模式也称为"总量与交易"（Cap and Trade），主要建立在科斯定理①的经济学理论基础之上。在该模式下，一般由政府主管机构于固定期限之初设定强制性的碳排放总量限额，再将这一总量限额通过免费发放或拍卖方式分配给具体的排放实体，对于排放实体而言，得到的是代表排放配额的排放许可证，意味着其必须按照被许可的配额进行排放；为了保证排放实体在固定期限结束后的规定时间内能够提交不超过排放许可证所规定排放配额的实际排放量，则允许排放实体为抵消超出的排放量，可以从市场上购买相应配额，而排放实体有多余排放配额时，也可以到市场上出售或储存起来用于下一减排期。通过这种市场手段，碳交易实现以最低成本达到控制碳排放总量的目标。目前，欧盟碳排放交易机制（EU ETS）是世界最大最有影响力的强制碳交易市场。相对控制也称"基准与信用"（Baseline and Credit），由于排放实体是为履行社会责任自愿参与碳减排及碳交易，也被称作是自愿排放交易机制（Voluntary Emission Reductions，VER），如英国温室气体排放权交易体系（UK ETS，2002）等。在这种模式下，一般由政府主管机构设定排放基准，当排放实体的排放量低于该基准时，其可以从政府主管机构那里获得核证后颁发的减排信用（也就是基准与实际排放量之间的差额），排放实体可以在市场上出售该减排信用，而当高于排放基准时，排放实体则需在市场上购买相应的减排信用。

（二）碳交易的发展

早在《京都议定书》生效前，一些发达国家就通过相关立法与政策的制定以及国内碳排放权交易体系的建设去积极开展碳交易活动，如英国 2002 年建立的温室气体排放权交易体系（UK ETS）、澳大利亚 2003 年建立的新南威尔士温室气体减排体系（NSW - GGAS）、美国 2003 年建立的芝加哥气候交易所（CCX）的减排交易体系等。而一些

---

① 科斯定理认为，在环境产权界定明确且可以自由交易的前提下，如果交易费用为零，可以达到环境资源的最优配置；以可转让的污染权来处理污染问题，可以获取较佳效率。

企业，如英国石油公司（BP）和荷兰壳牌石油公司，也早在2000年就已建立了公司内部的碳交易体系。2003年，欧盟发布温室气体排放配额交易体系指令2003/87/EC，促成了欧盟碳排放交易机制（EU ETS）的诞生。从2003年开始准备实施，到2005年1月启动，再到2007年年底一期阶段结束，再到2012年二期阶段结束，EU ETS虽然经历了两期期末和2008年金融危机的三次大幅下跌，但已形成了多类型的碳价格，碳资本市场粗具规模，特别是在2009—2011年碳价波动平稳期间，EU ETS更是声称要将现有交易系统扩展至整个欧洲，对全球碳交易的发展都产生了重要影响（见图2.5）。继EU ETS之后，陆续有国家或国内的州府行动起来，开始启动碳交易机制，如日本东京都温室气体总量控制与交易（2006）、新西兰碳排放交易体系（2008）、美国区域温室气体行动计划（RGGI，2009）、美国加州AB32计划（2012）、澳大利亚碳价格机制（CPM，2012）、美国和加拿大的西部气候倡议（WCI，2013）、韩国计划于2015年启动的碳排放交易体系等。2005—2010年间全球碳交易发展迅猛，交易额从110亿美元上升到1320亿美元，年均增长率高达77%（见图2.6），碳交易市场的蓬勃发展也让发展中国家有所行动，2010年以来多个发展中国家也公开宣布要建立碳交易市场，如印度尼西亚、肯尼亚等，2010年，我国提出建立和完善主要污染物和碳排放交易制度，所试点建设的国内地域性碳排放交易所数量有7个，分布在北京、天津、上海、武汉、广州、深圳、重庆等城市，数量上大大超过美国、加拿大、日本等国所设立的地域性交易所数量，逐渐成为全球碳市场所瞩目的焦点。

（碳价单位：欧元/吨二氧化碳）

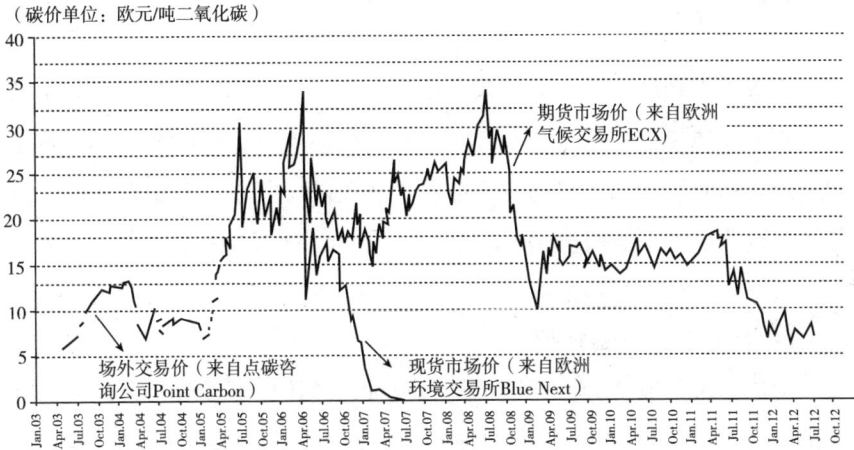

图 2.5　EU ETS 的碳价形成图

资料来源：Branger B. , Lecuyer O. , Quirion P. , "The European Union Emissions Trading System: Should We Throw the Flagship Out with the Bathwater?", *France*: *CIRED Working Papers Series*, 2013.

（单位：亿美元）

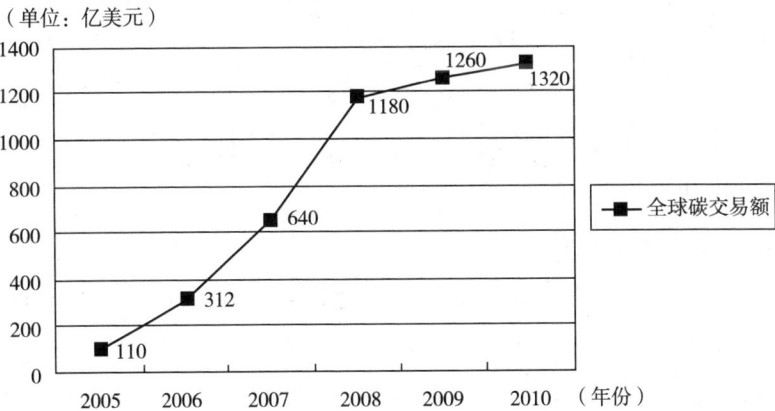

图 2.6　2005—2010 年全球碳交易发展状况图

资料来源：世界银行：2009、2010 年《碳市场现状与趋势》报告，State and Trends of the Carbon Market, 2009, 2010。

二、碳税

碳税，也称庇古税，是按照产品生产过程中排放的 CO_2 量来计征的一种新型环境税，通常认为税收方式来规制温室气体排放能达到成本低和效果好的双重效果。目前，采取碳税制度的国家主要集中在北欧，如芬兰、瑞典、挪威、丹麦等国，也零星分布在欧洲其他国家，如意大利、斯洛文尼亚、爱沙尼亚、瑞士等国，日本目前也在实施碳税政策。

（一）碳税的归属税种

发达国家一般认为，环境税是大税种，具体还可以分为资源税与污染税（或者称为排放税）。资源税的征税范畴也很广阔，包括对各类矿石资源、水资源、化石能源、土地资源等资源使用的征税，能源税只是资源税中的一种。所谓能源税就是对能源产品（包括汽油、柴油、天然气、煤、电力等）的使用进行征税。污染税是对大气污染、水污染以及固体污染物等排放行为进行征税，碳税应属于大气污染税中的其中一种。然而，由于碳税是对 CO_2 排放量进行征税，而 CO_2 排放量与化石燃料的含碳量以及使用数量直接相关，因此，碳税与能源税有着密切的关系，甚至在一些国家，碳税就被认为是能源税中的一种，对二者的区分并不十分明显。

（二）碳税的作用

其一是可以获得"双重红利"。"双重红利"（Double Dividend）假说是皮尔斯（Pearce，1991）在对碳税的分析中提出的，包括环境质量改善方面的"绿色红利"（Green Dividend）和收入返还方面的"蓝色红利"（Blue Dividend）。绿色红利是指，一方面通过征税促进高能耗企业节能减排，生产低碳产品，另一方面所增加的财政收入可以专门补贴节能减排和新能源发展，也就是说，达到了从约束与激励两方面同时促进环境质量改善的效果。皮尔斯对蓝色红利进行了详细解释，指出碳税可以实现"税收中性"，也就是在对环境污染这一消极行为征收碳税的同时，可以降低具有扭曲效应的其他税负，从而优化税制结构，进一步降低税制的效率损失，如降低对劳动这一积极行为的征税扭曲，有利于提高就业积极性，因而会间接增加公共福祉，从而获得收入循环效应。[①]

其二是可以促进能源政策调整。目前，许多国家的能源自给率在下降，能源越来越不能满足一国当前以及今后的生产与生活之需，如欧盟预计2030年的对外能源依存度将上升至65%，其中，天然气从2006年的57%上升至84%，石油从82%上升至93%。[②] 能源依存度的不断攀升势必引发愈演愈烈的全球能源竞争，而世界主要能源输出地的化石能源开采能力也在逐渐下降且当时社会政局日益动荡，也使得国家能源安全形势更为严峻。发达国家的碳税实证研究已经表明，碳税在显著降低温室气体排放的同时，对经济增速的影响并不明显；减少化石能源使用的同时，还能促进新能源和清洁技术的快速发展，从而降低对化石能源的依赖。在贸易自由化的过程中，征收碳税是明智选择，符合国家的经济安全目标。

（三）碳税的实施障碍

当前，碳税在一国（如澳大利亚等）的推进并非一帆风顺。从政治因素来看，工业革命以来，传统化石能源就与各国的政治经济密不可分，碳税是相对彻底约束传统化石能源排放的方案，这必然会引发既得利益者与新兴力量的激烈交锋，而代表不同利益集团的各政党也必然在碳税问题上形成僵持。从经济因素来看，当前世界各国的经济发展依赖传统的化石能源，特别是发展中国家，其实现工业化的发展动力来自于化石能源，碳税只会增加其无力负担的经济成本。研究证明，即使对规

---

① Pearce D. , "The Role of Carbon Taxes in Adjusting to Global Warming", *The Economic Journal*, 1991 (7), pp. 938—948.

② Ahrens K. , *An Energy Policy for Europe.* Commission of the European Communities COM (2007) final, see http：//ec. europa. eu/energy/energy_ policy/doc/01_ energy_ policy_ for_ europe_ en. pdf, pp. 1—47.

模较小的发展中经济体（如马来西亚等）来说，碳税的征收也会使得经济和贸易的增速放缓。① 而对发达国家而言，本国工业企业的国际竞争力会受单边碳税机制的不利影响，为减少这种影响，这种单边机制会设计税收返还、税收减免、边境税收调整等税收优惠，达到减轻企业实际税负的目的，但减排效果也会受限。从社会因素来看，社会大众的能源消费习惯决定其对化石能源的依赖程度，从而也决定其对开征碳税的态度，此外，社会大众对于碳税的认知与接受还受不同区域的能源禀赋以及环境保护的影响。因此，无论从政治、经济还是社会因素来看，碳税的实施都会面临或大或小的阻力。无论是党派之间围绕碳税进行的利益争夺，抑或不同国家对碳税的艰难取舍，还是社会大众对于碳税的怀疑与反对，这些影响碳税发展的短期利益并非不可调和，各国对于碳税的态度会随着环境与能源问题的日益紧迫趋向一致。

三、碳关税与碳税、碳交易之间的逻辑关系

（一）碳税与碳交易的关系

碳交易与碳税都属于碳减排的市场机制，碳交易控制碳减排数量，而碳税控制碳减排成本。较为普遍的观点认为，碳税与碳交易是互为替代的关系。碳交易由于能够对碳排放总量进行控制而得到了快速发展，相应地也挤压了碳税的发展空间。这就使得许多采纳了碳交易制度的国家不愿再涉足碳税领域。从理论上讲，减排成本与减排收益的可确定性是二者互为替代的前提条件。② 然而，受科学发展水平的限制，短时期内难以做到对碳排放所引发的损失进行定量计算，也就很难确定减排的成本和收益，因此，不确定性的前提不存在，碳税与碳交易的替代关系也就不能完全成立。从实践角度来看，无论碳税还是碳交易，都会对本

① 付亦重、袁佳、邱薇：《欧美碳关税措施的新发展与我国的应对之策》，《对外经贸实务》2012 年第 5 期。

② Smith S., *Environmentally Related Taxes and Tradable Permits Systems in Practice*, Paris：OECD，2008，p. 11.

国的现实经济利益造成一定影响，加之减排远期收益并不确定，很难让一国政府为了这种远期收益而牺牲现实经济利益。现实利益与远期收益博弈的结果就是任何一种减排制度安排都相对温和，而这种温和也难以满足环境保护与能源安全的需要。

在碳税与碳交易相互替代的严格假设条件并不成立的情况下，一些学者认为碳税与碳交易是协同发展的关系，并非相互替代关系。碳税有明确的税率，可以向市场传递稳定的价格信号，从而形成减排的持续压力，而碳交易则可以快速约束一定期间内的温室气体排放总量，可以达到立竿见影的减排效果。若将碳税与碳交易的优点相结合，兼顾减排长期利益与短期目标的调和，则可以最大限度地减少温室气体排放，才是更为理性的制度选择。实际上，这两种观点并不矛盾，理论上的相互替代关系由于实践条件的不具备则可以对二者同时进行探索，最大限度地发挥两类制度的优点，但随着条件的逐步成熟，最终会走向二者选其一的结果。

（二）碳关税与碳税、碳交易的逻辑关系

碳关税、碳税和碳交易都是为应对气候变化实施减排而进行的制度安排。从本质上来说，碳关税属于广义的碳税，是扩大征税范围至进口产品的碳税。然而，如果碳关税表现为排放权交易制度扩展至进口产品的话，则此种类型的碳关税就不属于碳税的范畴，只能视作碳的边境调整。碳税或碳交易引发碳泄漏与竞争力损失问题，成为进口国征收碳关税的原因，但是，如果出口国开征与进口国相当的碳税或实行强制总量减排的碳交易，则进口国不能再征收碳关税（见图2.7）。此外，碳税或碳交易实现的是局部均衡，而碳关税旨在实现全局均衡。有关碳关税全局均衡的

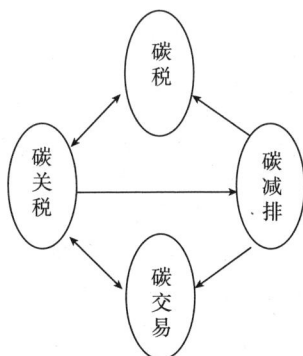

图2.7　碳关税与碳税、碳交易间的逻辑关系图

相关实证研究发现，由于经济体间条件差异显著、经济行为方式与调整模式迥异等派生问题众多，极难获得抽象过程中的全局均衡，而非均衡的结果就是碳关税不但无助于减排，还制造难以估计其派生福利损失的贸易壁垒和矛盾。[①] 因此，碳关税的实施与否体现了博弈论思想，涉及实施国的贸易战略利益考量，而对于被实施国而言，无论是否逼迫其实行碳税或碳交易制度，都会起到一定的碳减排作用。

第三节　与碳关税相关的金融概念

碳交易本是一国之内碳减排的局部均衡，但是，由于碳交易的减排总量指标的设置并不是完全由该国所决定，很大程度上要考虑国际社会根据抑制气候变化目标强行分配给各国的减排量，而且还存在不同国家减排不同步的情况，这些均使得《京都议定书》附件一国家对于碳减排乃至碳交易具有抵触情绪。为了缓解这一不利局面，《京都议定书》在国际间创设了碳贸易机制，从而引发了国际气候变化问题向金融方向发展，而碳关税也在为这一发展趋势提供不竭动力。

一、碳贸易

碳贸易，也可以称其为国际碳交易，就是将 CO_2 排放限额看作国际贸易的对象，使得碳交易的市场化手段在全球范围内发挥作用。对于西方发达国家而言，碳贸易就是一国之内碳交易在国际市场上的延伸与对接，英文词汇均为"Carbon Trading"。但是，对于中国而言，尽管国内已经在进行有关碳交易的试点，但是，这种碳交易还远没有到达国际化的程度，目前也只是通过《京都议定书》所设置的发达国家与发展中

---

① 何代欣:《碳关税：机制困境、政治纠葛与经济悖论》,《中国行政管理》2010 年第10 期。

国家减排合作机制从事"卖碳"活动，类似于商品贸易的情况，称其为碳贸易更为合适。将国际间的碳交易称为"碳贸易"与一国之内的碳交易区别开来更有助于看清碳金融的本质。

（一）《京都议定书》创设的碳贸易机制

《议定书》附件一国家减排成本是不同的，如英国每吨 CO_2 的减排成本为18美元，而日本则高达95美元。福岛核电站的严重事故后，日本政府的核能政策在酝酿改变，这可能进一步提高其温室气体减排成本。即使是走在减排前列的欧盟，由于内部国家间发展的不平衡，也会出现减排积极与消极的不同国家。如果没有排放权交易等国际弹性机制来帮助诸如日本这类国家在国际范围内调剂排放限额的话，这些国家必然会在国际气候谈判中更加消极，并不有利于国际气候谈判的向前发展。因此，《议定书》创设出三种国家间碳贸易的灵活机制，即允许附件一国家之间转让排放限额单位（Assigned Amount Units，AAUs）的排放贸易（Emission Trading，ET）、允许附件一国家从市场经济过渡国家减排投资项目中获取减排单位（Emission Reduction Units，ERUs）的联合履约（Joint Implementation，JI）和允许附件一国家从发展中国家可持续发展投资项目中获取"经核证的减排量"（Certified Emission Reductions，CERs）的清洁发展机制（Clean Development Mechanism，CDM）。随着欧盟等发达国家开始在国际上购买这些碳排放交易信用单位（见表2.1），全球碳交易市场开始形成。

表2.1　EU ETS 用于履约所购买的 CERs 和 ERUs 情况表

（单位：百万许可权单位）

欧盟范围	2008 年	2009 年	2010 年
CERs	82.5	77.9	116.9
ERUs	0.05	3.2	20.1

资料来源：欧盟独立交易登记系统（The Community Independent Transportation Log）2011年数据。

（二）碳贸易属于国际服务贸易

京都机制下的 AAUs、ERUs、CERs 等交易信用单位不受《关税与贸易总协定》《进口许可证程序协定》《原产地规则协定》《海关估价协定》《政府采购协议》《贸易技术壁垒协定》《反倾销协定》《补贴与反补贴措施协定》《保障措施协定》《与贸易有关的投资措施协议》等 WTO 规则的管辖，也不与 WTO 相关规则产生交叉议题，因此，在理论上不能认定交易信用单位是与货物贸易有关的产品。从服务贸易方面看，交易信用单位是一种无形资产，具有生产—销售—消费的同时性、非储存性和非转移性等国际服务贸易的特征；每个项目从申报到审批再到交易的过程都不会相同，符合服务贸易的异质性；碳贸易机制的登记结算不经过各国海关，和服务贸易一样不受海关监管。以 CDM 为例，有学者认为 CERs 是在发展中国家领土内向发达国家需要减排服务的消费者提供的一种"境外消费"（Consumption Abroad）[1]；有学者认为项目所在地与 CERs 的购买方分属附件一和非附件一国家，CERs 的交易就属于"跨境交付"（Cross-Border Supply）[2]；我国官方文件中，已将碳贸易中的外汇问题界定为"跨境交易"；有学者认为非附件一国家通过国内减排项目申报而获得的 CERs，是协同参与附件一国家的减排，属于"商业存在"（Commercial Presence）。[3] 但是，作为新生事物，《服务贸易总协定》（GATS）秘书处和世贸组织都还没有将碳贸易列入其中，因此，碳贸易机制还游离于多边服务贸易规则之外。

---

[1] Brake D., Grubb M. & Windram C., *International Trade and Climate Change Policies*, London：Earthscan Publications, 2000, pp. 19—20.

[2] Wiser G. M., "*The Clean Development Mechanism Versus the World Trade Organization：Can Free Market Greenhouse Gas Emissions Abatement Survive Free Trade?*", *Georgetown International Environmental Law Review*, Vol. 3, 1999, pp. 559—562.

[3] 李威：《碳贸易机制与 WTO 规则的议题交叉与体系协调》，《北方法学》2012 年第 4 期。

二、碳金融

(一) 碳金融的定义

对于碳金融的认识，目前还未有统一说法。兴业银行董事长高建平（2008）在接受《金融时报》采访时认为，所有服务于限制温室气体排放的金融活动都是碳金融，可以包括碳指标交易、银行贷款、直接投融资等。[①] 袁鹰（2008）认为，碳金融除了相关金融交易活动以外，还包括为交易活动提供服务的担保、咨询等中介活动。[②] 王宇、李季（2008）认为，碳金融应具有转化减排成本收益、融通能源链转型资金、管理与转移气候风险和促进国际贸易投资等四大功能。[③] 陈荣（2009）认为，碳金融的产生与碳贸易有关，是源起于由《议定书》而兴起的低碳经济投融资活动。[④] 李威（2009）对碳金融有了体系性的认识，认为碳金融是应对气候变化的金融方案，是金融体系参与其中的重要环节，包含与碳有关的市场、机构、产品和服务等要素。[⑤] 施用海（2011）将碳金融从各项金融交易活动扩展到与这些活动相关的各种金融制度安排。[⑥] 景明（2011）对碳金融活动进行了细分，认为碳金融在广义上指服务于温室气体减排的金融交易和金融制度安排，包括碳交易、碳证券、碳期货、碳基金、衍生品等在内的投融资以及相关中介活动；在狭义上是指以碳排放权期货与期权为代表的金融衍生品工具。[⑦] 陈柳钦（2013）站在金融机构的角度来看待碳金融，认为金融机构碳

[①]　黄丽珠：《"碳金融"或将成为境内商业银行"新宠"》，《金融时报》2008年5月5日。

[②]　袁鹰：《碳金融：不仅仅是机会》，《金融博览》（银行客户）2008年第8期。

[③]　王宇、李季：《碳金融：应对气候变化的金融创新机制》，《中国经济时报》2008年12月9日。

[④]　陈荣：《低碳金融互为支撑》，《中国化工报》2009年12月30日。

[⑤]　李威：《国际法框架下碳金融的发展》，《国际商务研究》2009年第4期。

[⑥]　施用海：《低碳经济对国际贸易发展的影响》，《国际经贸探索》2011年第2期。

[⑦]　景明：《碳关税发展研究——以WTO与环境规则的法律协调为视角》，山东大学硕士学位论文，2011年，第21—23页。

金融业务主要集中在传统融资支持（如直接贷款、成立碳基金等）和围绕碳交易所进行的金融服务（如各种融资、产品创新等）。① 综合上述说法，碳金融是由《京都议定书》而兴起的金融机构广泛参与的低碳经济投融资活动，包括碳排放权及其衍生品交易和低碳项目开发的投融资，并逐渐延展至包括担保、咨询服务等在内的相关金融中介活动，是包括碳市场、碳机构、碳产品和碳服务等在内的完整体系，起到转化减排的成本收益、融通能源链转型的资金、管理与转移气候风险和促进国际贸易投资等作用。

（二）碳金融的发展

碳交易（或碳贸易）机制下形成了碳排放权配额（或信用单位）的一级与二级交易市场，大量金融机构如经纪商、交易所、银行、保险公司、对冲基金等已参与其中，不断创新碳金融衍生产品和期货产品，从而为碳排放权交易的参与方提供多种风险管理和套利手段，而相关的服务机构如质量管理、法律咨询、信息分析、开发代理、学术研究等机构也开始参与其中。更有一些银行或交易所开始致力于打通碳交易与碳贸易的交易通道，如渣打银行、汇丰银行、美国银行等开始参与"碳金融"的跨国交易；欧盟排放权交易机制（EU ETS）、英国排放权交易制（UK ETS）、美国的芝加哥气候交易所（CCX）和澳大利亚的澳洲国家信托（National Trust of Australia）开始进行碳市场间的金融交易等。一些国际金融组织也开始参与其中，如世界银行专门成立碳金融部门（World Bank Carbon Finance Unit），将 OECD 国家政府和企业的资金用于购买以项目为基础的发展中国家和经济转型国家的温室气体减排量；国际金融公司专设的碳金融机构（IFC Carbon Finance Unit），直接为合格的碳交易方提供碳交付保险（Carbon Delivery Guarantee）等碳融资服务，以促进碳信用的实现。碳金融具有引发金融扩张乃至金融变革的潜

---

① 陈柳钦：《金融支持低碳经济发展问题探讨》，《当代经济研究》2013 年第 2 期。

力，推动了全球碳交易市场的价值链分工，是世界经济向低碳模式过渡的催化剂。

三、碳货币

碳货币就是以碳信用为本位的货币形式。[①] 一国货币通常通过与国际大宗能源商品的计价结算绑定以获得强大的定价能力，如煤炭时代的英镑和石油时代的美元。碳货币是一个臆想中的货币体系，不再与大宗能源商品贸易有关，而是与大宗能源商品的碳排放交易有关。在碳贸易中，获得碳排放权信用单位的定价能力就意味着一国货币的崛起，该国在世界金融格局中将掌控更多的主动权和话语权，因此，碳货币必然成为今后各国进行碳贸易与碳金融争夺的焦点。EU ETS 在全球碳市场中的积极表现已经使得欧元成为碳现货和衍生品交易的主要计价与结算货币，英镑、日元紧随其后，而加拿大、新加坡、澳大利亚等国也已经或正在准备建立本国的温室气体减排交易体系，试图将本国货币与碳交易挂钩，使得本币借助碳交易计价货币的方式，快速走向国际主要货币的行列。碳货币多元化的发展趋势有可能会从根本上动摇美元长期以来形成的单边国际货币的霸权地位，奥巴马执政后立刻重视温室气体减排问题，积极推进含有碳交易这种市场减排机制的法案，而且，2003 年芝加哥气候交易所就已开始进行二氧化硫排放交易，为碳交易在实践中的推进积累了经验，继而美国也可能在未来的国际碳交易市场拔得头筹，继续维持美元的霸主地位。中国在碳贸易市场上是 CDM 的最大供给方，但没有相应的碳交易机制，掌握不了 CERs 的定价权，只能步入廉价"卖碳"的行列，延伸了旧有的国际金融格局。随着中国国际经济影响力的提升和人民币国际化的提上日程，在全球能源金融创新竞争中，中国势必也要加入碳货币主导权的争夺，以争取在未来国际金融格局中的

---

① 蔡博峰、刘兰翠：《碳货币——低碳经济时代的全新国际货币》，《中外能源》2010 年第 2 期。

更多主动权。

四、碳汇

（一）碳汇的定义及分类

碳汇（Carbon Sink），又称碳固，是"碳源"的相反概念，不再是对碳排放进行源头控制，而是对已排放的 CO_2 进行末端治理，也就是捕获大气中的 CO_2 并以安全储存的方式从空气中清除的过程、活动和机制[1]，是和源头控制同步发展的减少大气中 CO_2 含量的方法。按照固碳的方法不同，碳汇可分为生物碳汇、物理碳汇和化学碳汇。[2] 目前，受技术和成本等限制，主要以生物碳汇为主。生物碳汇又可分为森林碳汇、草地碳汇和耕地碳汇。草地的固碳很容易泄漏，具有非持久性；耕地一般是将农作物秸秆以有机肥还田的形式固碳，仅占碳汇的很小比例；森林的固碳效果显著，据 IPCC 估算，全球生物碳汇约 2.48 万亿吨碳，其中 1.15 万亿吨为森林碳汇，而且，与其他碳汇方式相比森林固碳也具有无可比拟的低成本优势。因此，森林碳汇成为低成本碳汇的重要措施。目前，森林覆盖率（区域碳汇）和城市绿化覆盖率（城市碳汇）被作为评价碳汇的主要指标。

（二）森林碳汇的金融发展

森林碳汇的可量化[3]极大地促进了森林碳汇向碳汇金融与碳汇贸易转变。《波恩政治协议》《马拉喀什协定》鼓励各国通过绿化、造林所获得的碳汇抵消一部分工业源 CO_2 排放，碳交易机制专门创立有清除单位（Removal Units，RMUs），规定附件一国家可以用从土地利用、林业

---

[1]　闵惜琳：《低碳基础指标测算综述》，《科技管理研究》2012 年第 15 期。

[2]　生物碳汇主要通过植树造林以及保护与优化土地利用的方式来加强陆地生态系统对温室气体的自然吸收；物理碳汇是将收集的温室气体直接回注到油田、煤层以及海底深层等；化学碳汇是指通过化学反应将大气中的温室气体以碳酸盐等稳定形式储存起来。

[3]　目前，蓄积量法得到广泛应用，其原理是在对森林主要树种抽样实测的基础上计算出各个主要树种的平均容重，再根据森林的总蓄积量求出生物量，根据生物量与碳量的转换系数求出森林的固碳量。

活动等获得的清除单位来帮助其实现《议定书》的减排承诺①，这为森林碳汇能够利用金融手段进入碳排放交易系统提供制度保证。《议定书》将造林与再造林等林业活动纳入 CDM 贸易机制，允许发达国家将在发展中国家开展造林与再造林碳汇项目所产生的碳汇额度用于抵消其国内的减排额度，促进了森林碳汇向碳汇贸易的发展，由此，森林碳汇开始成为发达国家和发展中国家之间碳贸易的重要组成部分。

五、碳关税与碳金融概念间的逻辑关系

从局部均衡来看，碳交易是实现对碳排放总量控制的最佳市场机制，能够有效地完成《京都议定书》对承诺期减排量的强制要求。但是，这种机制在有效降低碳排放量的同时，也会给减排主体造成巨大压力，给一国经济带来大的负面影响。为了缓解这种压力，需要强制减排的附件一国家通常来说都会对《京都议定书》所规定的减排总量进行讨价还价，导致国际气候大会上各国对于减排量的达成异常艰难。为了促进国际减排目标的达成，《京都议定书》创设了碳贸易机制，虽然碳贸易机制下的交易信用单位与碳交易机制下的排放限额都是以每吨二氧化碳当量为单位，但定价上却有差异，这为碳金融的发展提供了广阔的空间。国际金融机构迅速进入并进行金融创新，一时间碳金融生机勃勃。随着碳金融的国际发展，用哪国货币计价和结算代表着这个国家在整个碳金融中的话语权和主动权，而碳货币的地位取得需要各国积极发展各自的碳交易市场，于是，各国的碳交易市场建设也方兴未艾。碳汇也是减轻发达国家碳减排压力的一种方式，国内可以与碳交易机制相连接，国际上可以与碳贸易机制下的 CDM 相连接，也迅速地被纳进了碳金融体系。碳汇方式简单易行，CDM 的新能源项目和碳减排项目虽然复杂却能够引进国外的减排资金和技术，发展中国家也从碳贸易机制下

①　Rentz H. , " From Joint Implementation a System of Tradable to CO_2 Emission Entitlements", *International Environmental Affairs*, Vol. 8, 1995, pp. 267—276.

的 CDM 中嗅到商机，积极投身 CDM 的减排项目。然而，这些发展中国家很快就发现，没有国内发达的碳交易机制，CDM 所产生的 CERs 在初级市场和二级市场上存在巨大价差，出于弥补劣势的考虑，许多发展中国家也开始在国内建设碳交易市场。也就是说，碳贸易促进了碳交易，碳交易与碳贸易间的碳价差促进了碳金融的发展，国内碳交易与国际碳贸易以及碳金融的发展共同强化了碳货币，而碳汇可进入碳交易，也可以 CDM 的形式进入碳贸易，从而融入碳金融（见图 2.8）。

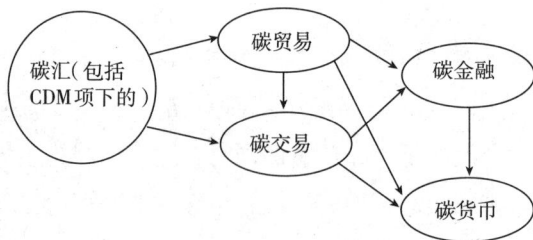

图 2.8　碳金融概念间的逻辑关系图

看似碳关税与整个碳金融体系的发展没有关系，但是，作为整个碳金融运行体系中最关键的一环——欧盟强制减排的碳交易机制，其在运行之初，在解决国内减排所带来的碳泄漏和竞争力损失问题上放弃碳关税，去选择免费发放碳排放权的非严格市场化的国内做法，会造成碳市场的需求不足，再与碳贸易机制下的碳供给充裕相作用，势必会导致欧盟碳交易市场上的碳价下跌，继而影响碳贸易的碳价，导致整个碳金融体系都出现危机。越来越多的欧洲学者认识到，对外实行碳关税、对内实行严格的拍卖碳排放权的制度，可以有效创造碳市场需求，从而稳定碳价，巩固欧盟碳交易机制在碳金融体系中的核心地位。而且，如果碳关税能够督促世界各国选择建立强制减排的碳交易市场机制，再与碳贸易机制连接，就可以建立统一的国际碳交易市场，到那时，谁掌握碳货币，谁就能主导整个碳金融，乃至主导整个全球的低碳经济发展（见图 2.9）。也就是说，碳关税是保证碳交易乃至整个碳金融体系良好运作的重要基础措施。

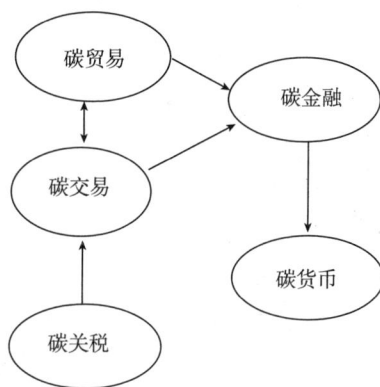

图 2.9　碳关税与碳金融概念间的逻辑关系图

第四节　与碳关税相关的消费概念

碳足迹、碳标签等概念的兴起改变了西方国家的高碳消费行为，无形中也对外设置了低碳贸易壁垒，无论是其本身对于国内低碳经济发展的影响，还是通过作用于碳关税对国际贸易施加的影响，都使得了解这类碳概念具有必要性。

一、碳足迹

（一）碳足迹的由来——生态足迹

碳足迹（Carbon Footprint，CF）概念来自于对于生态足迹（Ecological Footprint，EF）的认识。1992 年，里斯（Rees）将生态足迹形象地比喻为"一只负载人类与其所创造的城市、工厂……的巨脚踏在地球上留下的脚印"，提出将人类的一切活动都换算成生态足迹（土地占用面积）来衡量，并认为当生态足迹超过生态承载力（地球总面积）时，人类的生存质量将不能保证。可见，里斯的生态足迹是通俗的简单量化的可持续发展思想。1996 年，里斯和其博士生瓦克纳格（Wackernagel）

将生态足迹以生态生产性土地面积①表示，并提出用一组基于土地面积的量化指标去度量可持续发展的程度。② 1999 年，瓦克纳格将生态足迹进一步完善为一种资源账户。③ 从生态系统角度来讲，土地、空气、能量、水等都是基本生态组分，生态足迹的分析方法与思想也可适用于单一生态组分的研究。因此，碳足迹、水足迹成为生态足迹派生出来的两个最重要指标，世界自然基金会（WWF）、全球足迹网络（GFN）等均有对碳足迹、水足迹的单独评估。

（二）碳足迹的定义及分类

碳足迹，也称碳指纹（Carbon Finger Print）或碳排量（Carbon Emissions），可看作是化石能源的生态足迹，最早流行于英国，是能够形象比喻与准确衡量温室气体排放对气候和人类生存影响的新词。碳足迹不仅针对二氧化碳（CO_2），还可针对《议定书》中的其他 5 种温室气体，即 CH_4、N_2O、SF_6、HFCs 和 PFCs，这些气体通过一些标准，如英国碳足迹标准 PAS 2050（Public Available Specification 2050）等，可转化为同等数值的 CO_2。欧盟的碳足迹定义从产品角度出发，认为是产品或服务在整个生命周期（也就是从原料生产、运输、加工制造、分销、消费直至最终废弃或回收）所排放的 CO_2 和其他温室气体的总量，也称"从摇篮到坟墓"的碳排放。英国石油 BP 公司（2007）则认为，碳足迹是指人类日常活动过程中所排放的 CO_2 总量。计军平、马晓明（2011）以质量或面积来表示某项活动或某个组织的碳足迹。④ 谭伟文等（2012）认同哈蒙德（Hammond，2007）的综合观点，认为碳足迹

---

① 也就是能够维持特定人口生存和发展所需和可以吸纳人类所排放废物的土地面积。

② Wackernagel M. & Rees W., *Our Ecological Footprint: Reducing Human Impact on the Earth*, Canada: New Society Publishers, 1996, pp. 149—158.

③ 也就是用赤字和盈余的账户概念来反映生态占用与生态承载力之间的关系，超过为赤字，反之为盈余。Wackernagel M. & Lewan L., "Evaluating the Use of Natural Capital with the Ecological Footprint", *Ambio*, Vol. 7, 1999, pp. 604—612.

④ 计军平、马晓明：《碳足迹的概念和核算方法研究进展》，《生态经济》2011 年第 4 期。

是特定产品、企业或者组织的碳排放量。[1] 可见，碳足迹包括的范围很广，可以依照不同的方法对碳足迹进行分类。按照主体不同，碳足迹可分为产品碳足迹、企业碳足迹和个人碳足迹；按照研究范畴不同，碳足迹可分为国家碳足迹、区域碳足迹、城市碳足迹和家庭碳足迹；按照产生方式不同，碳足迹可分为第一碳足迹（或直接碳足迹）和第二碳足迹（或间接碳足迹）[2]；按照 IPCC 划分部门的不同，碳足迹可分为能源部门碳足迹、工业过程及产品使用部门碳足迹、农林及土地利用变化部门碳足迹和废弃部门碳足迹；按照国际贸易相关活动的不同，碳足迹可分为国际贸易品生产碳足迹和运输碳足迹。

（三）产品碳足迹的测算

活动碳足迹主要测算人在活动中所产生的碳排放；公司碳足迹主要测算公司生产过程中的温室气体排放，可以细到生产与管理的各个环节，比活动碳足迹更为复杂；产品碳足迹既包括产品自身消耗（及处理）时的温室气体排放，也包括生产产品的必要投入所排放的温室气体，比公司碳足迹的内涵更广。在碳足迹的量化上，如果解决了产品碳足迹的测算，那么，公司碳足迹和活动碳足迹的测算也会容易解决，因此，产品碳足迹的研究成为热点。对产品碳足迹的测算方法主要有投入产出法（I－O 法）、生命周期法（LCA）和二者的混合法。I－O 法只参考投入与产出这两个变量，模型建立比较简易，采用的是国家平均数据，计算过程也不需要考虑细节，比较适合于宏观层面上的某类产品的碳足迹计算。LCA 关注产品完整周期内的碳排放，是一种自上而下的碳盘查（GHG Inventory）方法，一般分为建立产品完整的制造流程图、确定系统边界、收集数据、利用公式计算产品碳足迹以及检测计算结果的准确性等五个步骤，计算详细而精确，适合微观层面的产品碳足迹计

---

[1]　谭伟文、文礼章等：《生态足迹理论综述与应用展望》，《生态经济》2012 年第 6 期。

[2]　第一碳足迹指直接使用化石能源排放的 CO_2 等温室气体量；第二碳足迹指使用的产品或服务中本身就含有的 CO_2 等温室气体排放量。

算。LCA 较之 I－O 法更为准确，但是，该方法需要搜集大量数据以获得完整信息，其成本高且耗时长，由此产生的困难很容易阻碍测算的继续。目前，LCA 已经有比较成熟的标准供参考，如 PAS 2050 已被纳入 ISO 14000 环境管理体制，而正在制定中的 ISO 14067 将为未来各国的产品碳足迹测算提供强制性标准。混合法是前两种方式的折中，公司可以利用其已知的信息，例如能源的费用和生产产品的数量，再结合国家的平均数据来计算碳足迹。

二、碳标准

目前，有关碳足迹的国际标准认证有两类，一类是企业碳足迹标准，一类是产品碳足迹标准。

（一）企业碳足迹标准

有关企业（组织）碳足迹的标准主要有两个，一是世界能源协会（WRI）和世界可持续发展工商理事会（WBCSD）于 2002 年公布的《温室气体议定书》（The Greenhouse Gas Protocol，GHG Protocol），二是国际标准化组织环境管理技术委员会（ISO/TC207）2006 年发布的 ISO 14064 标准。ISO 14064 一经发布就迅速被各国所采纳，如发布一个月后英国就宣布等同采用，荷兰、法国等欧盟国家迅速跟进；韩国、中国台湾、澳大利亚、美国等亚太地区国家和地区在同年跟进，其中，美国实行国内标准与国际标准的双编号；尽管 ISO 14064 只是要求发达国家和地区率先采取措施，但是，俄罗斯和巴西一年后就等同采用该标准。作为企业（组织）碳足迹标准的评估结果，碳盘查报告一般以企业宣言的形式对外公开该企业（组织）的碳排放情况，目前壳牌、IBM、福特、索尼、联合利华、宜家等实力较强的大型跨国企业均在执行这一标准。中国的相关发展较为滞后，2010 年 11 月才发布等同采用 ISO 的国家标准，虽然已有企业参与碳盘查，如有 8 家中国企业参与 GHG Protocol 设计的关于企业在整条价值链的温室气体排放方法学的测试，该测试于 2010 年 9 月完成，但是，就整体而言，中国企业的参与度并不高。2010 年 10 月发布的《CDP 中国报告》指出，CDP（英国有关碳信息披露项目的慈善团体）2007 年以来调查的 100 家中国企业完成问卷的仅有 13 家，其中仅 5 家企业能够提供量化信息。

（二）产品碳足迹标准

产品碳足迹评价包括商品和服务两部分，较为知名的是英国的 PAS 2050 和日本的 TS Q0010 两个国家标准。PAS 2050 是由英国标准协会（BSI）和英国碳信托（Carbon Trust）联合制定的，受到了英国环境、食品和农村事务部（DEFRA）的大力支持，在 2008 年发布，成为世界首个碳足迹评价的国家标准，也是目前唯一公开产品碳足迹具体确定计算方法的标准，可以评价企业到企业和企业到消费者两种产品的碳足迹。目前，PAS 2050 已向包括中国在内的多个国家和地区推广，包括百事可乐、博姿、马绍尔、特易购、吉百利、可口可乐、金佰利、达能等多家公司已经尝试执行 PAS 2050。TS Q0010 与 PAS 2050 在内容和执行步骤上基本一致，但更加强调按照 ISO 14025 的产品分类规则（Product Category Rule，PCR）对产品进行分类，并且完善了该分类规则。尚未出台的 ISO 14067 标准包括量化计算和沟通标识两大部分，将会采纳和完善目前的这两种国家标准，适用于包括《京都议定书》以及《蒙特利尔议定书》中所管制的共 63 种气体的排放量计算，具有第三方的国际权威性，也必将成为未来的国际通行标准。

（三）碳认证

目前，PAS 2050 的产品碳足迹评估结果只是碳排放清单，一般只适用于企业的内部披露，PAS 2050 规定，如果企业的对外披露必须经由具有国际公信力的第三方机构，碳认证问题也由此产生。碳认证的结果就是推行 PAS 2050 标准的企业要求供应商在产品上加贴第三方机构予以披露碳足迹信息的碳标签。德、法、美、日、韩、泰、中国台湾等很多国家和地区都积极响应和倡导碳认证，这些地区的部分商品也已经贴上了这种碳足迹认证的标签。英、法、德等国家正在起草有关行政强制碳认证标签应用于工业产品的相关法案，美国、日本、韩国、瑞典、澳大利亚等国对此积极呼应。可以预见的是，ISO 14067 一旦推出，世界范围内推行产品碳认证的步伐会越来越快。

（四）欧盟 EuP 指令

在碳足迹认证国际标准尚未发布，而国家标准又只是出于自愿实施的阶段，一些发达国家也在积极通过制定严格的强制性碳技术标准来达到相同的目的。2007 年 8 月，欧盟颁布的《制定耗能产品生态设计要求的框架指令》（简称 EuP 指令）率先对产品耗能以及整个生命周期的环保进行强制性约束。EuP 指令的实施使得进入欧洲市场的几乎所有耗能产品（除车辆以外）都必须加贴 CE（Conformity With European Demand，符合欧洲要求）标志。截至 2009 年年底，欧盟针对其实施共出台 12 项 TBT 通报，除洗衣机生态要求还在草案阶段外，其他的实施措施都以欧盟委员会法规的形式正式对外发布。2009 年 10 月，欧盟公布了《所有能耗相关产品生态设计框架指令》（Energy – related Products，2009/125/EC，简称 ErP 指令），耗能产品范围从直接扩展到间接，相应地，我国受该指令限制的出口产品也从劳动密集型产品扩大到高新技术产品，出口成本约增加 20%。

三、碳标签

（一）碳标签的起源

碳标签源自于有关"食物里程"（Food Miles）的探讨。"食物里程" 20 世纪 90 年代初由英国提姆·朗（Tim Lang）教授提出，主要从消费者饮食消费与食物生产的两地间距离去评估食物对环境造成的影响。为配合低碳经济的国内发展，2003 年以来，通过英国媒体的大量报道，"食物里程" 开始备受消费者的关注。为了建立绿色环保的公众形象，英国一些大型零售超市，如特易购（Tesco）、玛莎（Marks &

Spencer）等，承诺尽量减少空运食品的进口，并对此类产品加贴"空运"标签，以此来减少"食物里程"。然而，许多研究也显示，"食物里程"的缩短并不一定能减少碳排放，如 DEFRA（2005）研究显示，西红柿从西班牙进口的碳排放比英国国内的温室大棚生产更低；桑德斯等（Saunders, et al. , 2006）研究发现，即使考虑远洋运输，从新西兰进口乳制品、羊肉、苹果和洋葱仍然比本土生产所消耗的能源少。鉴于"食物里程"只关注运输距离的局限性，更多国家开始纷纷尝试关注产品整个生命周期的碳标签。目前，全世界已有几十种产品，主要是食物饮料和日用化工产品，采用了碳标签。

（二）碳标签定义及种类

碳标签（Carbon Labeling），又称碳标识，就是在产品标签上将产品整个生命周期的温室气体排放用量化的指数标示出来，按照是否影响产品和服务的市场准入，可分为自愿性碳标签和强制性碳标签。自愿性碳标签主要影响产品和服务的消费者购买意愿，并不影响其市场准入，可以由生产者自愿加贴，也可通过权威第三方机构的碳认证来获得，还可以通过零售商的供应链碳管理来实施。[①]而强制性碳标签需要国家行政力量强制推进，会影响产品和服务的市场准入。无论从研究进度还是实际应用来看，目前碳标签还仅仅处于自愿性阶段，但是，随着环保要求越来越严格，强制性碳标签的实施也越来越可能，而且，一旦碳标准的国际认证开始实施，强制性碳标签的推进速度会更快。按照标注内容的不同，碳标签可以分为印章式、等级式和分数式碳标签。印章式碳标签表明该产品在特定产品类别中具有最优的碳效用，如美国的能源之星等，易被公众熟悉，但缺乏碳效用的细节信息；等级式碳标签通过对比给予产品不同的分数或名称，如美国的有机食品中有 100% 有机、有机和由有机材料制作三种标签，易于对比，但需要消费者了解此类产品的

---

①　如英国零售巨头特易购率先实施整个零售供应链的碳减排计划，要求供货商披露碳排放情况，并由特易购予以统一标注，而不论供货商所在的母国是否参加了碳减排计划。

平均水平；分数式碳标签用可量化指数标示碳排放量，是特定公司的特定数据，具有详细且精确的信息，但是，需要消费者了解这些信息的含义。

（三）碳标签的影响

碳标签的推出，对消费者、企业、产业会产生积极影响。对于消费者而言，碳标签所标示的碳足迹信息可以为消费者提供绿色消费向导，有利于消费者更快地了解产品的环保性能，引导其选择更低碳排放的商品，从而促进了消费者消费习惯和行为方式的低碳改变。对于企业而言，碳标签会将消费环节的影响传导至生产环节，意味着企业要面临低碳经济时代的巨大市场竞争压力。但是，如果企业能够将压力转化为动力，在积极改善生产过程中较多碳排放环节的同时，通过碳标签来宣扬社会道德和责任感，就能赢得环保美誉和消费者的低碳消费认可，获取更高的商业利润和更多的市场份额，成为企业寻求低碳机会的最佳方式。对于产业而言，碳标签的影响势必会从供应链下游企业传导至上游企业，引发更多供应链上的企业进行低碳改变，从而优化与整合相关行业，并进一步带动一国产业结构的调整，而这些改变又会对全社会节能减排形成推力，达到减少温室气体排放和缓解气候变化的目的。然而，从国际贸易角度来看，碳标签实际上体现的是产品背后的碳减排技术水平，一旦公益性的碳标签开始大范围普及，变成商品的国际通行证，其高减排标准必将对发展中国家的产品出口构成技术性贸易壁垒（TBT），使得碳标签成为发达国家贸易保护主义的有力工具。

（四）碳标签的合法性

与国家强制推进的碳关税措施相比，碳标签对贸易的影响更多地取决于消费者的选择，也更容易通过 WTO 规则的审核。首先，碳标签可以不违反最惠国待遇原则。绝大多数国家实施的是自愿性碳标签，不影响产品的市场准入，只要 WTO 成员国在产品碳标签的申请资格、认证标准和程序等各方面给予他国产品不低于任何其他国家产品所享受的待遇，就可认为碳标签与最惠国待遇相符。其次，碳标签可以不违反国民待遇原则。碳标签只是把客观事实告知消费者，碳足迹较高产品的潜在竞争劣势是消费者自由选择的结果，不是法律规章设置市场准入障碍去改变同类产品的平等竞争待遇，只要成员国政府在财政上或法规上给予进口产品与本国产品同样开放且平等的对待，就不造成对国民待遇的违反。再次，碳标签较容易满足一般例外原则。碳标签措施容易通过 GATT 1994 前言（g）款条件，因为清洁空气属于可用尽的自然资源的范畴，碳标签是"与国内限制生产和消费的措施一同实施"的措施，且该措施与保护清洁空气这一自然资源也有关系。但是，对于（b）款"GATT 下没有其他替代措施和不存在与 GATT 不符程度最小的措施"，要正面满足还有一定难度。最后，碳标签披露的产品碳足迹信息涉及的是与产品特性无关的生产加工方法（Production and Processing Methods，PPMs），而 PPMs 标签是否受《技术性贸易壁垒协议》（Agreement on Technical Barriers to Trade，TBT 协议）管辖存在争议。发展中国家担心，一旦该标签被 TBT 协议所覆盖，则在区分发展中国家产品时，发达国家很容易通过该方法附加除环境问题以外的更多领域的问题（如劳工问题等）；发达国家则强调该方法对于达成环境目标的重要性，倾向 PPMs 标签适用于 TBT 协议的透明度原则。[①]如果碳标签能够满足 WTO 的相关条款，即使在 TBT 协议上具有一定的争议性，也不影响其总体的合法性。因此，碳标签要获得 WTO 的合法性还是较为容易的。

四、碳中和

碳中和（Carbon Neutral or Carbon Offset），又称碳平衡或碳补偿，是伦敦未来森林公司于 1997 年提出的，是指企业和消费者通过付款给专门机构进行植树造林或其他环保项目的方式，也就是购买其他组织的

---

① 王志华：《WTO 规则体系下的碳标识认证问题》，《山东社会科学》2012 年第 8 期。

碳减排量，来抵消掉其所有减排努力都穷尽之后仍然存在的碳排放。碳中和自问世以来就在西方逐渐走红，实现了从"前卫"到"大众"的转变，2006 年成为《新牛津美国字典》的年度词汇，美国冰淇淋公司、中国香港汇丰银行、网络公司谷歌、瑞士再保险集团等许多国际知名企业开始制订碳中和计划，视"碳中和"为 21 世纪品牌形象的魅力所在。2010 年 5 月，英国标准协会（BSI）推出独立的碳中和规范——PAS 2060：2010，该规范以现有的 ISO 14000（环境管理体系）系列和 PAS 2050（产品碳足迹体系）等环境标准为基础，涉及温室气体排放的量化、还原与补偿，被认为是 BSI 从碳足迹走向碳中和的标志。

五、碳关税与碳消费概念间的关系

（一）碳消费概念间的逻辑关系

碳足迹是商品或服务在其整个生命周期中所排放的温室气体总量；碳标签是将产品生产过程的温室气体排放量以标签的形式显现出来。碳足迹与碳标签之间紧密联系、互为表现，碳足迹是碳标签核心内容的形成依据，碳标签是碳足迹外化展现的通用载体，二者共同构成温室气体排放的可视化体系。碳标准是计算并分析产品生命周期碳足迹的公开透明的可比标准，其应用于碳足迹，继而形成碳足迹认证标签，使得碳标签更加具有说服力和公信度。从目前的发展态势来看，碳标签将逐步覆盖主要消费产品，并被世界各国普遍采用。而碳标签能否在国际贸易中广泛实施，关键在于核定产品的碳足迹方法是否简单透明，且碳标签能否在更多国家进行试点推进并逐步的统一化。随着碳标准的国际化和碳标签的各国推进，碳标签也会越来越多地应用于国际贸易领域。

（二）碳关税与碳消费概念间的逻辑关系

如果碳关税的征收标准是根据出口国生产该产品的平均排放量，或者根据进口国同类产品的碳排放量来测度，则由进口国搜集相关信息并设定标准来对进口产品征收碳关税，那么，碳关税只与出口国或者进口国的平均碳足迹有关，无须出具碳排放清单，其实就是无须提供产品的碳认证或碳标签，但是，此类征收碳关税的做法容易招致出口国的反对，从而并不被看好。碳关税如果以进口产品的实际碳排放为标准进行征收，就需要测算进口产品生产过程中的 CO_2 排放量。在这种方式下，如果所有出口到碳关税实行国的产品都加贴碳标签，碳关税便可依据进口产品碳标签上所标识的 CO_2 排放量进行征收，则碳关税与碳标签便具有关联；二者的实施都必须依据碳评价技术标准，则与碳认证也密切挂钩；标识有碳足迹的碳标签引发了消费者的理性消费，这种低碳消费反过来又促进了碳标签的标准化和公信化发展（见图2.10）。目前，由于碳标准的国际标准还未出台，导致国际贸易中还不能根据碳标签所显示的产品碳足迹来征收碳关税，也导致碳标签对于出口企业而言虽有压力，但还没有被强制加贴。即将出台的 ISO 14067 将是确定碳足迹的统一规则，一旦出台，就会解决碳关税的技术难题，碳标签也会为碳关税的实施带来进口国消费端方面的压力，必然增强碳关税的可实施性。

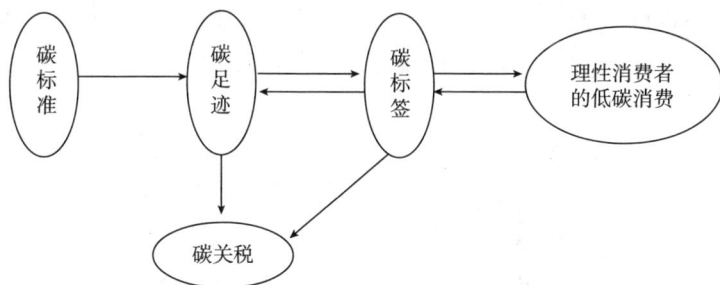

图 2.10　碳关税与碳消费概念的逻辑关系图

（三）碳中和标签——另类碳关税

碳中和标签代表该产品的碳足迹显著减少，减少的方式是通过碳中和将多余的温室气体排放量完全抵消。被中和的多余排放量相当于内化碳排放成本于产品之中，提高了产品的出口价格，可以看作另类碳关税，是出口国主动将碳关税加于出口产品价格中，而不是传统的由进口国征收。目前，作为全球知名的可持续发展服务提供商 SGS 推出了三类产品碳标签服务，即产品碳足迹标签、产品碳减排标签①和产品碳中和标签（见图2.11），其中的产品碳中和标签表明了已经有碳中和与碳标签融合的趋势。中国华中第一起自愿碳交易也昭示了这种碳中和标签的未来发展。2011年9月，武汉必达机电有限公司和湖北金利源（集团）纺织服装有限公司在碳交易市场自愿购买武汉凯迪控股投资有限公司的2万吨碳排放指标进行碳中和，原因是德国公司要求服装所用面料必须符合欧盟生态环保标准，但是金利源公司的产品暂时还达不到该标准，于是就以购买多余碳排放的形式获得了服装"低碳"证明，也就是碳中和标签，从而使得产品能够进入欧盟市场。②另类碳标签与传统的碳标签认识上存在差异，传统碳标签一般被认作是碳壁垒，而另类碳标签却被认作是突破碳壁垒的方式，其主要区别点在于传统碳标签所征的碳关税归于进口国，而另类碳标签用于碳中和的款项留在了出口国，尽管二者都是增加了出口产品成本，但是，另类碳标签并没有使出口国利益受到损失，从而也易于被出口国接受。如果今后传统碳关税的征收难度很大，则不排除另类碳标签的不断兴起。而且，不需要有产品碳足迹的国际标准，仅是欧盟现有的ErP指令等，就能促进碳中和标签的发展。

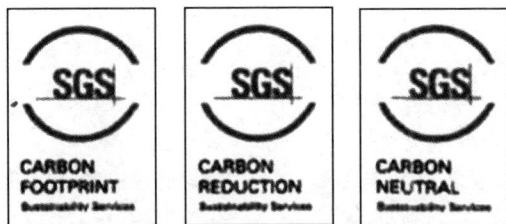

图2.11　SGS的三类产品碳标签

---

① 该标签表明与之前的产品碳足迹相比，企业在12个月中针对该产品所作的碳减排努力经SGS证明有效，并承诺将持续改进。

② 廖志慧：《碳交易，莫因短视错失良机》，《湖北日报》2013年3月8日。

第三章 碳关税的理论机制

"机制"一词用于社会现象时，一般是指这种社会现象的内部组织和运行变化的规律。尽管碳关税已被提出，但是还没有进入实质的实施阶段，所以，本章所探讨的是在碳关税相关理论发展基础之上的未来碳关税演进变化规律，并将之称作是碳关税的"理论机制"。

第一节 碳关税经济理论基础的形成

碳关税提出的时间不长，但是，其相关的经济理论已成体系，能够融入现代经济学和国际贸易学的理论范畴，为其架构国际贸易法乃至推动其理论机制的运行都打下了基础。

一、碳关税根源———全球气候变化的市场失灵

亚当·斯密（Adam Smith）的《国富论》构建了一个完全竞争市场经济的抽象模型，认为"看不见的手"能够自动协调供给与需求，使得自利的每个人在追求自身利益最大化的同时，市场也能够达到最优的帕累托资源配置。而市场失灵理论（Market Failure Theory）则认为，斯密的这种完全竞争市场结构的假设前提在现实中不可能完全满足，当出现垄断、外部性、信息不完全或不对称、公共物品提供等情况时，仅仅依靠市场的价格机制来配置资源无法达到效率帕累托最优。气候条件具有公共物品的属性，人类由于生产或消费向大气进行的排放活动具有

负外部性的特征，当气候治理超越国别界限还会出现国家间的"搭便车"等现象，可以说气候变化问题已成为迄今为止涉及范围最大的市场失灵现象。

（一）大气排放的国际外部性

当前，有关大气排放的外部性问题研究已从一国范畴扩展至国际范畴，并因为大气排放这一特殊的外部性问题而出现"国际外部性"的新名词。

1. 一国之内的大气环境外部性

1938 年，马歇尔（Marshall）在《经济学原理》中首次提到"外部经济"这一术语，认为与内部经济"有赖于从事这工业的个别企业的资源及其经营管理效率"不同的是，外部经济是"任何一种货物的生产规模……有赖于工业的一般发展"的经济①，可以看出马歇尔当时对于外部经济的关注主要在工业集聚区的正外部性上。庇古（Pigou）作为马歇尔的学生接受和发展了外部经济思想，其在《福利经济学》中提出"社会净边际产品"概念，认为其"有些是正面的，有些则是负面的"；指出"实业家只对其经营活动的私人净边际产品感兴趣""其自利心往往不会使社会净边际产品的价值相等"；分析了诸多社会净边际产品与私人净边际产品相背离的情况，认为"给予奖励金和征税"②以及"运用某些官方控制手段"可以消除这种背离，从而形成了系统的外部性理论。③萨缪尔森（Samuelson）和诺德豪斯（Nordhaus）对于负外部性的关注集中在环境问题上，在其《经济学》一书中指出，"当市场之外公司或个人将成本或收益强加于其他人时，外部性发生""一些是正外部性（外部经济），而另一些是负外部性（外部不经济）"；

---

① ［英］马歇尔：《经济学原理》（上卷），朱志泰译，商务印书馆 1964 年版，第 324—327 页。

② 其征税方式来消除负外部性的做法现代被广泛称之为"庇古税"。

③ ［英］庇古：《福利经济学》，朱泱、张胜纪、吴良健译，商务印书馆 2006 年版，第 185—217 页。

"环境问题的出现是由于生产或消费的外部性""无规制的企业通过比较私人边际收益和边际成本来决定是否削减污染，效率需要社会边际收益等于社会边际成本"；"政府可以采取措施将外部性产生的社会成本内部化"；"经验表明目前情况下没有哪种方法是有效的，但经济学家们相信更多地使用类似于市场体系的做法可以改进规制体制的效率"，也就是说，"政府直接控制"的做法可能不如"可交易排放许可""排放费"等方式，而且特别提到，"有效减缓气候变化需要在严重的 CO_2 排放上设置碳税"。[①] 从马歇尔的正外部性，到庇古的负外部性及其解决措施"庇古税"，再到萨缪尔森等的更多治理外部性方式，尤其是气候变化这种外部性的讨论，形成了一国之内治理外部性这一市场失灵的基本政策思路。

2. 全球范围的大气环境国际外部性

国际外部性是外部性在空间维度上跨境延展所形成的国与国之间的外部性。俞海山、杨嵩利（2005）将国际外部性解释为"一国经济主体没有为影响其他国家经济主体的生产或消费行为进行相应的补偿或者取得相应的报酬"。[②] 气候变暖源于国际外部性效应的影响，是典型的全球负外部性[③]，这种外部性发生在主权国家之间，由于不存在超国家的世界政府，一国内通行的如政府管制、法律手段、一体化、庇古税、科斯产权等外部性治理方式在国与国之间不可能实施，实施全球税和全球产权等国际外部性治理方式也会变得十分困难。Deardorff（1996）认为，在全球贸易条件下，一国的治污政策运用存在国际外部性，需要采

---

① ［美］保罗·萨缪尔森、威廉·D. 诺德豪斯：《经济学》（英文版·第十六版），机械工业出版社 1998 年版，第 330—341 页。

② 俞海山、杨嵩利：《国际外部性：内涵与外延解析》，《宁波大学学报》（人文科学版）2005 年第 3 期。

③ 气候变暖虽然对于全球大多数国家而言具有负外部性，但对于常年被冰雪覆盖的领域却会获得收益，对于这些地区气候变暖具有正外部性，但这些地域一般都是地广人稀的地方，相较于全球人类所占比例接近于零，因而，气候变暖对人类生存的正外部性可以忽略不计，本书将气候变暖视为全球负外部性。

取某种形式的国际合作或协调；虽然单边独立政策较之 WTO 等国际机构而言是次优选择，但真的可以考虑这种能够链接贸易和环境问题的国际合作形式。①国际外部性为碳关税提供了直接的理论支撑，可以说碳关税是随着国际外部性的发展而出现的一种单边独立政策，通过内部化外国商品或服务的外部性社会成本，一国国内的外部性治理措施在空间维度上得以延展。

（二）大气环境的全球公共物品属性

传统的公共物品理论是由萨缪尔森于 1954 年在其《公共支出的纯理论》一文中提出的，即"每个人的消费不会减少其他人对其的消费"的物品。②萨缪尔森之后在其《经济学》一书中给出了"公共物品"概念，即是"无论每个个体是否有意愿购买，其所带来的好处都会被不可分割地惠及社会中的每一个人"的物品③，该概念已被大多数西方经济学家所接受。从该定义可以看出，公共物品具有非专有性和效用的不可分割性，其中，非专有性又可细分为非排他性和非竞争性。气候变暖使得一些发达国家率先采取减缓气候变化的措施来保护大气环境，但大气环境没有实体形态，其流动性、边界的模糊性以及总量的不确定性使得其产权不可分割地属于全球所有人类，也可以被世界上的任何组织和个人免费使用，因此，这种被保护的大气环境具有公共物品属性。1965年，曼瑟尔·奥尔森（Mancur Olson）在其著作《集体行动的逻辑》中提出"全球性公共物品"这一术语，认为该物品的提供，空间上突破了国家和区域的界限，时间上延伸当代人的获益至后代人。由于全人类共存于统一的大气环境之中，则可以据此说，被保护的大气环境是一种

① Deardorff A. V., "International Externalities in the Use of Pollution Policies", *International Review of Law and Economics*, Vol. 16 (1996), pp. 53—59.

② Samuelson P. A., "The Pure Theory of Public Expenditure", *The Review of Economics and Statistics*, Vol. 4 (1954), p. 389.

③ ［美］保罗·萨缪尔森·威廉·D. 诺德豪斯：《经济学》（英文版·第十六版），机械工业出版社 1998 年版，第 331 页。

范围最广的全球公共物品。1994 年，诺德豪斯在《管理全球公共物品：气候变化经济学》一书中将"公共物品"引入气候变化的研究中，设计气候与经济的动态联合模型进行各类控制气候变化措施的成本收益分析，认为即使有技术创新和严格的控制手段，由于排放存在巨大惯性，气候变化仍不可避免。公共物品可以细分为纯公共物品和准公共物品。严格具有非竞争性和非排他性的公共物品称之为纯公共物品；具有有限竞争性和局部排他性的公共物品称之为准公共物品。纯公共物品的提供成本高，而且容易产生"搭便车"现象，从而不像准公共产品那样可以部分由私人来提供并且使得私人取得一定的有效收入。大气环境属于典型的纯公共产品，减缓气候变化需要承担大量成本而收益却是很多年后才能享有，而且，从全球来看，仅由某些国家采取减缓措施势必会出现"搭便车"现象，也就是说，对于减排作为不大或者毫无作为的国家，其减缓成本不高或者没有承担减缓成本，却可以从别国的减缓行为中获益，甚至还会利用他国减排出现的煤炭、石油能源价格下跌行情来扩大对化石燃料的需求，从而增加温室气体的排放量。

对于公共物品的提供，通过林达尔均衡（Lindahl Equilibrium）[①]可知，全球性公共产品提供能够达到最优的前提是各国政府愿意真实显示其从全球性公共产品消费中所得到的边际效用，并且自觉地按其所得承担相应的成本。但是，各国对于如何分配全球减排总量总是倾向于不显示其真正偏好，而且减排成本和收益的严重错配也影响其减排热情，每个国家都更愿意采取比他国更为宽松的环保政策，以获得有利的国家竞争地位，结果是每个国家都会采取比没有国际竞争时更次的环保标准，西方学者称之为"环境竞次"（Race – to – the – bottom）[②]，导致全球性

---

① 1919 年，林达尔均衡由瑞典经济学家林达尔提出，本意指个人对公共产品的供给水平以及这些公共产品之间的成本分配进行讨价还价并实现均衡，以此建立起的类似于私人物品竞争性均衡的公共物品均衡模型，被称为林达尔均衡。

② Revesz R. , "Rehabilitation Interstate Competition：Rethinking the Race – to – the – bottom Rational for Federal Environmental Regulation", *New York University Review*, 1992, p. 67.

公共物品的供给不足，甚至是为零的"囚徒困境"（Prisoner's Dilemma）①，大气环境将成为最大的"公地悲剧"（Tragedy of the Commons）——气候变暖危及人类生存。而且，一旦这种气候变化的后果变得直接、可见和具体，即使各国冲破"囚徒困境"进行合作，也为时已晚，没有行动的余地，这被称之为"吉登斯悖论"（Giddens Paradox）②。在此情况下，发达国家学者普遍认为，从全球范畴来看，国家必须跨越地域限，立刻采取全球性的"减碳"行动。曼瑟尔·奥尔森（1965）给出了选择性激励的解决途径，其基本思路是，公共产品是集体行动的目标，能够提供的只是一种集体性激励；若集体性激励不足时，选择性激励就很有必要；选择性激励是"能够驱使集体中的理性个体采取有利于集体行动的独立性又有选择性的手段"；集体具有"强制性的权威或能力"以及"能够提供激励给潜在集体的成员"是选择性激励有效的条件。③而碳关税作为一项"创造性"的单边主义，④由具有强权政治能力的欧美国家提出，可以激励已采取减排措施的国家继续进行减排，也约束没有减排的国家自觉减少排放，在集体协商一致困难的情况下属于集体行动的选择性激励手段。

二、碳关税根源二——贸易与环境的冲突

农耕文明时代的贸易与环境具有共融性，但是，人类进入工业文明以来，尤其是 20 世纪 80 年代以来，高速发展的世界经济与贸易依赖的

---

① "囚徒困境"是两被捕囚徒间的一种特殊博弈，是非零和博弈的代表性例子，是指在合作对双方都有利时二者却在非合作上达成纳什均衡。

② "吉登斯悖论"是英国学者安东尼·吉登斯在其 2009 年出版的《气候变化的政治》一书中提到的观点，被用来解释哥本哈根气候峰会面对诸多复杂局面难以有实质性收获的原因。

③ ［美］曼瑟尔·奥尔森：《集体行动的逻辑》，陈郁等译，上海人民出版社 1995 年版，第 41—44 页。

④ ［英］帕特莎·波尼、埃伦·波义尔：《国际法与环境》（第二版），那力、王彦志、王小刚译，高等教育出版社 2007 年版，第 714 页。

是大量消耗资源的非持续性生产活动，以气候变化为主要特征的第二环境问题①开始凸显出来，环境问题逐渐从局部性、区域性问题演变成为全球性问题。

（一）贸易发展与环境恶化

大国崛起总是和自由贸易的发展密切关联，甚至二战后的国际贸易被誉为各国经济增长的"发动机"。传统的贸易理论以狭隘的经济利益为出发点，贸易的规模效应（Scale Effect）造成对能源的需求上升，贸易的组合效应（Composition Effect）则使得在排放密集型产业上拥有比较优势的国家也愿意继续保持和扩大这种优势，温室气体的排放量随着国际贸易的发展在不断增加。实际上，国际贸易的发展是以破坏和牺牲环境为代价的。越来越多的学者开始反思贸易活动所引起的环境后果，尝试建立理论模型来分析贸易的环境效应。科普兰和泰勒（Copeland 和 Taylor，1994）最早利用南北贸易模型分析贸易与环境的关系，在环境标准的差异会给各国带来不同比较优势的假定条件下，结果发现贸易会使发达国家改善环境而发展中国家恶化环境。② 弗兰克尔和罗斯（Frankel 和 Rose，2002）则利用工具变量估计双边贸易引力模型，实证了贸易发展中存在环境库兹涅茨曲线。③西方激进的环保主义者甚至认为，导致环境恶化的最大因素是国际贸易，贸易增长可以带来收入水平提高，但可能并不有利于减少有害物质排放和扩大污染控制方面的投资，政府必须通过干预贸易的方式来保护环境。④我国学者也对贸易与环境问题进行深思，如曲如晓（2002）对于贸易与环境的关系作出了

---

① 第一环境问题，也称原生环境问题或自然灾害，是自然界自身变化所造成的环境污染和生态破坏；第二环境问题，又称为次生环境问题，是因人类生产和生活活动违背自然规律以及对环境不恰当开发利用所造成的环境污染和生态破坏。

② Copeland B. R., Taylor M. S., "North – South Trade and the Environment", *Quarterly Journal of Economics*, Vol. 109, 1994, pp. 755—787.

③ Frankel J. & Rose A., "Is Trade Good or Bad for the Environment? Sorting out the Causality", *The Review of Economics and Statistics*, 2002, pp. 85—91.

④ 易雪玲：《国际环境贸易协调机制》，知识产权出版社 2008 年版，第 28 页。

较为深刻的阐释，认为环境问题产生虽不源于国际贸易，但国际贸易中没有体现环境成本的产品和服务价格所产生的市场失灵却是环境恶化的根本原因之一[①]；钟筱红等（2006）认为，不加限制的自由贸易导致污染的转嫁和扩散，发展中国家在为全球低端制造环节中的"三高"（即高消耗、高排放和高污染）埋单[②]。

（二）发达国家竞争力损失的担忧

20 世纪 80 年代以来，随着经济全球化的快速发展，主要发达国家关于国际竞争力（International Competitiveness）的研究日趋活跃，国际竞争力理论与评价体系逐步形成与发展，影响最大的有国际贸易观[③]、国家竞争优势理论[④]和国际竞争力评价体系[⑤]。目前，国际竞争力被西方学者普遍认为是"国内企业在公平竞技场上与外国企业竞争的能力"[⑥]，而成本转移能力（Cost Pass – through Capability）和贸易接触度（Trade Exposure）则左右企业的国际竞争力[⑦]。成本转移能力意味着企

[①] 曲如晓：《环境外部性与国际贸易福利效应》，《国际经贸探索》2002 年第 1 期。

[②] 钟筱红、张志勋、徐芳：《绿色贸易壁垒法律问题及其对策研究》，中国社会科学出版社 2006 年版，第 25 页。

[③] 国际贸易观始于亚当·斯密的绝对优势理论、李嘉图的相对优势理论以及赫克歇尔－俄林的要素禀赋理论，现已形成包括新要素贸易理论、产品生命周期理论、产业内贸易理论、技术进步理论、收入偏好理论、人力资本理论等解释框架，加深了人们对于国际分工、贸易和竞争之间的关系理解，为国际竞争力研究提供了理论依据。

[④] 国际竞争力理论的代表人物迈克尔·波特（Michael Porter）在 1980—1990 年相继出版的《竞争战略：分析产业和竞争者的技术》、《竞争优势：创造和维持优良绩效》《全球产业中的竞争》和《国家竞争优势》4 部著作形成了一个涵盖国家、产业和企业竞争力主体的国际竞争力理论体系。

[⑤] 1985 年，世界经济论坛（WEF）首次提出国际竞争力。1991 年，瑞士国际管理发展学院（IMD）和世界经济论坛给出国际竞争力这一概念的定义。之后，这两个机构不断对国际竞争力定义进行修正，并自 1994 年开始联合发布《国际竞争力报告》，不断谋求对国际竞争力更为系统科学的描述和分析评价。

[⑥] Herrmann C., Terhechte J. P., *European Yearbook of International Economic Law* 2010, Berlin：Springer – Verlag Berlin Heidelberg, 2010, p. 211.

[⑦] Tamiotti L., Teh R., Kulacoglu V., Olhoff A. & Simmons B., *Trade and Climate Change：WTO – UNEP Report*, New York and Ottawa：Renouf Publishing Company Limited, 2009, p. 99.

业以提高价格的方式可将增加的生产成本转移至消费者，而贸易接触度则在一定程度上抑制了企业的这种能力，而且企业对外贸易接触度越高，就越难以进行成本转移。发达国家普遍认为，实施了强制性二氧化碳减排制度国家的相关行业和企业承担的碳减排成本很大，而面对越来越广的贸易接触度，成本转移将给其带来竞争力损失，继而是国际市场份额的减少和利润的丧失，最终会影响该国的经济发展和就业水平。来自中国、印度等没有强制减排义务的新兴经济体的竞争更加引发发达国家对竞争力损失的担忧，如韦尔（Veel，2009）认为，这些国家同类富碳产品成本和价格上的比较优势是通过允许排放更多温室气体的方式所获得的，并非传统的资源禀赋相对优势，损害了发达国家在国际贸易中的竞争力，对于发达国家而言这不是公平的竞技场。[1]

（三）发达国家碳泄漏的担忧

碳泄漏（Carbon Leakage）问题起源于西方学者关注的全球自由贸易体制下国际直接投资以及由此所产生的国际产业转移与环境污染状况的关系，是指强制减排国家的富碳产品由于生产成本与价格高于国际贸易中的同类产品，该国国内的部分生产会以资本跨境流动的方式转移至减排成本较小的国家或地区，从而使得已在国内约束排放的二氧化碳可以在国外继续无限制地排放。二氧化碳排放属于污染物排放中的一种，因此，碳泄漏可以被认为是起源于"污染避难所假说"（Hypothesis of Pollution Haven）。该假说最早由沃尔特和尤杰罗（Walter 和 Ugelow，1979）提出，认为在资本可以国际间自由流动的条件下，高污染产业会从环境管制严厉的国家转移至相对宽松的国家。[2]克罗珀和奥兹（Cropper 和 Oates，1992）认为，发达国家资源消耗高、污染严重的产业会

---

① Veel P. E. ，"Carbon Tariff and the WTO：An Evaluation of Feasible Policies"，*Journal of International Economic Law*，Vol. 3（2009），p. 3.

② Walter I. & Ugelow J. ，"Environmental Policies in Developing Countries"，*Ambio*，Vol. 2，1979，pp. 102—109. 也有学者直译为污染天堂，Walter（1982）又将其表述为"产业区位重置假说"（Hypothesis of Industries Relocation）。

由于环境成本比较高而转移到发展中国家以获得成本优势，发展中国家因此就成为世界污染密集产业的"避难所"。① 崔克和格拉夫（Kuik 和 Gerlagh，2003）通过研究指出，贸易自由化会导致碳泄漏，而且，随着自由化程度的加深，一国单方面实施的二氧化碳减排措施成效会进一步被削弱。②法国前总理德维尔潘（de Villepin，2006）在第十二次联合国气候变化框架公约缔约会议（COP12）上将因碳泄漏而获得贸易竞争优势的行为称作是对发达国家进行了"环境倾销"（Environmental Dumping）。③世界银行（2010）报告指出，虽然还不十分确定，但已有证据支持碳密集型和能源密集型产业在向发展中国家泄漏的推断。④发达国家还担忧碳泄漏在造成产业外移的同时，也导致大量工作机会的向外转移，对于这些国家而言，潜在失业率的上升可能引发的问题将会极为复杂，对经济发展也会产生重要影响。为此，164 个工业部门被欧盟列为需要被保护的行业，以避免产业竞争力受碳泄漏的影响。⑤

三、碳关税的实施依据

（一）内化碳社会成本

西方学者普遍认为引发碳关税的根本原因是因减排政策不同而导致的各国企业碳排放成本的不同。霍尔（Hole，1995）指出，碳补偿是碳关税设计的主要用意，虽然碳交易的优化办法也可以尝试，但仅从经济学优化理论来讲，碳关税是直接可行措施，是遵守减排协议的国家为预

---

① Cropper M. & Oates W.，"Environmental Economics：A Survey"，*Journal of Economic Literature*，Vol. 30，1992，pp. 675—740.

② Kuik O. & Gerlagh R.，"Trade Liberalization and Carbon Leakage"，Energy Journal，2003（3），pp. 97—100.

③ Spongenberg H.，*Mandelson to Dismiss French Plan for "Carbon Tax"*，December 18，2006，http：//euobserver. com/news/23124.

④ 世界银行：《国际贸易与气候变化——经济、法律和制度分析》，廖玫等译，高等教育出版社 2010 年版，第 12—32 页。

⑤ 余乔乔：《应对气候变化欧盟抢先列出 164 个受保护的工业部门》，2009 年 11 月 5 日，见 http：//fr. mofcom. gov. cn/aarticle/ddgk/zwqihou/200911/20091106601004. html。

防未遵守协议国家的产品竞争，在跨部门间实施的有差别的碳税补偿机制。[①] Hole 的研究被反复引用，是支撑碳关税的有力证据。伊斯默和诺伊霍夫（Ismer 和 Neuhoff，2004）认为，碳关税是把生产过程中的碳社会成本内化到进入美国市场的产品中的必要途径。[②]韦尔（Veel，2009）认为，如果政府采取的措施可以把碳的社会成本内化为产品成本价格的一部分，就可以形成本国商品与外国商品的公平竞争关系，从而国际贸易可以反映一国真正的竞争优势。[③]陈红彦（2012）从发展中国家的角度来看待碳关税的内化碳成本，认为碳税（包括在边境实施的碳关税）模式下的产品竞争力规则与传统规则相比已扩充为"物美价廉＋生产清洁"，成为"结果＋过程"的较量，发展中国家物美价廉的产品优势由于碳关税的存在会被生产清洁的劣势所抵消，从而丧失产品的国际竞争力。[④]

（二）消除隐形补贴

根据《补贴与反补贴措施协定》（SCM）的相关规定，补贴被认作是政府性措施，是成员方政府或任何公共机构提供给特定企业的财政资助以及对价格或收入的支持，目的是直接或间接地增加某种产品的出口或减少相应的进口，可能会对其他成员方利益形成损害。WTO 框架下，补贴可分为禁止性补贴、可诉性补贴和不可诉补贴，但没有显性补贴和隐性补贴的区分。隐形补贴的出现，主要用于解释碳关税具有反补贴税的特征。西方学者认为发展中国家没有承担具有约束力的减排义务，就没有减少温室气体排放的环境成本，会因此形成对高碳产业的实质性补

① Hole M., "Should a Carbon Tax be Differentiated across Sectors?", *Journal of Public Economics*, Vol. 59, 1995, pp. 17—32.

② Ismer R. & Neuhoff K., "Border Tax Adjustments: A Feasible Way to Address Nonparticipation in Emission Trading", *European Journal of Law and Economics*, Vol. 24, 2007, pp. 137—164.

③ Veel P. E., "Carbon Tariffs and the WTO: An Evaluation of Feasible Policies", *Journal of International Economic Law*, Vol. 3, 2009, p. 752.

④ 陈红彦：《碳税制度与国家战略利益》，《法学研究》2012 年第 2 期。

贴。碳关税是对这种隐性的实际存在的不公正能源补贴征收的一定费用，如索普（Thorpe）认为，对来自从未实施碳减排限额的国家进口产品征收碳关税，可以消除该国能源低价所形成的隐性补贴。[①]

（三）平整竞技场

竞争力损失和碳泄漏二者之间具有密切的联系，二者很大程度上都是由于国家间减排力度不对等所产生的减排政策不同而引起的，即都源自"共同但有区别的责任"，鉴于此，发达国家学者将二者视为一个问题的两个方面，希望找到一种措施同时解决这两个问题。西方学者认为，平整竞技场（Leveling the Playing Field）理论是设置碳关税规则用于弥补竞争力损失和防止碳泄漏的重要法理依据。克鲁格曼等（2008）给出该理论设想，即征收碳关税就是为进口产品附加一个碳排放成本，只是要求进口产品承担与国内相同产品同样比例的成本负担；是补充国内碳交易或碳税机制而在边境采取的贸易措施；属于单边行动，与国际合作相比只能算是次优方案，但其能够解决竞争力损失和碳泄漏问题；其设计原理与增值税类似，基于管理的原因对生产者征收，但最终税负由消费者来承担；从世界来看，其结果并非为发达国家增加了效率，而是与增值税一样，只起到平整竞技场的效果，不是保护主义。[②]而韦伯和彼得斯（Weber 和 Peters，2010）分析了碳关税政策实施的相关问题，得出了碳关税只是平整竞技场，并不影响国际产业间竞争的结论。[③]

综上所述，碳关税的经济理论体系是随着国际气候谈判的一步步升级而逐渐发展和完善的。目前，已形成比较完善的经济理论体系，能够为碳关税贸易手段的施行提供必要的经济理论基础（见图3.1）。虽然西方学者也如发展中大国的学者那样，对碳关税该如何实施，会对本国和整个全球产生多大影响，是否会发展成为贸易壁垒和贸易保护主义，

---

① 叶莉、翟静霞：《碳关税对出口贸易影响研究综述》，《生态经济》2011年第11期。

② 张昕宇：《碳关税的基础理论探析》，《商业时代》2012年第6期。

③ 席艳乐、孙小军、王书飞：《气候变化与国际贸易关系研究评述》，《经济学动态》2011年第10期。

是否会掀起世界范围的贸易战，由此得到的本国福利和全球福利又有多少等问题也非常关心，但是，学者们的研究并没有否定形成碳关税的这套严密的经济理论，即碳关税是一国解决国际气候外部性和贸易与环境冲突所选择的必要贸易手段。发达国家今后的选择必然是增加其国际法层面上的合法性以及实施层面上的可行性，而不再是论证碳关税是否有存在的价值。

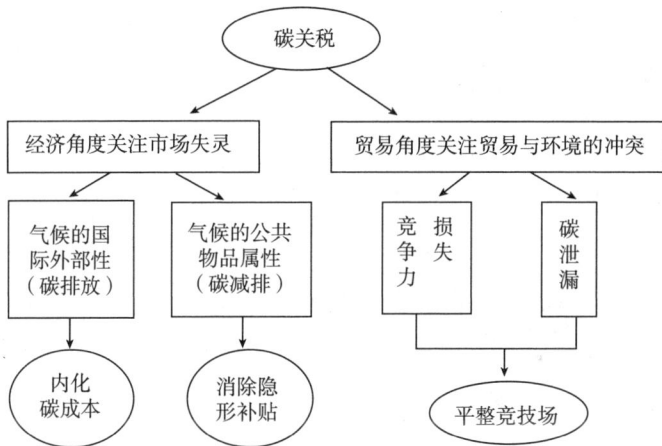

图 3.1　碳关税的经济理论体系图

第二节　碳关税合法性的理论架构

碳关税一经抛出，就引起了中国国际贸易和国际法学界的广泛关注，许多学者从《联合国气候变化框架公约》（以下简称《公约》）和 WTO 的相关条款规定中去寻找碳关税非法性的依据。然而，无论是从西方学者对此进行的相应反驳，还是 WTO 今后可能对碳关税合法性的认定，抑或是碳关税被当作单边主义实施的可能性，都说明了碳关税已经完成了其经济理论基础上的合法性理论架构。

一、国内研究证明碳关税的违法性

中国学者普遍认为，碳关税违反《公约》制定的"共同但有区别的责任"原则和GATT/WTO关于最惠国待遇、关税减让、国民待遇以及例外条款的相关规定。

（一）违背"共同但有区别的责任"原则

1990年的第二次联合国气候变化框架公约缔约方会议（COP2）为之后的气候变化公约制定了"共同但有区别的责任"原则。该原则认为，应对气候变化是世界各国的责任，但是，由于气候变化是发达国家长期大量累积的碳排放量所造成的，发达国家就应该在减排上率先行动，而发展中国家历史排放和人均排放较少，其发展水平有限，不应承担严格的碳减排任务。该原则尊重历史和现实情况，具有合理性和科学性。尽管目前尚未成为国际惯例，但在很多国际环境条约中都得以重申与强调，每年的气候变化大会也都能够维护该原则。WTO对此也有认同，如上诉机构在"美国虾案"的裁决中就要求成员方在寻求环境措施符合第20条导言时，应考虑"其他国家存在的不同情况"。因此，违反"共同但有区别的责任"原则成为发展中国家反对碳关税和证明其非法性经常援引的法理依据。

（二）违反最惠国待遇原则

GATT 1994第1条最惠国待遇原则规定，"必须立刻无条件地给予所有其他缔约方同类产品所享有的优惠"，这种优惠体现在进口关税的征收上就是征收额度、征收方法、全部规章手续等各个方面的优惠。涉及碳关税的《利伯曼—华纳法案》草案要求，进口商从"涵盖的外国国家名单"进口"涵盖的产品"时必须购买CO_2排放权，这实质上就是给予不同原产国产品以差别待遇，直接违反最惠国待遇原则。此外，该草案规定，可以将已经采取与美国类似限制温室气体排放行动的国家从上述涵盖的名单中排除，这就意味着对不能被排除的国家征收碳关税，应以可比性碳减排为标准。然而，由于每个国家分配的碳排放量没有统一划分标准，则必然出现被征额度差异大的情况，也就违背了WTO的最惠国待遇原则。

（三）违反国民待遇原则

GATT 1994 第 3 条国民待遇原则规定，"给予外国产品不低于同类本国产品所享受的待遇"，这种待遇体现在税收上就是不得对外国产品直接或间接征收超过本国同类产品的任何国内税或费用。美国有关碳关税的草案中一般规定，国内进口商需要购买的国际储备限额主要参考进口国生产同类产品时的平均温室气体排放量，无论进口"涵盖的货物"实际排放量是多少都需要购买排放权。然而，美国国内排放权的购买却是以生产过程中实际温室气体排放量为依据，且只要一年内的碳排放量不超过 10000 当量，就不需购买排放权。这就造成了国内外产品的差别待遇，从而违反了国民待遇原则。此外，进口时需要预交排放权，而国内是在年度结束后的 90 天内提交，还可以预借每一年 15% 的排放权，这种提交排放权时间和措施上的差异会导致进口产品实际税负更重，使得进口产品在美国国内市场竞争中处于价格劣势，是违背 WTO 国民待遇原则的行径。

（四）背离 WTO 对"同类产品"的解释

GATT 1994 第 1 条和第 3 条的核心就是保证不在同类产品之间造成差别待遇，"同类产品"概念在"欧共体—影响石棉及含石棉制品的措施案"中有法律解释。判定是否"同类"或"相似"的标准主要有产品的结构、性质和品质；产品的最终用途；消费者偏好和习惯；产品的关税分类，也就是说，采用什么生产过程或方法（PPMs）与同类产品的认定无关，只要符合上述四个标准的产品就是同类产品。近年来，西方学者试图以 PPMs 对环境有重大影响为由从根本上动摇 WTO 的该认定标准，然而，差异性大的每个企业的每种商品的含碳内容、排放量以及适应税率直接导致环境产品清单认定困难，有关 PPMs 同类产品认定标准的谈判很难达成一致。因此，以不同 PPMs 造成的差异否定同类产品，从而证明碳关税不违反最惠国待遇和国民待遇原则的理由还不能成立。

（五）违反关税减让和取消数量限制原则

GATT 1994 第 2.1 条的关税减让原则规定，"对进口产品不得征收超过《关税减让表》中约束水平的关税，反倾销与反补贴情况除外"。由于"碳关税"中含有"关税"一词，容易被理解为在《关税减让表》之外加征的一种关税，而碳关税又不属于 WTO 所认定的反倾销或反补贴税范畴，则必然受到《关税减让表》的最高税率限制。美国杜克大学的研究报告指出，美国大多数能源密集型产品，如钢铁、水泥等，都受关税减让表的约束，其征收的关税水平已接近或处于表中所列的最高税率，加征碳关税必然会违反关税减让原则。①

GATT 1994 第 11.1 条取消数量限制原则规定，"除关税、国内税或其他费用外，不得通过配额、进出口许可证等措施对进出口产品设立或维持禁止或限制"。美国有关碳关税法案中的"国际储备配额"中含有"配额"两字，不排除被认定为配额或者是其他数量限制措施的可能性，尤其是当这种配额的市场价格上涨到实际禁止进口的程度时，更有可能被认定为违反数量限制原则。

（六）难以满足 WTO 一般例外条款

GATT 1994 第 20 条一般例外条款规定，"只要不构成任意或不合理的国家间歧视手段或对国际贸易的变相限制，本协定的任何规定都不阻止以下措施的实施：……（b）保护人类、动植物生命或健康所必需的措施……（g）保护可用尽的自然资源的且与限制国内生产或消费一同实施的措施……"碳关税可能违反第 20 条导言，因为只要碳关税违反

---

① Pauwelyn J., *U. S. Federal Climate Policy and Competitiveness Concerns: the Limits and Options of International Trade Law*, Duke University: Nicholas Institute for Environmental Policy Solutions, 2007, p. 12.

最惠国待遇和国民待遇原则，就构成了不合理歧视，也就不符合导言的规定；《利伯曼—华纳法案》规定，由美国的国际气候变化委员会来确定进口产品生产过程中所采取的与美国类似减排行动的水平，这容易造成该委员会"随意的或不合理的"判断，也可能被证明违反导言。碳关税可能不符合（b）和（g）条款的规定，因为世界各国均承认国际多边谈判、国际技术合作与援助等也是保护环境和资源的合理措施，想要证明除碳关税之外不存在其他符合 GATT 的可替代措施，或者碳关税是对 GATT 违反程度更小的措施，是相当困难的，也就意味着碳关税不是"必需"的措施。此外，之前判例法中有关域外管辖效力的判定也削弱了碳关税的国际法依据。1991 年的"美国—限制墨西哥金枪鱼进口案"中专家组支持了墨西哥的观点，即美国保护海豚的法令只适用于美国领土，没有域外管辖权，以此判例为依据，没有类似减排国家的产品，即使生产制造过程确实有害于人类健康与资源环境，但这在美国政府的管辖权以外，并不能以保护本国动植物或人类健康为由向其他国家征收碳关税。

二、发达国家力图证明碳关税的合法性

GATT 1994 第 20 条一般例外条款允许成员国采取非歧视的和非扭曲贸易的手段去促成环境保护等各项社会目标的实现，也就是说，即使某一手段违反了 WTO 项下的其他条款，但只要符合第 20 条的规定，也会被认为是具有合法性的。2002 年，《联合国气候变化框架公约》第 3.5 条直接援引第 20 条导言作为规范贸易与环境的一项基本原则，即"为应对气候变化而采取的包括单边在内的措施不应成为任意或无理地对国际贸易的歧视手段或者隐蔽限制"。由此可知，碳关税只要满足 GATT 的相关环境规定，则在《公约》框架下必然具有合法性。而《京都议定书》不限定碳减排的具体执行方式，也不判定该方式是否具有合法性，则各成员国可以任意选择包括影响贸易与投资在内的各类措施，并不存在碳关税是否违反《议定书》的问题。因此，发达国家对于碳关税是否合法的证明主要集中在是否满足 WTO 相关贸易条款的规定上。

（一）认为碳关税符合 WTO 一般例外条款

西方发达国家非常重视 GATT 1994 第 20 条一般例外条款在证明碳关税合法性上所扮演的重要角色，如伊斯默和诺伊霍夫（Ismer 和 Neuhoff，2004）认为，GATT 1994 第 20 条的特例规定可以帮助区别对待同类商品。[1]目前西方大多数研究都力图通过环境因素而非经济因素来证明碳关税的合法性。克里·帕道（Kerry Puddle，2007）认为，气候变化是影响全人类的问题，其影响不分国界，所以各国所采取的减排措施符合 GATT 1994 第 20 条的规定。环保国际组织成员柯斯比（Cosbey，2008）强调，碳关税措施虽然并不符合 WTO—GATT 框架下的商品贸易非歧视性原则，但是，出于对生存环境的迫切保护，仅凭 GATT 1994 第 20 条的豁免条款仍然具有可实施性。[2]2009 年，WTO 与 UNEP 联合发布的《贸易与气候变化报告》也认为，碳关税是为人类生存利益而进行的全球共同的温室气体减排，具备充足的环保理由。[3]因此，西方发达国家也一直对外宣称碳关税的征收是"出于保护人类与动植物的生命健康或可用尽的自然资源而采取的必需的贸易限制措施"。

（二）认为 WTO 以往判例可以促进其合法化

1991 年的墨西哥起诉美国的金枪鱼—海豚案件中，虽然 WTO 专家组判定美国败诉的理由是没有域外管辖权以及应区分产品和产品的生产过程，但理事会并未通过专家组的报告，因此，援引该判例用于判定碳关税是否合法不具权威性。1996 年的印度、泰国、马来西亚和巴基斯

---

[1] Ismer R. & Neuhoff K. "Border Tax Adjustment: A Feasible Way to Support Stringent Emissions Trading", *European Journal of Law and Economics*, Vol. 24, 2007, pp. 137—164.

[2] Cosbey A., *Border Carbon Adjustment*, Manitoba Canada: International Institute of Sustainable Development, 2008, pp. 1—8.

[3] Tamiotti L., Teh R., Kulacoglu V., Olhoff A. & Simmons B., *Trade and Climate Change: WTO - UNEP Report*, New York and Ottawa: Renouf Publishing Company Limited, 2009, pp. 98—102.

坦四国起诉美国的小虾—海龟案件中，上诉机构审查中推翻了专家组的报告，认为依据 GATT 第 20 条 "可用尽的自然资源" 的规定，只要这种自然资源属于不为某国所有的公共资源，就属于 WTO 允许保护的范畴，因此，美国的措施是可以成立的。该案件以美国胜诉而告终，是环境措施与贸易规则相协调的裁定，标志着 WTO 环保原则的确立。2007年巴西起诉欧盟的废旧轮胎案件中，WTO 裁定巴西有权以 "增加当地居民感染热带病和环境遭受广泛破坏的风险" 为由，禁止欧盟翻新的废旧轮胎进口。上述判例为碳关税的实施提供了实践支持。如果西方发达国家援引这些判例，以保护大气环境为借口征收碳关税，只要能够科学合理地设计碳关税的实施方案，是不难通过 GATT 1994 第 20 条规定而与 WTO 规则兼容的。

（三）反驳对于碳关税的质疑

面对碳关税可能具有贸易保护主义的有关质疑，西方发达国家已开始在 WTO 框架下对碳关税采取变通措施，力图模糊化与发展中国家合法与否的争论，以期能够利用 WTO 为己所用。首先，反驳碳关税的实质并不是关税，只是使得国内外生产商为货物生产过程中排放的 CO_2 支付同等费用的边境调整措施，并不违反关税减让原则和数量限制原则。其次，反驳域外管辖权的争议，认为碳关税征收对象是向西方发达国家出口的产品，应适用于国际法的 "属地原则"，而不应将其归于域外管辖权。最后，反驳碳关税不给予同类产品国民待遇和最惠国待遇的观点，认为 WTO 并没有给出 "同类产品" 的明确定义，因品质与功能相同的国内外产品在 CO_2 排放量上存在显著差异而被认作是不同类产品，这并不违反 WTO 规定，不存在出口国富碳产品面临劣于他国同类产品对待或者劣于进口国同类产品对待的问题。

三、碳关税合法性的未来趋向

（一）WTO承认碳关税合法性的可能性

WTO现行法律制度包含很多环境保护的例外条款[①]，而且这些条款还停留在原则层面，比较抽象和笼统，在操作层面上缺乏相应的规则体系，使得环境与贸易问题的协调处理在WTO框架下就具有伸缩性。在将此完善之前，WTO会极力避免碳关税对其法律框架的冲击。当世界各国普遍争议碳关税的合法性时，WTO总干事拉米（Lamy）虽多次主张以全球合作方式来解决气候变化问题，但其对碳关税的表态却很模糊，称"WTO既没有开绿灯也不是亮红灯".[②] 但是，正是WTO在碳关税问题上的模糊性为欧美等国实施碳关税提供了可能性。以先前同类环境保护案件处理方式为依据，碳关税很容易援引WTO一般例外条款而获得合法性。实际上，碳关税是否得以实施还在于发达国家与发展中国家的谈判能力，如果愿意采取碳关税的发达国家越来越多，基于这些国家的压力，WTO争端解决机制会更容易认可碳关税条款的必要性。

（二）碳关税单边主义发生的逻辑性

经济全球化的发展使得国家间的相互依存度在不断提高，一国自身的发展很多时候都需要在多边主义的国际协调下进行。然而，多边主义的国际协调有时会因为国家间的不均衡发展很难达到统一，甚至会出现集体行动的"公地悲剧"。在多边主义效果不佳的情况下，经济实力强的发达国家会用单边主义去冲击多边主义，在加强其独立性的同时增加他国对其的依赖性。不仅是理论上所具有的逻辑，实践上也有这种单边主义的存在，如美国对外贸易政策中的"201条款""301条款""337

---

① 环境保护的例外条款不仅存在于GATT 1994的有关条款，还存在于WTO的其他协定，如《技术性贸易壁垒协定》《实施卫生与植物卫生措施协定》《农业协定》《服务贸易协定》《补贴与反补贴措施协定》《政府采购协定》等。

② 余乔乔：《世界贸易组织总干事拉米表示世贸组织尚未向碳关税开绿灯》，2009年9月14日，见http://www.mofcom.gov.cn/aarticle/i/jyjl/m/200909/20090906516209.html。

条款"等，由于这些条款符合美国的单边国际利益，即使会明显违背WTO—GATT 相关规则，也会被美国沿用至今。从这个意义上说，正是由于多边主义的国际气候谈判无法推动集体减排，碳关税以一种强权国家推动的单边主义去冲击多边主义的国际气候谈判，在激励已减排的国家继续进行减排的同时，也约束没有减排的国家自觉减少排放，从而使应对气候变化问题重新回到由其主导的多边主义轨道，如埃卡特和舒梅切尔（Ekardt 和 Schmeichel，2008）所认为的那样，"当气候变化问题在国际层面缺乏应对措施时，应欢迎而不是批评碳关税这种单边主义措施，即使其无法解决问题，也是引导多边主义走向正确方向的重要一环"。①尽管发展中国家反对这一单边主义措施，并且积极主张回到多边主义的谈判轨道，但这种单边主义的效力还是会让发展中国家作出一定程度的妥协，而这种妥协就已经让这种单边主义具有自身价值。

（三）发达国家国内立法推进碳关税合法性的可能性

目前，欧盟企图以航空碳关税为突破点，继而对更多的进口产品或服务实施碳关税，其用心已昭然若揭，必然会在政治上力促相关法案的达成和施行。而美国并不受《议定书》约束，在碳关税问题上更加具有灵活性，是否出台相关立法主要的考量因素是国内政治经济利益的需要，而非对发展中国家可能实施报复措施的担心。美国的立法程序复杂，一项法案先由参众两院具有管辖权的委员会分别拟定和投票，均通过后则确定融合后的法案，由参议院表决通过后总统签署批准生效。除了立法程序上的复杂性，美国立法过程中不同党派、不同地区、不同行业以及不同集团之间的利益争夺十分激烈，各种势力各执己见又互相渗透，这在国内有关能源与减排机制的相关法案中表现得尤为突出，也使得在这些法案中附带碳关税的立法推进也异常艰难，充满重重考验。从美国的立法程序和过程上看，似乎不用太过担心碳关税获得立法通过，

---

① Ekardt F., *Border Adjustments*, *WTO Law*, *and Climate Protection*, *Critical Issues in Environmental Taxation*, 2008, pp. 1—17, http：//www.doc88.com/p－856247788455.html.

但是，需要明确的是，碳关税提出本身就是为了减小美国在国内推行减排政策的压力，美国国内各种利益集团并不是反对碳关税的征收，他们争议的焦点只是在于国内措施先于碳关税的施行会对高碳产业产生严重影响。如果美国有关部门能够设计出二者同时实施的法案，则获得通过的可能性会大为增加。此外，一旦美国在新能源发展上取得绝对的优势，国内气候立法也会被全力推进，在促进国内高碳行业转型发展的同时，对外实施碳关税的步伐也会变得很快。而一旦欧美主流政治力量均倾向于实施碳关税，则即使发展中大国强烈反对，也阻止不了碳关税实施的进程。

综上所述，碳关税一经提出，就受到了各国贸易专家和法学专家对于其合法性的探讨，随着研究的深入，对于碳关税合法性会获得认可或者会以单边主义的形式游离于国际贸易法体系的观点日益兴盛，基本已经在碳关税经济理论基础上完成了对其合法性的架构（见图3.2）。

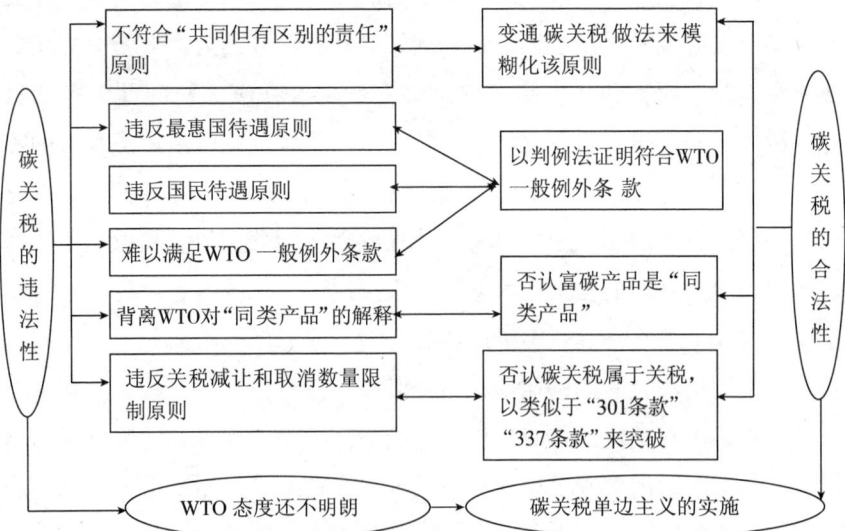

图3.2 碳关税的合法性架构图

第三节　碳关税引发的碳博弈机制

碳关税的经济理论基础为碳关税的存在提供合理性，而在此基础上架构其国际贸易法上的合法性，使得无论 WTO 的多边主义还是发达国家的单边主义，碳关税都极有可能被实施。西方国家正是基于对碳关税这种有效工具的认识，在实践中一直不断推动其实施的可行性，而这种可行性的发展已逐步形成碳链条，未来将引发全球碳博弈。

一、碳关税的技术可行性

（一）碳关税的技术难题

一直以来，许多学者都认为以进口产品实际内含的碳量也就是碳足迹作为征收标准最为合理，所招致的贸易报复也会最小，但在具体操作上还存在许多技术难题。科诺兰（Corcoran，2008）认为，随着全球化的发展，一件产品的很多零件来自不同国家，对商品进行大规模碳估算的可能性很小。[1]伊扎德（Izard）等认为，碳关税的税收部分应涉及原材料和成品，但计算在成品中嵌入材料的碳排放，其复杂性使得碳关税难以设计与有效实施。[2]曹静、陈粹粹（2010）认为，一件产品的各个部件可能产自不同国家不同时间的生产，即使是同一部件 CO_2 排放量也不尽相同，该产品使用的中间品比例各国也有差异，这些均导致很难计算 CO_2 的内涵排放。[3]吴力波、汤维祺（2010）认为，商品碳估算既需要对各国相关行业的技术特征、工艺流程、生产效率等进行统一标准的计量，也需要得到各国工业部门细分行业的能源消耗和 CO_2 排放数据，

---

[1]　Corcoran T., *Carbon Tariff Trade War?*, March 25, 2008, http://www.nationalpost com/opinion/columnists/story.htm? id =397658.

[2]　叶莉、翟静霞：《碳关税对出口贸易影响研究综述》，《生态经济》2011 年第 11 期。

[3]　曹静、陈粹粹：《"碳关税"：当前热点争论与研究综述》，《经济学动态》2010 年第 1 期。

在各国目前能源计量体系存在差异性的情况下不具可操作性。[1]尽管航空碳关税已开始试水，但其只是将征收的技术问题简单化，即使得以成功实施，也只是为产品碳关税的推出提供一种激励。产品碳关税实施的关键仍然是要解决所面临的征收技术问题。

（二）碳关税的技术突破方向与进展

如果存在国际通行的产品碳足迹标准，碳关税的征收就有了统一透明的计量工具，也可以获得便利的技术支持。自国际金融危机爆发以来，产品碳足迹评价的战略地位就被发达国家进一步明确，这些国家基本上都于2008年开始制定碳足迹标准或者试行碳足迹制度，目前已经有PAS 2050和TS Q0010两个国家标准，其他各国标准基本上以这两个国家标准为基础。2008年ISO也开始拟定《产品碳足迹量化及交流的要求和导则》（ISO 14067），目前该标准的制定还处于国际标准草案（DIS）阶段。草案将该标准分为两个部分。第一部分为产品碳足迹的量化，规定ISO 14067标准以LCA为评估基础，给出了包括碳足迹量化目的、范围、清单分析以及温室气体排放、清除、储存、环境影响等在内的方法学框架以提高量化及报告的透明度，该标准也将与标准化组织的其他标准[2]保持一致，以提供使用的便利性，确保全球范围碳足迹数据的可比性。第二部分为产品碳足迹信息的交流，规定碳足迹信息以产品分类规则（PCR）的方法传递给消费者。ISO 14067标准一旦通过，就可能纳入WTO框架下，成为各成员国都必须遵守的规则，如英国和日本均表示一旦国际标准颁布，就会相应调整其国家标准。可见，碳关税在排放计量和征收操作上的技术难题会随着国际标准的出现得以解决，也有利于发达国家将与国际标准融合度较高的自愿性碳足迹标准转化为强制性国家标准，从而大大提升碳关税和碳标签实施的可行性和融

---

① 吴力波、汤维祺：《碳关税的理论机制与经济影响初探》，《世界经济情况》2010年第3期。

② 包括《环境标签和声明》（ISO 14025）、《生命周期评估和说明》（ISO 14044）和《产品和服务生命周期中温室气体排放的评估规范》（BSI PAS 2050）。

合性。

二、碳关税的运作可行性

（一）可以变相征收碳关税的碳交易运行机制

碳交易作为一种市场机制，可以通过碳贸易由一国市场向外延展，使得碳排放权可以成为像劳动、资本、技术等那样的要素跨国自由流动，从而改变国际贸易的商品结构与贸易方式，也使得国际产业链面临重构与调整。因此，碳交易较之只是国内税收的碳税而言，更加具有未来的战略前景，越来越多的国家开始注重碳交易机制的发展，企图在未来的碳博弈中占据先发优势。目前，美国采取的是碳排放总量管制与交易制度，欧盟采取的是强制性温室气体排放交易系统，也就是说欧美都选取了碳交易机制。随着碳交易机制的发展，欧美等国不再重点提"碳关税"的"税"的说法，因为无论将碳关税看作关税还是间接税，都会招致非法或不公的指责，而"进口产品也需接受本国碳交易系统的约束，购买排放配额后才可进入市场销售"的说法可以通过市场机制运行的方式变相实施碳关税。2012 年欧盟在航空碳关税问题上的试水，代表一些国家今后会通过将特定行业纳入排放交易体系的手法进行变相"征税"。虽然在多国的联合抵制下这一单边做法暂缓实施，但不排除欧美今后在此问题上达成一致，使得欧盟今后有强制执行的可能性。

（二）碳交易机制解决竞争力损失和碳泄漏的两种方法

EU ETS 以部门内前 10% 效率最高的企业排放为基准（Benchmark）发放排放配额，这意味着大部分企业都需要购买一定数量的排放配额，这会提高经营者的生产成本。在全球非均衡差别性碳减排导致欧盟竞争力损失和碳泄漏的情况下，拍卖方式会给经营者带来巨大压力。一直以来，针对这一问题，欧盟设计的后京都时代减排制度有两种解决措施：第一，继续向欧盟企业免费发放而不以拍卖的形式出售碳排放配额，以降低国内工业整体减排成本；第二，在拍卖排放配额的前提下，对来自减排不及欧盟国家的进口产品征收碳关税，以增加该产品的减排成本和保障本国较高的减排成本。森德拉（Cendra，2006）认为，如果没有碳关税，一些外国企业或迁徙到没有排放约束国家的本国企业会被排除在本国气候政策之外，导致整体减排水平偏低或是被迫发放免费排放权。[①]可见，西方学者认为第二种解决措施应该优于第一种。但在实践中，由于碳关税的提出遭到了发展中大国的强烈反对，强硬实施易导致全球贸易战的爆发，欧盟对碳关税方案只得暂时搁置，转向选择将全额拍卖的排放配额转变成大部分免费发放的方式来缓解碳交易给欧盟内企业所造成的压力。

（三）排放配额免费发放的碳需求问题

欧盟 2003 年的温室气体排放配额交易体系指令 2003/87/EC 第 10 条规定，在 2005—2008 年间将 95% 的排放配额免费分配给成员国，在 2008—2012 年间则不少于 90%。2009 年的修改指令又对易遭碳泄漏的 164 个工业部门免费分配排放配额，以保护这些工业部门的国际竞争力。2010 年欧盟委员会决定，从 2013 年 EU ETS 的第三期开始，受碳泄漏显著影响的工业部门可获得 100% 的免费配额，而其他部门则是 80%，这一比例将逐渐缩小，预计 2020 年之前降到 30%，2027 年实现配额的全部拍卖。有学者开始忧虑免费发放配额的负面效果，如德勒格（Droege，2009）认为，EU ETS 的经济效率和环境效果会受影响，免费配额也不利于提高欧盟低碳行业竞争力。[②]按照这一方案，欧盟 2013—2020 年间将有 160 亿吨 CO_2 被分配至企业，加之欧盟在第三期之前已经过多分发了排放配额，而且金融危机引发了企业倒闭，这些都会导致

① Cendra J. , "Can Emissions Trading Schemes be Coupled with Border Tax Adjustments? An Analysis vis‐`a‐vis WTO Law", *Review of European Community & International Environmental Law*, Vol. 2, 2006, p. 133.

② Droege S. , *Tackling Leakage in a World of Unequal Carbon Prices*, Washington, D C: Climate Strategies Report, 2009, pp. 16—37.

碳市场上企业对排放配额需求大为下降，即使碳市场上的排放配额供给不变，也会出现碳价下跌的情况。如果再遭遇排放配额供给增加的情况，碳市场也可能会濒临崩溃。

（四）碳贸易所出现的碳供给问题

欧盟 2004/101/EC 指令是 2003/87/EC 指令的修正，允许成员国在法律规定的范围交换 EU ETS 的排放配额（EUA）和清洁发展机制（CDM）的排放信用（CER），以此来减轻欧盟企业的减排压力。这意味着碳市场的供给在增加，对于欧盟企业来说，可以选择在 EU ETS 中获得排放配额，也可以选择从 CDM 中获得排放信用。之后，全球 CDM 机制蓬勃发展，一些国际投资机构不断从 CDM 初级市场上囤积排放额度，再适时进入欧盟碳交易市场攫取价差，导致 EU ETS 市场已经成为"可疑"碳指标的"全球垃圾场"。英国碳交易智库（Sandbag）的报告也验证了该说法，2008—2012 年间的 EU ETS 中，来自欧盟之外的排放信用有 11 亿吨之多，存在 CDM 卖家赶在欧盟 2013 年出台禁令之前倾销这些信用的可能性。[①]排放配额大量供给的存在，与大幅下降的排放配额需求结合在一起，导致 EU ETS 市场出现严重的供大于求，2013 年欧盟碳价急剧下跌，加之 EU ETS 设计之初没有为碳价设置底线，碳价几次出现崩盘的危险（见图 3.3）。

（五）碳交易机制危机后的必然选择

欧盟不会让其苦心设计的碳交易体系溃于一旦，势必会采取各种措施来挽救这一局面。为了恢复碳价，欧盟在供给端减少供给量，如不再承认发展中大国 CERs 认证的减排量。另一方面，在需求端做了两项工作，一是阻止需求的进一步下降，如 2013 年 11 月 8 日欧盟成员国投票决定推迟发放 9 亿吨 CO_2 排放许可；二是想方设法增加排放配额的需求量，如欧盟在将航空业纳入碳排放交易系统以及对外征收航空碳关税问

---

① 崔修佳：《欧盟碳交易体系缺陷抹杀减排成果来源》，2013 年 7 月 9 日，见 http：//cdm. ccchina. gov. cn/Detail. aspx? newsId = 40718&TId = 2。

题上态度坚决，正在采取变通做法推进航空碳关税进程，以期为其市场创造减排需求。在欧盟单方面大规模减排空间已非常有限的情况下，碳关税就是其不得不重点推进的内容，可以通过购买排放配额的方式把未实行强制减排的发展中大国拉入排放交易体系，为其提供商机，产生市场激励效应，因此，今后碳关税的设计必然会越来越与碳交易机制挂钩。

（碳价单位：欧元/吨）

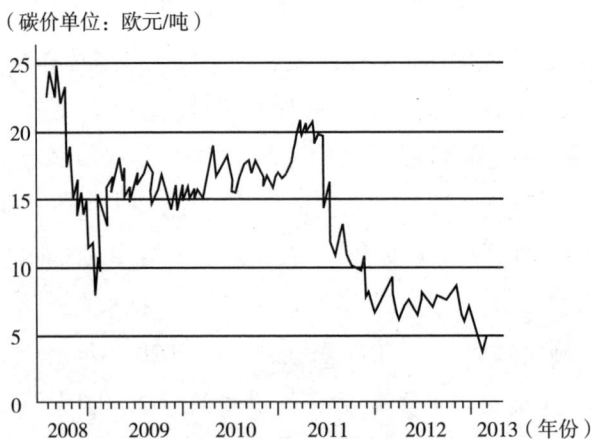

图3.3 欧盟碳价走势图

资料来源：碳中和第一门户网：《全世界最重要的碳市场走到了最紧急的关头》，2013年2月21日，见 http//www. oclife. cn/cms/viewarticl/16634。

三、碳关税的技术和运作可行性引发的碳博弈机制

从碳足迹的国际标准来看，如果 ISO 14067 能够尽快出台，发达国家势必会极力在本国国内推行该标准和强制性碳标签，必将推行以产品实际内涵碳量作为合理征收碳关税的标准，而且强制性碳标签也会为其征收设置便利条件。从碳交易机制的发展来看，EU ETS 作为世界上最大的强制碳交易市场，由于其运行中的种种困境必然会选择将碳关税作为弥补漏洞的最佳方案。碳关税如果解决了征收的技术问题，那么施行的阻力就会很小，就能保证 EU ETS 市场机制会因此运行良好，其示范

作用势必会鼓励更多国家发展强制性减排交易市场，而这些市场间的活跃也必然会促进碳贸易的发展，以及将一国之内碳交易与国际间碳贸易相连的碳金融也会蓬勃发展，从而各国展开碳货币主导权的争夺，整个世界经济格局也会为此改变（见图3.4）。虽然碳关税问题目前处于酝酿期，但可以看出，一旦碳足迹国际标准出台或者欧盟航空碳关税实施都会加快这一碳博弈机制的运行，西方发达国家也势必会在这两个方面积极推动。碳关税成为串联低碳经济问题、国际贸易问题、气候变化问题以及国际金融问题的重要节点，整个碳关税的利益链条形成，由此引发的碳博弈势必会使得发达国家在碳足迹、碳标签、碳交易、碳金融、碳货币等诸多碳措施上展开激烈竞争，达到争夺碳霸权的目的，形成新的"碳"世界经济格局。

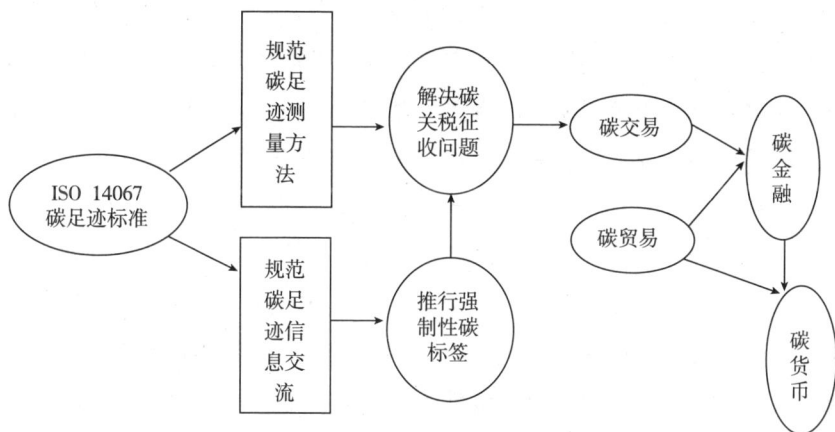

图3.4　碳关税形成的碳博弈机制图

第四节　碳关税形成的碳减排倒逼机制

近年来，中国、印度等发展中大国的温室气体排放和其经济增长一样举世瞩目，必然成为发达国家施压减排的对象。碳关税已被视作是发达国家向发展中国家施压减排的重要工具，倒逼发展中大国进行低碳发展转型。从碳关税的理论体系和发达国家推动的碳博弈机制来看，碳关税的实施可能性越来越大。然而，无论实施与否，碳关税都会对发展中大国产生温室气体减排压力，而且，这种压力只会随着碳关税的真正实施而越来越大。

一、碳关税的两种碳减排倒逼机制

当碳关税的矛头直指发展中大国的那一时刻，其对发展中大国的碳减排倒逼机制就已开始发挥作用。以碳关税是否实施为区分点，可以将碳减排倒逼机制划分为倒逼主动碳减排机制和倒逼被动碳减排机制。当碳关税还未真正实施之前，发达国家倒逼发展中大国的碳减排手段只能是通过国际气候谈判来施压，在《公约》和《议定书》都遵从"共同但有区别的责任"的原则时，发达国家不可能将减排指标强加于发展中国家，而是在谈判中施展各种外交手段孤立发展中大国，使其主动承诺自愿减排目标，也就是所谓的倒逼主动碳减排机制。如果发展中大国在国际气候谈判中采取不合作的态度，随着谈判局面的不断恶化，势必会使碳关税的实施更具可能性。一旦发达国家实施碳关税，就意味着通过国际贸易途径，无论发展中大国愿意与否，都会被拉入减排的行列，因为不减排意味着出口产品隐含碳量高，被内化的碳成本也大，必然会失去原有的国外市场，而要想使出口价格具有竞争力，就需要进行碳减排。这种碳减排倒逼机制对于发展中大国而言就显得有些被动，可以称之为倒逼被动碳减排机制。无论是倒逼主动碳减排机制还是倒逼被动碳减排机制，都意味着发展中国家在经济增长的同时，也需要进行低碳发展转型，两种机制的区别只是在于是否给予了发展中国家充分准备去进行转型（见图3.5）。相比较而言，倒逼主动碳减排机制虽然在碳关税未实施之前就一直有压力，但这种压力也可以转化为动力，使得发展中大国可以根据本国国情自主决定转型发展的时间和进程，是比较理想的一种倒逼机制。

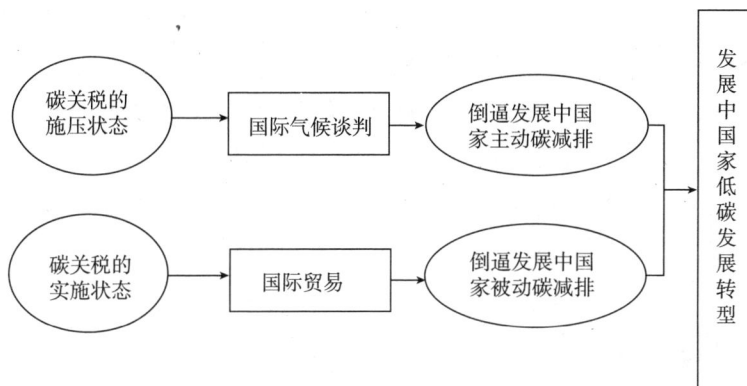

图 3.5　碳关税形成的碳减排倒逼机制图

二、实践中已形成的碳减排倒逼机制

2009 年哥本哈根大会开启之际，西方发达国家利用小岛国和非洲等国对于全球气候变暖的恐惧心理，以及发展中大国对于高碳产业的依赖与竞争，孤立中国、印度等发展中大国，以对其出口产品征收碳关税相威胁，不断施压其接受削减温室气体排放量的定量目标。中印等国均认识到，若发达国家实施碳关税，即便发展中国家强烈反对并采取贸易报复措施，其受到的损害也远超发达国家，倒逼被动减排并不能使发展中国家掌握未来发展的主动权。无论是出于维护国际形象，还是扭转谈判的不利形势，中印等国在气候大会上公布了具体的碳强度减排指标（而非总量减排指标），并提出接受国际社会对其减排量核查的前提是获得技术和金融支持，是主动利用碳减排倒逼机制的明智之举。与此同时，中国也开始在国内部署节能减排的相关工作，探索低碳发展转型之路，碳减排倒逼机制对中国发展产生作用。

三、未来越来越大的碳关税倒逼压力

2013 年 9 月，IPCC 通过了第一工作组关于气候变化的自然科学基础报告，并发布了决策者摘要——《气候变化 2013：自然科学基础》，特别提到 IPCC 第四次报告对中国的碳排放量严重低估。完整的 IPCC 第五次报告已于 2014 年 11 月公布，今后将是有关 2020 年国际应对气候变化机制谈判的关键期。IPCC 第一小组报告对于中国问题的强调将有助于西方发达国家在今后的谈判中模糊化"共同但有区别的责任"原则，以潜在的碳关税威慑手段施压中国进入强制碳总量减排行列，会使中国面临更大的碳减排国际压力。碳关税如同悬于中国头顶的达摩克利斯之剑①，其已产生的敲山震虎效果足以倒逼中国主动进行减排，加速低碳经济的转型。

---

① 达摩克利斯之剑表示时刻存在的危险。

第四章 碳博弈机制下的西方发达
国家低碳经济发展实践

建立在碳关税可实施基础之上的碳博弈机制使得西方发达国家嗅到了新的机遇，企图通过本国低碳经济发展上所占的先机，以及碳关税引发的碳博弈机制在新一轮的世界经济竞争格局中继续维护或争夺霸权地位，其在国内推进低碳经济发展的步伐越来越快。本章在对碳博弈机制下的西方低碳经济发展共性特点阐述明晰的基础上，选取英国、美国和日本三个国家分别进行国别分析，以期能够说明碳博弈机制下各国根据本国国情不同会选择共性下各具鲜明特点的低碳经济发展模式。

第一节 碳博弈机制下的碳关税与西方
发达国家低碳经济发展

碳关税可能引发的碳博弈机制为西方发达国家的低碳经济发展提供了努力的方向，使得西方发达国家在低碳经济发展模式的选择上，既重视低碳经济的本质内容，如法律制度约束与低碳技术发展等，也重视碳博弈机制下各类碳概念措施的实施，并根据各国国情来选择最为适合的发展模式。

一、西方发达国家低碳经济与碳关税的协同发展

（一）西方国家低碳经济发展可以获得新一轮的低碳竞争力

西方国家低碳经济的发展起源于国际碳减排的强制约束，由于担心

国家间的不同步减排会给本国经济带来严重影响，起初发达国家的碳减排行动并不积极。但是，碳关税的出现很快使这一局面得到改善，特别是全球金融危机后，西方发达国家普遍认为信息技术革命所引领的经济增长和金融创新已难以为继，迫切需要寻找下一轮的经济增长点，而低碳经济发展普遍被这些国家提升到国家战略的高度来看待。也就是说，通过低碳经济的发展，西方发达国家可以依据本国在新能源或节能环保技术及其相关产品上的先导优势，抢占新兴环保与新能源产业的制高点，掌握技术标准与规则的制定权，控制创新产品的定价权，主导新兴产业的发展。[1]而且，这些产业对传统高碳产业的绿色改造也可以促进本国更多的就业从而复兴实体经济，完成整个国家产业的低碳革命，使其内部形成相对完整的低碳经济体系，以获得国家整体的产业竞争力。

（二）西方国家的国际低碳竞争力由于碳关税更为强大

低碳经济发展需要对外设置碳关税。一方面，发达国家可以防止由于碳泄漏的存在而使低碳革命难以彻底进行的情况发生，从而不会影响欧美整体产业竞争力的获得。另一方面，欧美低碳产业竞争力也可以因为碳关税的存在越发强大，不仅可以向发展中国家构筑绿色贸易壁垒，限制高碳产品和服务的价格，改变新兴市场国家如中国、印度、巴西等国在劳动力、矿产资源、化石能源等要素上的比较优势或资源禀赋，削弱其出口竞争力，从而遏制其崛起；而且，凭借新的南北技术鸿沟，通过转让减排技术、出口减排设备、进行减排服务贸易等手段进入发展中国家具有潜力的低碳产业市场，在把控全球低碳产业链上游的同时，在世界范围内获取更大的低碳产业利益。因而，碳关税的实施必然会改变国际贸易的发展格局。此外，发达国家越来越倾向于将碳关税与作为低碳经济的市场激励机制的碳交易相结合，通过这种制度创新去发展碳金融，掌握碳货币，在国际金融格局的变动中获得主动权。这样，西方发

---

① 夏先良：《碳关税、低碳经济和中美贸易再平衡》，《国际贸易》2009 年第 11 期。

达国家就可主导低碳时代新的世界贸易金融格局，通过国际谈判去影响整个世界政治经济格局的形成，在全球化时代继续推行经济霸权主义。

（三）碳关税使得低碳经济成为国际政治经济博弈的焦点

从全球经济角度看，低碳经济如同已经摆好的多米诺骨牌，可能会因为碳关税的推进而产生全局形势的变化。[①]尽管碳关税还未实施，但碳关税所具有的威慑力已经让碳关税实施后所具有的效应开始显现，发展中国家已在一定程度上服从和让步于发达国家主控的低碳减排理念，从"高碳"经济发展模式向"低碳"进行全面转型，甚至被拉入国际碳金融的竞争格局，并逐步接受发达国家主控的低碳经济规则体系。西方国家之间也由于碳关税的作用而将低碳经济作为提升未来国家核心竞争力的重要战略选择，在技术进步、新兴可替代能源及效率等方面展开激烈竞争，通过碳交易、碳足迹、碳标签等制度创新，不断向世界输出这些碳理念，如欧盟通过法律条文、政策制度、低碳标准、贸易规则新秩序来主导世界低碳经济的未来趋势；美国提出绿色新政的核心就是低碳经济；日本要率先在本国建立一个强大的低碳社会等，从而在国际谈判中进行着低碳经济主导权的激烈政治经济博弈。

二、西方发达国家的低碳经济发展模式

（一）规划与法律先行

西方发达国家的低碳经济发展起源于国际碳减排，由于碳博弈机制的存在，这些国家的低碳经济发展具有较大的主动性，也决定了这些国家的低碳经济快速发展必然要走自上而下推动的经济发展模式，而不是自下而上的低碳发展实践经验的推广应用。也就是说，国家根据需要为整个低碳经济的未来发展设计规划蓝图，以确保每个社会大众对于国家如何发展低碳经济有着清晰的思路，而且能够根据国家的这种远期规划

---

① 彭奕：《低碳经济冲击下的国际贸易法三题》，《南京工业大学学报》（社会科学版）2010年第3期。

作出各自的相应调整。只有对本国的低碳经济发展有着清晰规划，才能够具体出台切实可行的政策措施以及相应的低碳法律法规来保障规划方案的顺利执行。

（二）重视低碳技术创新

低碳经济的产生源于工业生产过程中大量排放的 CO_2，因此，西方国家的低碳经济发展首先会降低工业生产环节的碳排放。降低工业生产环节的碳排放有两个重要途径，一是改变能源结构，大量使用清洁可再生能源；二是在生产过程中提高能源的使用效率，也就是在既定的能源消耗下排放更少的 CO_2。无论是哪一种途径，都需要相应的技术创新。在西方各国的低碳经济发展实践中，都普遍对低碳技术的发展格外重视，从基础研究到技术开发再到市场化运作都建立有相应的制度去保障和激励各个环节的技术创新。从更为长远的角度来考虑，加大新能源的开发在低碳经济发展中更为重要，可以促进整个产业链的清洁化，也可以彻底摆脱化石能源的束缚，因此，新能源产业成为低碳经济发展中最为关键的一环，西方各国普遍把新能源发展提到重要的战略位置，而与新能源发展的相关技术也必然决定着各国竞争力的大小。

（三）进行市场机制的制度创新

关于生产过程的节能减排，由于减排主体是企业，信奉市场机制的西方国家在碳减排问题上同样选择市场机制的方法去约束企业产品生产的碳排放，即采用价格约束型的碳税制度和数量约束型的碳交易制度。碳税与碳交易制度各有优缺点，如碳税征收灵活、适用范围广，但征收阻力较大且税率确定较为复杂；碳交易减排目标明确，实施阻力小，但施行范围仅限高碳行业，不能广泛覆盖。碳税在一些对气候条件要求较为严格的国家得到了施行，如北欧的丹麦、挪威等，但碳税的征收在对气候危机不明显的国家却面临不小的阻力，如澳大利亚等。由于碳税的阻力存在，更多的国家愿意进行碳交易的尝试，除了欧盟等探索的强制减排碳交易之外，也有一些国家开始探索自愿减排碳交易和区域性或行业性强制碳交易，如美国等。目前，所有这些市场化制度还在不断的发展之中。

（四）创新低碳消费理念

西方国家已经进入了后工业化时代，与正在经历工业化历程的发展中国家不同，消费碳排放大于生产碳排放，这就决定了西方国家的低碳经济发展必然十分重视消费环节的碳排放。在发达国家国内舆论的引导下，绿色消费方式不断深入人心，人们在消费时更加关注贴有环境标志的产品，促进了碳标签的发展。而消费者绿色环保意识的增强也开始引导低碳经济从消费扩展至物流乃至整个企业管理体系，如沃尔玛的低碳采购方式中对于供应商的开发选择与评价包含了资源减量使用、运作、包装、内部物流、回收、产品处置等所有环节[①]；许多大企业每年都对外公布企业的碳足迹报告，向消费者展现其良好的低碳形象。正是低碳消费的不断发展，完整的低碳链条（低碳能源结构—生产过程节能减排—低碳管理—低碳物流—低碳消费）在西方国家得以形成。

三、碳关税强化西方发达国家的低碳经济发展模式

首先，碳关税强化低碳技术创新。碳关税制裁的是进口的高碳产品，也就是对生产这些产品中大量排放的 CO_2 进行征税。碳关税的提出意味着国际社会要求同步减排，未来碳关税是否会对本国经济产生杀伤力，其本质就是看该国低碳技术的发展。因此，碳关税是具有战略意义的技术性问题。其次，碳关税强化碳减排的市场机制。碳关税是否征收取决于是否采用相应的碳税或碳交易制度去约束生产企业的碳排放行为，所以，碳关税的实施及其可能性必然会促进越来越多的国家选择碳税或碳交易去规避碳关税的惩罚。最后，碳关税强化碳标签的发展。碳标签虽然是西方国家低碳经济发展的产物，但是由于碳关税的出现，碳足迹和碳标准提上议事日程的速度加快，而这一切也必然推动碳标签在

---

① 熊焰：《重新定义世界和我们的生活：低碳之路》，中国经济出版社 2010 年版，第260 页。

这些国家内部从自愿的企业行为走向政府的强制实施，以碳标签来促进整个低碳经济发展会得到进一步的强化。随着碳关税理论架构的逐渐完善，西方国家低碳经济竞争的是技术创新、制度创新和理念创新（特别是消费理念创新），从这个意义上说，碳关税已高度契合西方国家的低碳经济发展理念。

第二节　英国低碳经济发展实践

从欧盟国家中选择英国，因其具有代表性，如低碳经济最早由英国提出，其低碳经济发展模式中所采取的措施是欧盟国家中最为多样化且成体系的，而且伦敦已成为世界碳金融中心，可以说，英国已占据国际碳博弈的优势地位。但是，这并不否认芬兰、瑞典等国在碳税制度发展上的先进性，也不否认法国、德国等"环保先驱"在低碳技术上的领先优势，尤其是不否认法国在碳关税推进上所发挥的作用。

一、低碳政策法规

作为全球低碳经济的倡导者与践行者，英国率先迈出低碳经济发展的实质性一步。英国从国家层面的战略高度对低碳经济发展予以规划，通过立法规划与政策引导来确保国民经济的低碳运行。《京都议定书》于 2005 年正式生效后，英国及时发布其有关低碳经济发展的规划——《2006 年气候变化方案》，此后，通过一系列政策法规的发布使得该规划上升至法律层面。2007 年 3 月，英国公布了规定有强制减排目标的立法文件——《气候变化草案》，成为世界上第一个明确提出低碳行动路线图的国家。2007 年 11 月，该草案经修改后被纳入立法日程；2008 年 3 月和 11 月，英国上议院和下议院分别通过《气候变化法案》，并经英国女王批准后生效。该法案是世界上第一部有关温室气体减排目标的法律，为英国构建了低碳经济发展的宏观长期基本战略目标。同日生效的《英国 2008 年能源法案》也为《气候变化法案》构建了包括低碳技术路径等在内的微观政策框架。为配合这两部气候立法，2008 年 10 月，英国的能源政策部和气候变化缓解政策部合并为能源与气候变化部（DECC）；同年 12 月，创建气候变化委员会（CCC），负责碳预算的相关事宜。此后，为实现法案规定的减排目标，2009 年 7 月，英国发布到 2020 年的国家战略白皮书——《英国低碳转型计划》，给出了国内能源供应战略和低碳行动指南，并制定相关的配套方案，如《英国可再生能源战略》《英国低碳工业战略》《低碳交通：更环保的未来》等，要求各个方面向低碳化方向转型发展。

二、低碳技术

低碳技术是低碳经济中长期发展的有力支撑。2003 年，英国颁布的能源白皮书《我们能源的未来：创建低碳经济》对此就有深刻认识，认为只有着力于发展、应用和输出先进技术，以及由此创造新商机和就业机会，才能从根本上把英国变成一个低碳经济国家。从 2004 年开始，英国不断加大对于能源技术的资助，并将资助重点从能源效率与传统化石能源技术转向新能源技术的新领域，如可再生能源、氢气能源和燃料电池等。2010 年 7 月，CCC 发布的《建设一个低碳经济——英国的创新挑战》报告指出，减少低碳科技研发的公共资助就是放弃经济低碳转型的机会。2010 年 10 月，英国政府在宣布之后四年削减 830 亿英镑财政预算的同时，也提到将经费优先投资到最有可能带来经济增长的领域，如碳捕捉和封存技术（CCS）、可再生供热刺激措施、海上风力发电项目等，这也可以被看作是英国已在这些技术上具有领先性。此外，与可再生能源发展相关的低碳电网和智能电网、与可再生供热相关的热泵、热网和热存储技术、与氢气能源和燃料电池相关的飞机引擎和电动汽车等领域的技术研发、示范与商业化也得到大力资助。除了政府的公共资助之外，碳基金（Carbon Fund）也为英国低碳技术的研发与应用起到了重要的作用。碳信托（Carton Trust）是由英国政府投资，以企业化方式运作的非营利性组织，英国政府于 2001 年开征气候变化税（CCL）[①]，并将大部分所征税款拨付给碳信托成立碳基金，由该组织对具有市场前景的低碳技术进行商业投资，给予低碳技术的应用研究、中试、产品化、产业化等环节稳定的资金支持，提供面向全社会的公共技术平台等，来帮助企业以及公共机构提高能源使用效率和培育低碳技术核心竞争力。

三、碳交易

2002 年 4 月，英国启动温室气体排放交易体系（UK ETS），成为全球最早实施碳交易的国家。UK ETS 是自愿碳减排交易，由英国政府制定企业的温室气体排放上限，然后将有限额度的排放权许可证分发或出售给自愿进入碳交易市场的企业。UK ETS 与英国推出的气候变化协议（CCA）有着密切的关系。由于担心能源密集型产业会因 CCL 的征收背负较重负担，英国政府就以 CCA 的方式对 CCL 作出税收减免，即如果和政府签订 CCA 的能源密集型企业达到规定的能源效率目标，政府可以减少征收该企业应支付的 80% 的 CCL。该协议还规定，政府允许不能达到约定目标的企业参与 UK ETS，以购买排放配额的方式来实现 CCA 的要求，这些企业成为 UK ETS 的需求方。另一方面，碳基金的发展大大推动了企业碳减排，减排发展较好的企业愿意进入碳交易市场去出售其多余的排放配额，就成为了 UK ETS 的供给方。这样一来，UK ETS 的供给方和需求方都是自愿进入碳市场进行交易的，则 UK ETS 就成为企业自愿参与碳交易的具有弹性的市场典范。由此，英国形成以 UK ETS 为主，CCL、CCA 和碳基金为辅的规制碳排放的混合治理机制。UK ETS 将市场形成的碳价传达给投资者，投资者可以有效整合碳价来

---

① 类似于碳税，但税基是产品而非吨 CO_2 当量，向石油、煤气、电力等高碳产品征收，覆盖能源供应方和消费者。

进行投资规划等活动，从而吸引和鼓励了更多的风险资本或私募基金关注低碳经济领域，反过来也促进了 UK ETS 的蓬勃发展。为了与欧盟政策一致，2007 年 UK ETS 与欧盟排放交易制度（EU ETS）接轨，部分企业在减免 80% 气候变化税后加入 EU ETS。2008 年伦敦交易的 EU ETS 衍生工具在金融危机背景下依然达到 630 亿欧元，而巴克莱银行推出的碳指数，以芝加哥气候交易所和伦敦气候交易所各占 50% 比重的报价，生动地描绘全球碳金融市场的波动。碳价的形成以及碳交易市场的活跃使得伦敦成为全球碳交易中心之一。

四、碳足迹、碳标准与碳标签

在碳足迹、碳标准和碳标签方面，英国率先取得阶段性进展，碳信托在其中起到了重要的推动作用。碳信托从 2006 年起开展"碳削减标签计划"（Carbon Reduction Label Scheme），对几十种产品的碳足迹进行试点计算，并于 2007 年 3 月在一批日用消费品上试行加贴碳标签，包括奶昔、薯片、洗发水等。2007 年 5 月，在第一批碳信托试点的基础上，环境、食品和乡村事务部（Department for Environment, Food and Rural Affairs, DEFRA）公布了有关碳标签的自愿性计划，建议商家在商品标签上标明产品生产、运输、仓储等过程中产生的碳排放量以供消费者甄别购买，当时就有 120 多家商家表示愿意加入该计划。2008 年 2 月，碳基金扩大了对碳标签的应用推广，将乐购（Tesco）、可口可乐（Coca - Cola）、薄姿（Boots）等 20 家厂商的 75 项商品包括进来。2008 年 10 月，英国标准协会（BSI）、碳信托和 DEFRA 联合正式发布产品碳足迹国家标准——《产品与服务生命周期温室气体排放评估规范》（PAS 2050），有力提升了英国碳标签的市场权威性，很多国家有关产品碳足迹的测量与评估活动不同程度上参考了该标准。2011 年 9 月，修订后的 PAS 2050 标准发布，更加注重在开放性上与其他国际碳足迹标准间的协调。英国碳标签上有依据 PAS 2050 得出的产品碳排放量数值，还显示引导消费者减少其消费端碳足迹的信息，如 T 恤衫的碳标签除告知消费者产品整个生命周期的碳足迹为 2.4kgCO$_2$ 以外，还配以文字告知消费者在 30℃ 及以下洗涤、避免甩干和熨烫以及循环利用产品，可以有效降低使用中的碳足迹（见图 4.1）。目前，已有包括食品、服装甚至是化工品、铺路石等 2500 多种各类消费品加贴了碳标签。在英国的大型连锁超市 Tesco，已有牛奶、橘子汁、尿布、洗衣粉、电灯泡等多种日用品加贴了碳标签，该商家远期计划是给 7 万种商品加贴碳标签。

图 4.1　英国 T 恤衫碳标签样例

五、低碳政策实施的成效

通过对可再生能源技术开发方面的不断投入，英国可再生能源比重在不断攀升，从 2008 年的 2.6% 上升至 2012 年的 4.4% 。其中，英国注重的风能装机容量在可再生能源总量中的比重远远高出其他可再生能源发电（见图 4.2）。英国的一次能源消费量在逐年下降（见图 4.3），转而消费更为清洁有效的二次能源。英国的煤炭消费大部分用于火力发电，自 2006 年以来煤炭消费量呈下降趋势，但在 2011 年出现了反弹，主要原因在于石油成本价格上涨，但是，还是可以明显地看到，工业和居民煤炭消费量有稳步下降（见图 4.4），同期的石油消费（见图 4.5）和天然气消费（见图 4.6）均呈下降趋势。从二氧化碳排放量上看，21 世纪以来英国每年的 CO$_2$ 排放量一直维持在 5.5 亿吨/年的水平，但 2007—2011 年间碳排放量呈明显逐年下降的趋势，到 2011 年仅为 4.7

亿吨（见图4.7）；从人均碳排放量上看，英国的碳排放量减少的趋势更为明显，1990年、2000年、2010年、2011年分别为10.3吨、9.3吨、8.1吨和7.5吨。

（单位：兆瓦）

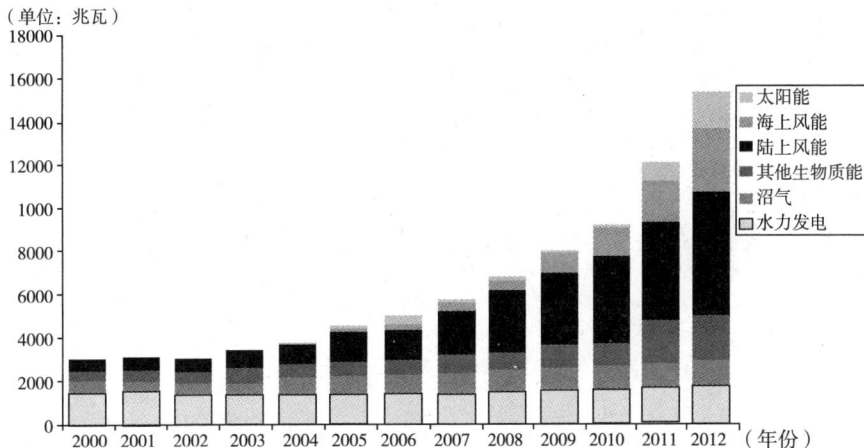

图4.2 英国2000—2012年间各类可再生能源装机容量比较图

资料来源：英国能源与气候变化部：《英国能源统计摘要2013》。

（单位：百万吨石油当量）

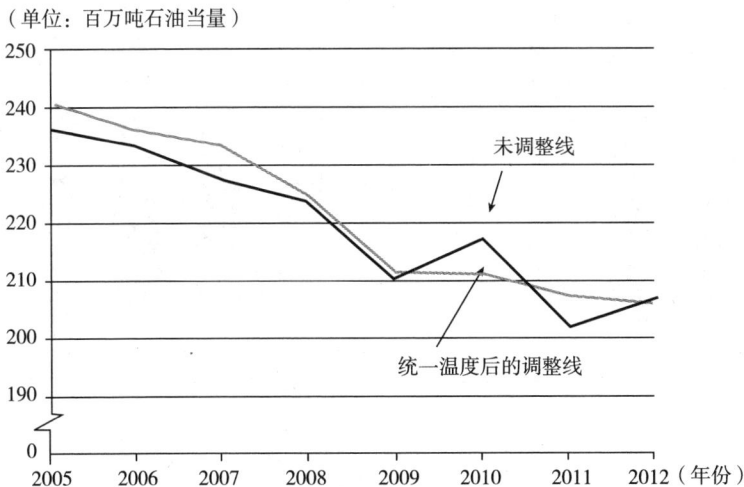

图4.3 英国一次能源消费图

资料来源：英国能源与气候变化部：《英国能源统计摘要2013》。

（单位：百万吨）

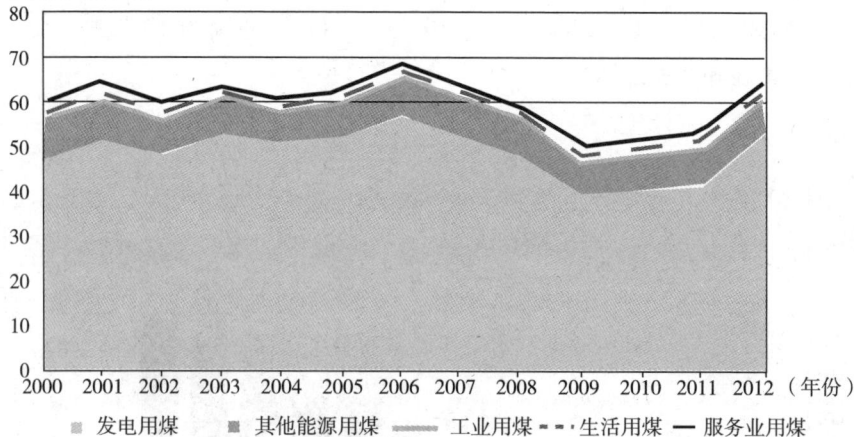

图 4.4　英国 2000—2012 年煤炭消费图

资料来源：英国能源与气候变化部：《英国能源统计摘要 2013》。

（单位：百万吨）

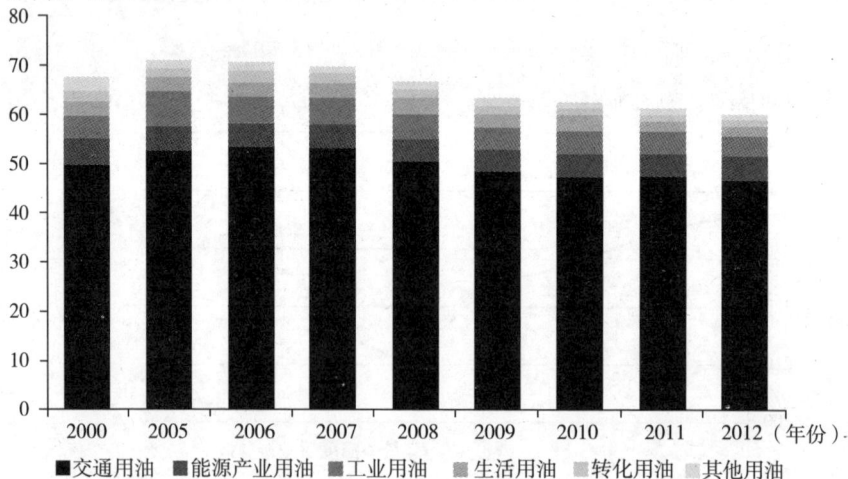

图 4.5　英国 2000—2012 年作为能源的石油消费图

资料来源：英国能源与气候变化部：《英国能源统计摘要 2013》。

（单位：兆瓦时）

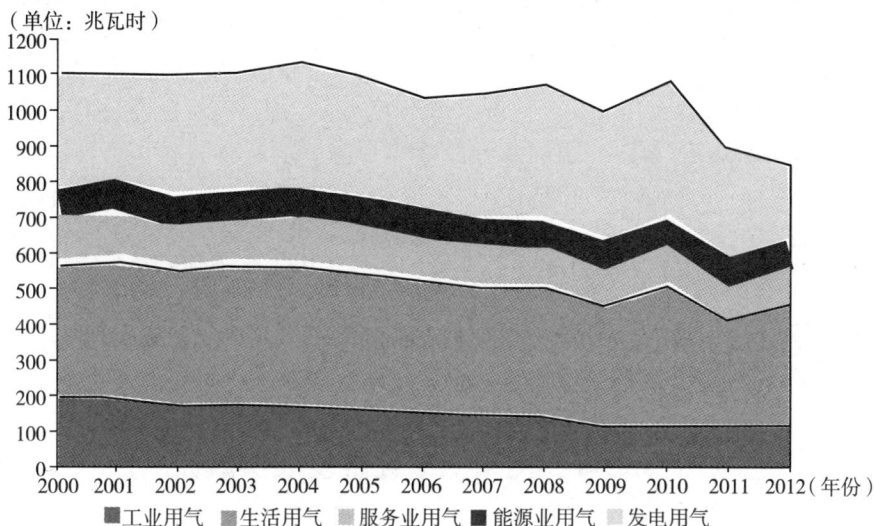

图 4.6　英国 2000—2012 年天然气消费图

资料来源：英国能源与气候变化部：《英国能源统计摘要 2013》。

（单位：十亿吨CO_2）

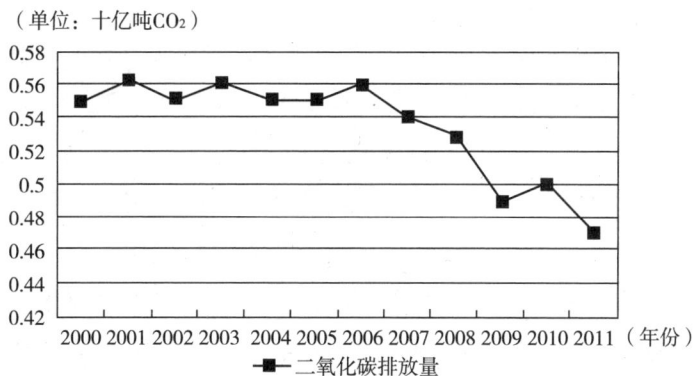

图 4.7　英国 2000—2011 年间二氧化碳排放量趋势图

资料来源：荷兰环境评估机构：《世界二氧化碳排放趋势 2012 报告》。

综上所述，英国的低碳经济发展体系以政策法规为规范，以政府为主导进行低碳技术创新。英国征收气候变化税来设立碳信托基金，碳基金在英国低碳经济发展中起到了中心环节的作用，既解决了技术资金问题，又推进碳足迹的标准化和标签化，还与气候变化协议相结合，创设了自愿碳减排交易的市场机制，使得征税、补贴、基金、市场交易等多种工具能够综合运用和相互协调，最终形成了英国富有特色的政府手段与市场手段相结合的低碳经济发展模式，促进了政府与企业、行业协会、科研团体、投资公司、咨询机构以及广大媒体等社会各界的低碳合作，取得了良好的低碳经济发展效果。而且，由于英国在碳足迹、碳标签、碳交易、碳金融等方面的发展均先于其他国家，则可以说英国占领了国际碳博弈的先机。

第三节　美国低碳经济发展实践

一、低碳政策法规

美国虽然于 2001 年退出了《京都议定书》，但这仅仅表明美国不愿意在没有发展中大国参加的情况下进行强制减排，并不表示美国在减排温室气体、进行新能源发展上没有积极性。事实上，美国 2001 年以来不断有相关的计划方案出台或实施，如 2001 年发布的《国际能源计划》、2002 年出台的《气候变化技术方案》、2003 年实施《气候变化科学方案》、2004 年开展"电力节约运动"，2006 年颁布"高级能源方案"等，而随着这些计划方案的实施，美国也加快在法律层面给予低碳发展以明晰规划，2005 年之后在美国国会参众两院通过乃至总统签署实施的有关能源安全与清洁空气的法案就明显增多（见表 4.1）。只是限于美国立法程序复杂的原因，特别是 2007 年后的一些法案涉及本国高碳行业的强制减排与碳关税问题，如《美国清洁能源与安全法案》《美国电力法案》等，国内外的压力都比较大，最终还没有成形，但这些法案所设计的有关低碳经济发展的整体规划已经十分清晰，推动了美国在州府层面上的实施。

表 4.1　美国低碳经济相关法案一览表

年份	相关低碳法案
2003	通过《清洁空气法案》
2005	颁布《能源政策法案》，通过《清洁空气法案》
2006	通过《清洁空气计划法案》，出台《能源效率国家行动计划》
2007	颁布《能源存储技术进步法案》，颁布《能源独立和安全法案》，通过《清洁空气计划法案》，出台《气候管理和创新工作法案》，发布《清洁能源法案》，提出《低碳经济法案》
2008	通过《利伯曼—华纳气候安全法案》
2009	颁布《美国复苏与再投资法案》，签署《联邦可持续性行政命令》，通过《清洁能源与安全法案》，出台《清洁能源工作和美国电力法案》
2010	通过《美国电力法案》，出台《温室气体报告强制规定》

资料来源：周鹏、周德群、袁虎：《低碳发展政策：国际经验与中国策略》，经济科学出版社 2012 年版。

二、低碳技术

2009 年，奥巴马签署实施《美国复苏与再投资法案》，该法具有经济刺激政策框架的作用，拟研究资助与投资能源使用效率和可再生能源的资金将达 272 亿美元，到 2025 年达到 900 亿美元，特别关注航天、海洋与大气等领域，重点发展智能电网、高效电池、汽车节能、风能和太阳能等可再生能源、碳储存和碳捕获等低碳技术，并保证到 2012 年和 2025 年来自可再生能源占所用电能的比例分别达到 10% 和 25%。该法标志着美国新能源战略开始实施，被誉为奥巴马的"绿色新政"。从产业上看，新能源、智能电网、生物医药、健康信息、交通技术开发等产业已被作为美国优先发展的领域，其中，新能源、智能电网与交通技术开发均与低碳发展有关，美国占领低碳技术高地并将其产业化的战略意图已十分明显。美国对低碳技术的支持方式，一是加大相关基础科学的研究，如在清洁煤使用技术上通过"煤研究计划"支持国家能源技术实验室对煤气化技术、先进燃烧系统、汽轮机、污染控制技术、碳捕获与储存技术等进行研究，而在新能源基础研究上的资助项目更多，投入资金也大（见表4.2）；二是通过设立高新技术发展基金对新兴产业予以支持，并吸引大量风险投资资金进入，仅就2007年的有关数据显示，其清洁技术的风险投资金额远远超过欧盟和中国（见图4.8）。

表 4.2　美国低碳技术研发资助金额表（以2010年前后为例）

年份	研究领域	资助金额
2008—2010	新一代太阳能发电技术开发	近2亿美元
2010—2011	风能预测	600万美元
2008—2010	生物质研究、开发和示范项目	1840万美元
2010	地热能研究、开放和示范项目	3.42亿美元的联邦基金
2010	氢气能源及燃料电池技术	2.2亿美元
2010	核能研发资助预算	8亿美元
2010	智能电网	2.2亿美元
2010	CCS项目预算	17亿美元
2010	基础能源科学	15亿美元

资料来源：周鹏、周德群、袁虎：《低碳发展政策：国际经验与中国策略》，经济科学出版社2012年版。

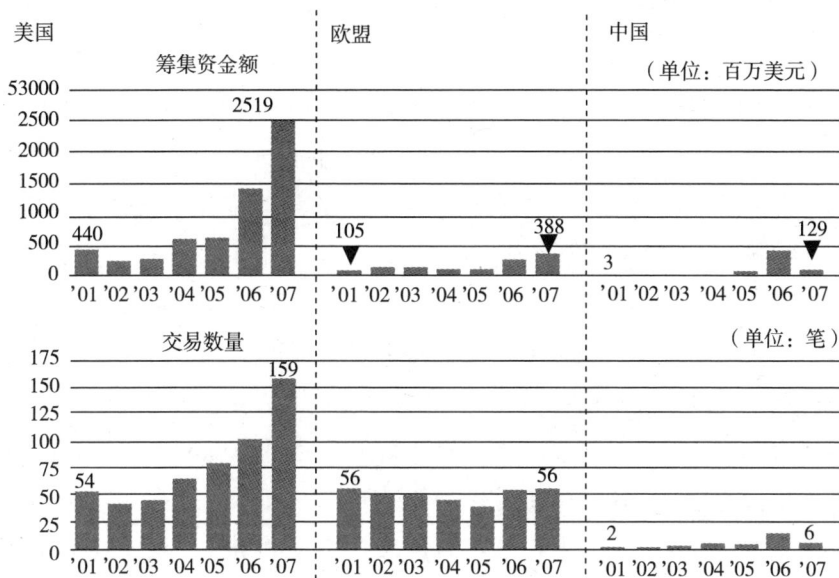

图 4.8　美国、欧盟与中国的清洁技术风险投资比较图

资料来源：美国道琼斯风险资源，转引自《西雅图时报》，2007 年。

三、碳交易

美国于 20 世纪 90 年代开始的控制二氧化硫等污染物排放的总量与交易机制已运行至今，且效果显著，这为 CO_2 减排计划施行该机制打下了良好的基础。目前，美国全国性的碳排放交易制度和碳税制度还没有形成，但是，区域性的碳交易实践活跃，有区域温室气体自愿减排行动计划（RGGI，涉及东北部及大西洋沿岸 10 州，属于区域性强制减排交易）、芝加哥气候交易所总量限制与交易计划（自愿加入、强制减排）、美国加州 AB32 计划（区域强制减排，期限为 2013—2020）、西部气候倡议（WCI，包括美国加州在内的 9 州和加拿大的 4 州）等，从而形成了美国多层次、多元化的碳交易市场，并以丰富的碳交易衍生产品等为低碳经济发展提供资金融通。

芝加哥气候交易所（CCX）于 2003 年开始运营，是独立于政府机构以外的民间平台，由私人企业或组织自愿加入去完成具有法律约束的减排目标。CCX 目前已运作两期，2003—2006 年的一期计划和 2007—2010 年的二期计划是所有会员企业在 1998—2001 年的基础上将减排量分别下降 4% 和 6%，不达标企业必须购买排放权。CCX 前两期共完成 10% 的绝对减排指标，但是，由于美国有关气候变化政策的不确定，CCX 的碳交易有些沉寂，其宣布从 2011 年起不再进行第三期交易。CCX 属于全国范围的碳市场构建模式，其不再运行也意味着美国全国统一的碳交易市场建设还有不小的难度。不可否认的是，CCX 的碳交易开启了美国碳金融的发展。2005 年，CCX 成立了芝加哥气候期货交易所（CCFE），专门从事碳排放权的衍生品交易。2008 年纽约绿色交易所也开始运营，这是由纽约商品交易所（NYMEX）联合多家银行及能源企业合资建立的，专门从事自愿减排额（VERs）、欧洲减排配额（EUAs）以及核证减排额（CERs）的期货与期权交易。

2009 年 1 月启动的 RGGI 将电力行业列为控制排放的部门，为该区域 2005 年后装机容量超过 25MW 的所有发电设施的 CO_2 排放量设定了上限，要求其到 2018 年时的排放量应比 2009 年减少 10%，是以特定行业为核心的碳市场构建模式。由于设置的减排上限过高，2011 年新泽西州宣布退出。目前，其他各州还在坚持，而且 RGGI 还有扩展至交通领域的规划，这些均使得该机制还在继续前行，可能成为世界区域强制减排的典范。

2013 年 1 月 1 日，美国加州启动碳交易市场，但当地的企业集团和环保人士之间仍存在严重分歧，AB32 计划草案也仍处于争论之中。2013 年 1 月 1 日，WCI 开始运行，是以行政区域为核心的碳市场构建模式，配额是政府颁发给企业的排放许可，规定每 3 年为一个履约期，初期实施对象为电力与工业，计划于 2015 年纳入商业、交通以及居民燃料使用等，计划到 2020 年实现区域温室气体排放量较之 2005 年基期降低 15% 的目标。

四、碳足迹与碳标签

美国的碳足迹标准由专门的标准公司主导，这些公司包括加州碳标签公司（Carbon Label California）、碳基金公司（Carbon fund）和气候保护协会有限公司（Climate Conservancy），均以生命同期法（LCA）测算碳足迹，在此基础上推出、管理和评价各自的碳标签。加州碳标签公司公司推出的碳标签主要有低碳封印、碳评分（见图 4.9）和碳评级三种，主要用于食品，如保健品和经认证的有机食品。低碳封印仅表明产品排放量较低，消费者可根据有无标签来判断是否是低碳产品；碳评分显示所测量的碳足迹实际数据，有助于消费者对产品及品牌进行碳含量比较；碳评级将碳标签等级化，五星级是最高级，代表含碳很低的产品，反之，一星级代表含碳很高的产品。碳基金公司推出的是零碳（Carbon free）标签（见图 4.10），这是一种碳中和标签，表明该产品被

图 4.9　Carbon Label California
公司的碳评分标签

图 4.10　Carbon fund
公司的零碳标签

测量的碳足迹已被抵消，主要用于服装、食品、家用电器、组合地板等产品。气候保护协会公司响应美国加州"2009 年碳标签法令"（The Carbon Labeling Act of 2009）的生效，推出了气候意识标志（Climate Conscious Label）（见图 4.11），该标志属于碳评级标签，根据产品碳含量的不同把该标签分为金、银、铜三个等级，表示某产品或服务在不同程度上达到碳排放标准。

一些商家和生产企业也推出了自己的碳标签，如家得宝（Home

Depot）于 2007 年开始使用生态选择标签（Eco Options），用于披露大约 3000 种其经营产品的碳排放量；添柏岚（Timberland）专业制鞋公司设计简化的 LCA 方法，也就是用 0—10 数字来代表商品的环保指数，如 0 为碳足迹不到 2.5 千克，10 则代表 100 千克；沃尔玛（Walmart）于 2009 年规定 10 万家与其合作的供应商须在 5 年内建立碳足迹检验机制，其会按照供应商执行的程度对商品加贴代表不同等级的不同颜色的标签；

图 4.11　Climate Conservancy
公司的气候意识标志

可口可乐、百事可乐等大公司则通过与英国碳信托公司在美国的分支机构合作，展开关于碳足迹和碳标签的相关工作。百利（PFGBEST）、纯果乐（Tropicana）、通用汽车（GM）、惠普（HP）、摩托罗拉（MOTOROLA）等其他知名大公司也纷纷开始在产品中引入碳标签。而随着加州把能源之星标准定为强制性最低标准，美国政府正在酝酿将其推广至全国，能源之星可能成为美国的强制性碳标签。

五、低碳政策实施的成效

美国是石油和天然气的第一消费大国，煤炭消费量也属世界前列。从近年来的数据来看，由于 2007 年之后的各项清洁能源政策的实行，清洁度较高的天然气消费量在上升（见图 4.12），石油消耗量在大幅下降（见图 4.13），煤炭的消耗量在 2009 年也出现显著下降（见图 4.14）。尽管石油与煤炭消费下降也与金融危机有密切关系，并不能完全说明美国国内的低碳措施得当，但是，2009 年之后的石油和煤炭消费量并没有反弹至 2007 年的水平还是可以说明美国的低碳措施确实也发挥了其作用。从 CO_2 排放来看，美国自 2001 年以来 CO_2 的排放量呈上升趋势，2007 年到达 59.1 亿吨 CO_2 排放量的新的最高值，但自 2007 年以来，随着美国开始密集出台低碳经济的相关政策，CO_2 排放量呈现快速减少的趋势，但这种状态还不稳定，在 2010 年出现了反弹（见图 4.15），这与美国国内应对气候变化的政策的不确定性有很大关系，相关的碳减排交易机制因此而受到影响。但是，从排放强度和人均指标来看，美国的低碳政策效果还是不错的。美国的 CO_2 排放强度 1990 年为 0.76tCO_2/GDP，之后 20 多年来呈持续下降趋势，至 2012 年已降至 0.46tCO_2/GDP（1990 年不变价）（见图 4.16）。国际能源机构（IEA）《能源 CO_2 排放统计年鉴 2012》显示，美国 2000 年人均碳排放量达 20.18 吨，2000—2010 年间呈不断下降趋势，2010 年已减少到 17.31 吨。

（单位：十亿立方米）

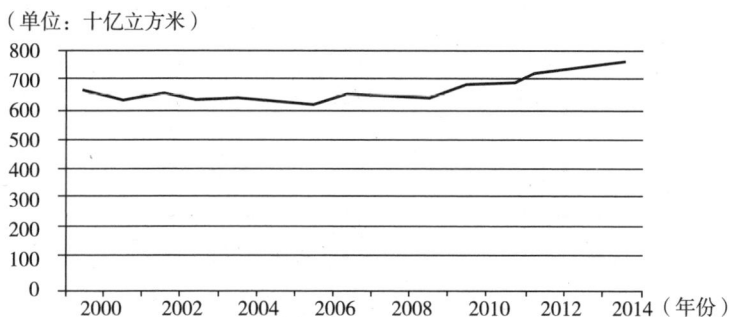

图 4.12　美国 2000—2010 年天然气消费量变化图

资料来源：英国石油公司（BP）：《BP 世界能源统计年鉴 2011、2015》。

（单位：百万吨）

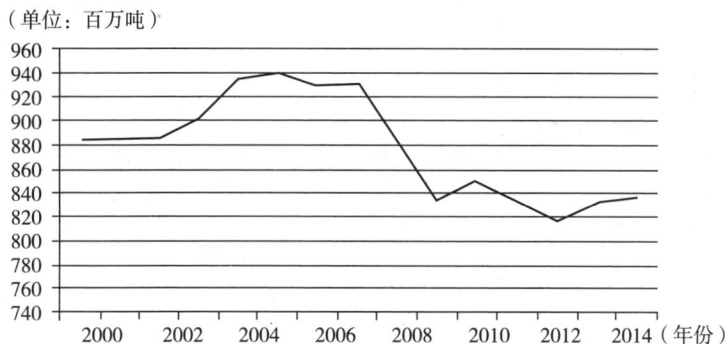

图 4.13　美国 2000—2010 年石油消费量变化图

资料来源：英国石油公司（BP）：2011、2015 年《BP 世界能源统计年鉴》。

（单位：百万吨石油当量）

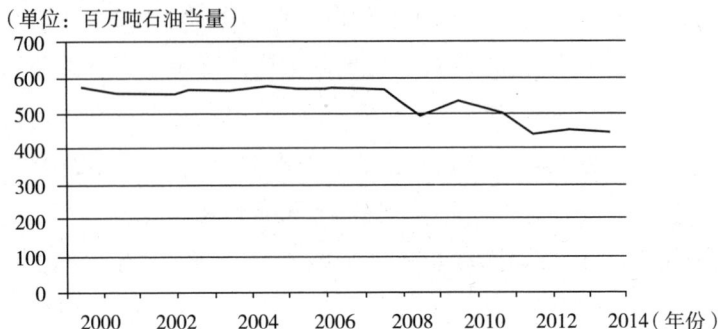

图 4.14　美国 2000—2010 年煤炭消费量变化图

资料来源：英国石油公司（BP）：《BP 世界能源统计年鉴 2011、2015》。

（单位：十亿吨）

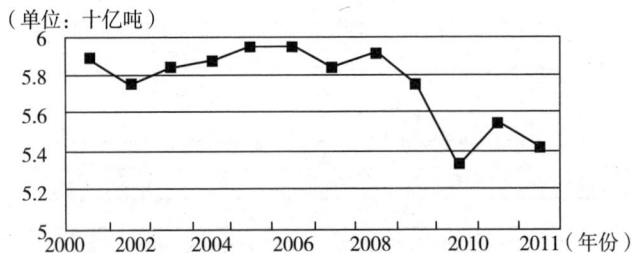

图 4.15　美国 2000—2011 年间二氧化碳排放量趋势图

资料来源：荷兰环境评估机构：《世界二氧化碳排放趋势 2012 报告》。

［单位：每千美元国内生产总值的
二氧化碳当量（tCO_2/GDP）］

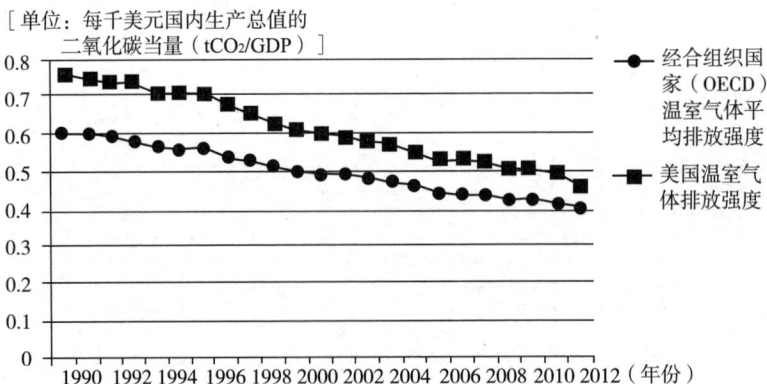

- 经合组织国家（OECD）温室气体平均排放强度
- 美国温室气体排放强度

图 4.16　1990—2012 年美国二氧化碳排放强度图

注：GDP 按照美元 1990 年不变价调整。

资料来源：经济合作与发展组织（OECD）：《OECD 数据库》，见 http：//stats. oecd. org/。

综上所述，尽管碳关税最初指向的是美国，但美国并没有受到这种碳减排倒逼机制的影响，而是以发展中大国没有同步减排为由摆脱了这种压力。与此同时，美国也没有就此松懈，其对于碳博弈机制可能引发的世界经济格局变化从未掉以轻心，也积极投身于占领碳博弈制高点的各项准备工作中。可以看到，美国的低碳经济发展十分注重市场机制的作用，除了政府对低碳技术的基础研究进行大力资助之外，其他方面都非常注重发挥市场机制的作用，如技术商业化阶段主要依靠风险投资基金资助，碳标签鼓励市场层面上形成相应制度，充分探索强制或自愿碳交易市场机制等。美国试图通过低碳技术引领、碳标签改变消费、碳交易机制发挥作用以及抢占碳金融先机等努力，在未来的碳博弈中占据有利地位，继续维护其霸权地位。但是，也由于美国立法上的种种程序障碍，使得美国至今还未对强制性碳排放交易体系形成清晰的发展路线图，导致了碳交易机制在实践中不同程度受其影响，还不能很好地发挥作用。

第四节　日本低碳经济发展实践

一、国家低碳战略规划

日本的低碳经济发展采取的是战略规划先行的做法，提出了低碳社会的总体规划，该战略规划的形成经历了一个由政府加速推进的过程（见表 4.3），给企业、居民、公共组织等微观主体提供了国家低碳发展的清晰蓝图。为此，日本还建立了多层次的节能监督管理体系（见图 4.17）。但是，规划之后的立法却随着 2010 年 6 月首相鸠山由纪夫（Hatoyama Yukio）的辞职而失去了来自政府的推动力，如日本 1998 年就通过了《全球气候变暖对策推进法》，本来在此基础上应加快出台《全球气候变暖对策基本法》以明确重要措施、中长期目标、基本计划、基本政策等规定，但该法至今还未出台。目前，日本有关低碳社会或低碳经济的立法还散落在能源和环保的相关法律中，如《能源节约法》《促进利用再生资源法》《能源合理利用法》《可再生能源法》《环境保护法》《促进建立循环社会基本法》《推进地球温暖化对策法》等。

表4.3 日本低碳社会战略规划的形成时间表

时间	政策层面上的低碳社会规划	实施方案
2004 年	环境省发起"面向 2050 年的低碳社会情景"研究计划	提出 2050 年实现低碳社会的具体对策
2006 年	经济产业省编制《新国家能源战略》	全面推动实施各项节能减排措施
2007 年 6 月	内阁会议制定《21 世纪环境立国战略》	综合推进低碳、循环和与自然和谐共生的社会建设
2008 年 6 月	首相福田康夫发表了《向"低碳社会·日本"努力》的演讲	以政府名义提出日本新的防止全球气候变暖的对策，包括技术创新、制度变革及生活方式转变，被称为"福田蓝图"，标志日本低碳战略形成
2008 年 7 月	内阁会议通过"低碳社会行动计划"	根据"福田蓝图"提出具体措施、行动日程、数字目标等，是日本低碳战略的细化
2009 年 4 月	公布《绿色经济与社会变革的政策草案》	要求采取环境、能源等措施刺激经济，提出实现低碳、与自然和谐共生社会的中长期方针，提议征收环境税和实施碳排放权交易制等
2009 年 7 月	自民党和公明党汇总"推进低碳社会建设基本法案"，提交众议院	规定了 2050 年温室气体减排目标，制定了日本低碳社会国家战略，主张政府在法制、财税、金融等多方面采取措施
2009 年 8 月	文部科学省推出"建设低碳社会研究开发战略"	增加有关气候变暖的减缓对策、适应对策以及技术验证未来低碳社会构想及社会系统的综合研究开发

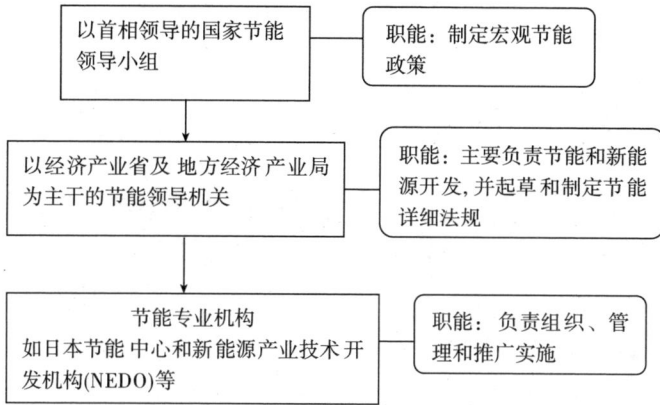

图4.17　日本多层次的节能监督管理体系

二、低碳技术

2008年3月，"凉爽地球能源技术创新计划"由日本经济产业省公布，该计划制定了日本到2050年的能源创新技术发展路线图，明确了新能源与清洁能源发电、新型燃料及电池、电动汽车、碳捕获与储存、智能电网与运输、各类节能技术、储能、高碳技术革新等21项可大幅减少CO_2排放的重点发展技术。日本核能技术先进，是重点发展的新能源，如日本《2008财年能源白皮书》提出，日本能源消费结构要转向以太阳能和核能等非化石能源为主，当时的太阳能和核能是并重看待的清洁能源。但福岛核泄漏事故后，日本对于核电的发展充满了矛盾，也导致了日本在碳减排国际行动上的迟缓。日本也在积极寻找核能的替代能源，近年来十分注重推进海上风力发电的发展。日本不断加大对研发活动的资助，如2009年国会通过88.5万亿日元的经费用于单列的环境能源技术开发，其中太阳能发电技术创新的预算占较大比例。此外，出台多项财税优惠措施，如特别折旧制度①、补助金制度②、特别会计制度③等，激励企业开发节能技术和使用节能设备。

三、碳税

日本原计划于 2010 年 4 月起对化石能源中的碳含量征收环境税（又称全球气候变暖对策税），涉及对化石能源进口、开采、精炼等排放环节课税；对日本家庭使用煤油和液化石油气的排放课税，并对努力减排的高排放用户减税 50%—60%；对使用煤炭、焦炭等钢铁制造业行业免税；对煤油减免 50% 的税收，还提议碳税政策要涉及商业领域的强制性减排。但受经济不景气的影响，日本出于谨慎，于 2009 年 12 月决定放弃开征环境税，转向继续充分论证该政策，也表示在 2011 年后力争开征。在论证充分的基础上，日本自 2012 年 10 月 1 日起开征环境税。具体实施方案为捆绑征收环境税与化石燃料税，由电力公司和燃气公司支付，再通过油价、电费和燃气费转嫁给消费者，税收收入专门用于补助节能环保产品、普及可再生能源等。日本的环境税分 2012 年、2014 年、2016 年三阶段逐步提高税率，目前所征的石油、天然气、煤炭的环境税税率分别为 250 日元/千升（约 3.2 美元/千升）、260 日元/吨（约合 3.3 美元/吨）、220 日元/吨（约合 2.8 美元/吨），2016 年之后的环境税将为一笔不小的税收收入，预计达 2623 亿日元（约合 33.7 亿美元），而日本家庭每年的能源开支也预计会增加 1228 日元（约合 15.8 美元）。④

---

① 使用指定节能设备，可选择设备标准进价 30% 的特别折旧或者 7% 的税额减免。
② 在引进节能设备和实施节能技术改造上，给予总投资额的 1/3—1/2 的补助；在住宅、建筑物引进高效能源系统上，给予其总投资额 1/3 的补助。
③ 经济产业省将支援企业节能和促进节能的技术研发等活动预算纳入"能源供需结科目"专门科目。
④ 冯勇武：《日本开征"环境税"》，2012 年 10 月 1 日，见 http：//news. xinhuanet. com/world/2012 - 10/01/c_ 113266752. htm。

四、碳交易

2010 年 8 月，日本环境省的一项官方提议草案中提到，计划在 2013 年 4 月启动强制性碳排放交易机制。2010 年年底，日本政府向国会提交了一份气候法案，其中包括在一年内设计一个国家碳排放交易的实施计划。但是，迫于商业集团的强大压力，日本推迟出台该计划。尽管国家层面上的碳交易市场没有形成，但日本地区性的碳交易正在实践中，如东京碳交易市场。东京工业较少，碳源来自商业领域（37%）、民用领域（26%）和交通运输领域（26%），这种特殊情况也使得日本成为全球第一个在商业领域实行强制性碳减排的国家。东京碳交易属于强制性碳排放配额交易制度，是"政府扶持 + 市场主导"的碳交易模式，需求端为需要减排的大企业，供给端一方面是政府所拥有的碳减排量（也就是为东京住户免费安装太阳能并将所产生的减排量归于政府的防止气候变暖促进中心所有，将其存入太阳能银行，以绿色电力证书的形式进行销售）；另一方面是没有强制减排任务的小企业经东京都政府相关机构认证的减排量。这一机制既强制大企业减排，也提高居民和小企业的节能减排意识，社会整体的减排效果得以提高。①

五、碳足迹、碳标准与碳标签

自 2008 年《京都议定书》第一减排承诺期开始，日本以碳足迹和碳标签来带动减排的行动方案就十分明确，开始紧锣密鼓地进行各项相关工作（见表 4.4）。粳米、菜籽油和洗衣粉三种产品于 2009 年 10 月最先通过产品类别规则（PCR）认证程序并加贴碳标签。此后，碳标签在食品、服装、农产品、化工、瓷器、机械、造纸等多个领域施行，并

---

① 碳排放交易网：《日本碳交易市场模式：政府扶持，市场主导》，2013 年 6 月 28 日，见 http：//www. tanpaifang. com/tanjiaoyi/2013/0628/21774. html。

延伸到酒店等服务行业。目前，企业获得碳标签的程序为：提交注册申请表——注册成功后提交产品碳足迹报告草案——碳足迹计划委员会批准草案——企业计算产品碳足迹——计划委员会核查与认可所计算的碳足迹——企业获得详细标示碳足迹的碳标签（见图 4.18）。日本碳足迹标签为自愿性标签，企业自愿参加，经济产业省和第三方机构分别负责管理和查验评价。由于企业有国家战略规划的指引，一般都对未来绿色产品市场有着良好预期，因此，碳标签一经推出，就得到了业界的支持。

表 4.4   日本碳足迹、碳标签实施历程表

时间	工作进展
2008 年 4 月	经济产业省成立碳足迹制度实用化、普及化推动研究会
2008 年 6 月	内阁通过"建设低碳社会"决议，尝试从国外引入"碳足迹产品体系"。决议公布后，经济产业省成立相关的国际标准化国内委员会，公布由其建立和协调的试点计划
2008 年 7 月	通过《建立低碳社会行动方案》，提出 2008 年制定有关排放量计算及其可信度和表示方法的指南，并于 2009 年试行碳足迹制度
2008 年 8 月	经济产业省宣布 2009 年年初推出碳标签计划
2008 年 10 月	经济产业省发布自愿性碳足迹标签试行建议
2008 年 12 月	经济产业省制定《碳标签制度指导方针》，以及《PCR（产品类别规则）制定准则》
2009 年年初	试行碳足迹标签，札幌啤酒厂（Sapporo）、便利连锁店（Lawson）、7－11 便利店（7－Eleven）、万古超市（Aeon）、松下电器（Panasonic）等宣布加入
2009 年 4 月	经济产业省公布《产品碳足迹评估与标签的通则》（TS Q0010 标准），该标准包括产品整个生产周期碳足迹的计算方式以及标签标识方法等内容

续表

时间	工作进展
2009 年 6 月（2010 年 6 月修订）	经济产业省、环境省、农林水产省、国土交通省共同发布《PCR 草案注册和 PCR 审批规则》和《关于碳足迹计算结果核查和表示方法的规则》
2009 年 8 月	四部门再次共同发布《碳足迹标签办法》，公布了对于标签式样、颜色、尺寸、标注信息等相关要求
2009 年 10 月	经济产业省与有关部委合作开展碳足迹试点，申请人产品通过验证加贴碳足迹标签方可获得批准进入市场销售
2010 年 2 月	在日本超市，第一批带有碳足迹标签的产品上架销售
2011 年 4 月	正式实施农产品碳标签制度

有关标准，日本还制定了独创的领跑者制度。所谓领跑者制度，就是以耗能最低的同类产品为领跑者要求在指定期限内所有同类产品必须达到该标准，不达标企业和产品将被公布和处以罚款。领跑者制度实际上是一种"鞭打慢牛"的节能措施，日本目前已在汽车、空调、冰箱、热水器等产品上实行，被认为是成功的节能标准制度。此外，日本还在家电产品上使用节能标签，并推出"环保积分制度"，对购买符合节能标准家电产品的消费者返还积分，空

图 4.18　日本产品碳标签样例

调与冰箱的返还比例为 5% 左右，数字电视为 10% 左右，积分可用于兑换消费券，以激发消费者使用节能家电的热情。

六、低碳政策实施的成效

日本于 2008 年进入《京都议定书》的强制减排第一承诺期，其 2008 年的 CO_2 排放量开始下降，但随着金融危机后经济的逐步企稳，2010 年排放量出现反弹，但并没有回升到 2008 年以前的水平，而且

2011 年又开始下降（见图 4.19），说明日本低碳经济发展初有成果，而且随着今后 5 年日本环境税的实施，二氧化碳排放量还会继续下降。从日本的人均碳排放量上来看，日本 2000 年的人均碳排放量为 10.1 吨，2010 年为 10 吨，2011 年为 9.8 吨，近年来下降幅度较大，也能说明日本低碳经济发展具有一定的成效。从二氧化碳排放强度上看，日本的二氧化碳排放强度一直呈小幅下降趋势，而且持续低于 OECD 成员国的平均水平（见图 4.20）。

（单位：10 亿吨 CO_2）

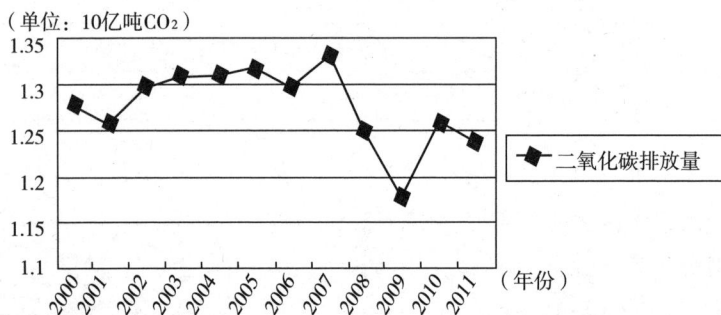

图 4.19　日本 2000—2011 年间二氧化碳排放量趋势图

资料来源：荷兰环境评估机构：《世界二氧化碳排放趋势 2012 报告》。

（单位：每千美元国内生产总值的二氧化碳当量（ tCO_2/GDP ））

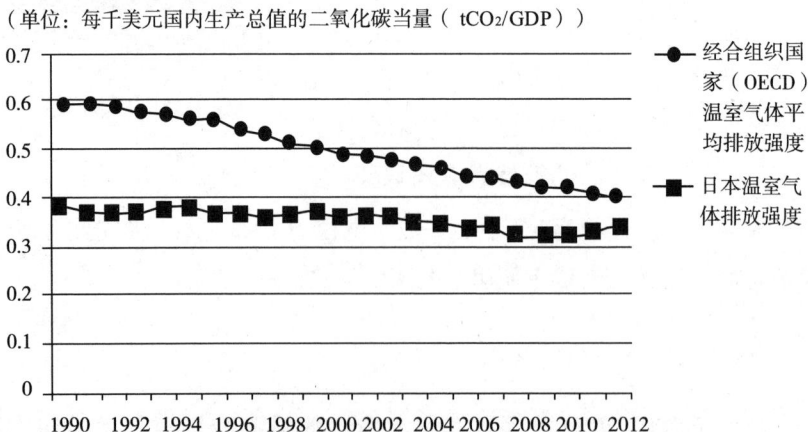

图 4.20　日本与 OECD 的二氧化碳排放强度比较图

资料来源：OECD/IEA，CO_2 Emission from Fuel Combustion Highlights 2010.

综上所述，日本是国际碳减排的施压对象，一方面尽量拖延向国际社会承诺和履行其应承担的减排量，另一方面在国际压力增大之时也会利于碳贸易机制来完成减排量以缓解国际矛盾，因此，碳关税形成的碳减排倒逼机制并不会深刻影响日本经济。但是，日本也并没有因此而放弃探索有效的国内低碳经济发展模式。日本低碳经济模式是战略规划先行，"福田蓝图"构筑"低碳社会"发展的清晰思路，在此基础上，通过技术创新和社会行为改变双轨推进低碳社会进步，并提供激励企业和消费者的财政制度保障。由于碳博弈发端于碳足迹和碳标签，日本低碳社会建设在此方面做的努力也最多。而且，日本比较务实，在国际碳交易机制存在漏洞的情况下，并没有急行推进碳交易，而是采取稳妥的碳税制度。如果今后欧盟通过碳关税解决了碳交易漏洞，日本则可以通过国内已进行的碳交易实践会及时跟进，则其在未来的碳博弈中也会占领有利地位。可以说，日本属于充分利用碳博弈机制的国家。

第五章　碳减排倒逼机制下的
　　　　中国低碳经济发展实践

　　尽管中国在碳关税未指向其之前就已经产生可持续发展的理念，但是，对于经济的转型调整却还不过于急迫。碳关税的出现，使得中国明显感受到来自西方发达国家的碳减排压力。无论是国外碳关税所产生的碳减排倒逼机制，还是国内经济发展受到的越来越严苛的环境资源约束条件，中国都开始考虑加快低碳经济发展，2007 年后相关政策措施的出台相当密集。本章以碳关税出现前后的时间为线索来阐述中国低碳经济发展理念的变化、所采取的以行政命令式节能减排为主的政策体系以及目前正在不同程度推进的西方低碳经济发展的市场措施，并对这一阶段的减排效果进行评价，以期能够以碳关税的视角更深刻地审视这些制度措施，为下一步更为有效地探索中国低碳经济发展模式奠定基础。

第一节　碳关税发酵前的中国发展理念

　　进入 21 世纪以来，中国的经济发展开始加速，取得了世界瞩目的辉煌成就。尽管国际气候谈判使得中国政府开始关注碳减排问题，但是，限于所处的发展阶段，工业化与城镇化成为发展的重中之重，中国进行碳减排的意识还不强烈，只是出于能源消耗和环境污染的日益严重开始考虑可持续发展问题。

一、工业化与城镇化的发展理念

现代经济的发展离不开工业化，现代社会的发展也离不开城镇化。与已进入后工业化社会的西方发达国家相比，中国还处于工业化的历史进程之中。发展阶段的不同使得中国更加关注工业化和城镇化的发展，并充分利用国内外的一切有利条件来促进这一进程的加速，如自加入WTO之来，中国逐步融入全球经济，从贸易与经济的全球化中获益匪浅，得以利用国外先进技术和资金在较短时间内加快工业化和城镇化进程。2003 年"低碳经济"概念就已在国际上出现，而为"十一五"规划的顺利实施，中国 2005 年年底发布实施的《促进产业结构调整暂行规定》，关于工业的发展仍然提到，"以振兴装备制造业为重点发展先进制造业，支持发展冷轧薄板、冷轧硅钢片、高浓度磷肥、高效低毒低残留农药、乙烯、精细化工、高性能差别化纤维；炼油、乙烯、钢铁、水泥、造纸基地化和大型化发展；铁、铜、铝等重要资源实行合理开采和综合利用"。可见，促进重工业发展，尤其是重化工业的发展，是当时中国的工业化发展理念。而改革开放所释放出来的红利也吸引越来越多的农村劳动力走入城市，从事工业生产和建筑工程的工作，这种人口流动也在加速中国城镇化的发展。对于当时的中国而言，经济增长粗放式投入、经济结构重工业化、能耗高、能效低以及污染物排放多等问题是每个经历资本密集型工业化阶段的国家都会出现的基本特征，要加快中国的工业化与城镇化进程以及进行大规模的基础设施建设，必然会导致能源消耗和碳排放的快速增长，这符合经济发展规律。就当时的情况来看，中国的能源、技术、产业、区域、社会阶层等结构的转型调整都还在进行当中，若快速完全接纳和启动低碳经济，会使得中国的发展速度、水平和规模都受到约束，在限制自身发展空间的同时，激化现代化本已错综复杂的各种内在矛盾，加大中国未来经济社会发展的风险。因此，从所处的发展阶段出发，当生态脆弱性还未对已存在的经济发展成果产生足够的威胁和抵消时，中国不会过快和超前承诺减排和快速推动低碳经济发展。

二、配合与利用国际减排的发展理念

世纪之交的国际气候谈判主要是约束发达国家的碳排放行为，对于发展中国家而言，更多的是参与与深化对气候变化问题的认知。当时的中国确实做到了这一点，积极参与气候谈判并配合《联合国气候变化框架公约》（以下简称《公约》）推动各项工作，也充分利用气候谈判所给予中国的机遇。在气候谈判开始阶段，中国较为关注《公约》的环境含义，出于保护全球大气环境的考虑，中国于 1992 年 6 月和 1993 年 3 月分别签署和批准了该《公约》。在 1995 年"柏林授权"之后，为防止发达国家将减排问题引向发展中国家，中国开始重视气候谈判的政治含义，为协调与制定气候变化有关的政策措施，于 1996 年 2 月专门成立"国家气候变化协调小组"，又于 1998 年将其调整为"国家气候变化对策协调小组"，成为由发展改革委牵头的 13 家政府机构参与的联合机构。[①]自 1997 年《京都议定书》引入清洁发展机制（CDM）以来，中国开始明显关注气候《公约》的经济含义，2002 年设立的第一个 CDM 项目标志着中国开始探索通过协助发达国家减排来获得低碳资金与技术的有效途径。2005 年 10 月，中国开始实施《清洁发展机制项目运行管理办法》，规定国家气候变化对策协调小组是中国清洁发展机制重大政策的审核和协调机构，发展改革委是清洁发展机制项目的批准机构。

三、持续升温的可持续发展理念

随着中国经济的快速增长，虽然 CO_2 排放问题还没有进入人们的视野，但资源消耗与环境污染越来越受到关注。煤炭的过度开采和燃煤所

---

① 2003 年，根据政府部门改革的要求，协调小组被调整为 15 个政府部门参与的联合机构。

带来的环境污染，以及石油越来越高的对外依存度所带来的国家安全问题，使中国不得不开始思考可持续发展问题。2002 年 9 月，可持续发展世界首脑会议在约翰内斯堡举行，会议提出"在可持续发展战略框架内考虑减缓和适应气候变化问题"，受到了中国的重点关注。2002 年，中共十六大将"生态良好"列为与"生产发展"和"生活富裕"同等重要的发展目标，2003 年，中共十六届三中全会又提出全面、协调、可持续的科学发展观，而 2004 年的中共十六届四中、2005 年的五中全会决议中都明确提到大力发展循环经济。2006 年 7 月，国务院下发的《关于加快发展循环经济的若干意见》对于"循环经济"的理解就是减少资源消耗和减轻环境代价，并以此提出建设资源节约型和环境友好型社会（简称两型社会）。2006 年的"十一五"规划明确提出了"单位GDP 能耗和单位 GDP 污染物排放分别下降 20% 和 10%"的约束性指标，并陆续出台《能源发展"十一五"规划》和《国家环境保护"十一五"规划》。由于节约能源从一定程度上也降低了二氧化碳排放量，而二氧化碳排放量的减少某种程度上也可以降低环境污染，从某种意义上说，大力发展循环经济和建设"两型"社会实际上也揭开了中国低碳经济的发展序幕。

第二节　碳关税倒逼机制下的中国低碳发展理念

尽管中国在碳关税指向发展中大国之前就开始采取主动措施来避免这一趋势的发展，但还是未能阻止碳关税问题的升温。中国受到了来自国际碳减排的巨大压力，好在中国国内已倡导的可持续发展以及循环经济发展等理念与碳减排有一定的契合度，使得中国的低碳发展理念能够随着这种倒逼压力迅速形成。

一、采取各种措施应对国际碳减排压力

2006 年的《斯特恩报告》、2007 年的《IPCC 第四次评估报告》使得全球对气候问题的关注度大增，而 2007 年 6 月，荷兰环境评估机构（NEAA）的报告指出，由于煤炭发电和水泥等高碳行业的发展，2006年中国和美国的温室气体排放量分别为 62 亿吨和 58 亿吨，中国已超美国成为第一排放大国。[①]报告一出，国际社会均开始关注中国的 CO_2 排放量。尽管我国以人均碳排放较低为由要求国际社会不要把矛头指向中国，但来自国际社会的减排压力确实越来越大。为减轻压力，2007 年 6月，中国即时发布《中国应对气候变化国家方案》，成为首个制定该方案的发展中国家；中国政府综合审视国内外形势，决定成立国家应对气候变化及节能减排[②]工作领导小组；国务院印发《节能减排综合性工作方案》，要求各级财政预算的一定资金以补助、奖励等方式支持节能减排项目。2007 年 9 月，中国又成立应对气候变化对外工作领导小组，以更好地应对后京都时代的国际气候谈判。2007 年 9 月的亚太经合组织（APEC）第 15 次领导人会议上，时任国家主席胡锦涛的重要讲话中明确主张"发展低碳经济"，提出"研发和推广低碳能源技术""增加碳汇"和"促进碳吸收技术发展"。2007 年 10 月，党的十七大报告则更加重视资源环境问题，将其列为亟待解决的首要问题，首次提出生态文明，科学发展观被纳入中国特色社会主义理论体系，两型社会建设也被放在工业化与现代化发展的突出位置。

然而，即使这样，2007 年 12 月，巴厘气候大会仍启动了针对美国和发展中大国的双轨制谈判。同期，美国国会参议院环境与公共事务委员会审议通过的《气候安全法案》则将碳关税对准中国等发展中大国，并得到伞形国家的赞同。在 2008 年各类国际场合，不时有加拿大、新

---

① 侯利红、阮真：《外交部否认中国成为世界第一大二氧化碳排放国》，2007 年 6 月 22日，见 http://finance.sina.com.cn/g/20070622/02283713967.shtm。

② "十一五"开局之年，单位 GDP 能耗和主要污染物排放总量均没有完成年度计划，有的指标还不降反升。2007 年 1 月 29 日，时任国务院副总理的曾培炎在电力工业"上大压小"工作会议上首次使用"节能减排"一词，言简意赅地表达了降低能耗与减少污染物减排的意思。

西兰等国官员抛出类似言论，中国面临的国际压力陡增。另一方面，有关中国 CO_2 排放的预测报告也不断发布，如国际能源署（IEA）2008 年预测指出，按照目前各国政策情景和经济增长速度发展，到 2030 年，全球 CO_2 排放总量将增加 45%，其中，中国总量占世界的 28.9%，中国增量占世界的 46.9%，而美国则会从与中国相当的比重下降到 14.3%。应对国际压力，中国采取了一系列措施，如 2008 年，时任国家主席胡锦涛在多种重要场合，如 G8 峰会、日本"暖春之旅"等，对发展低碳经济和应对气候变化予以肯定和提倡；2008 年 3 月，将国家环保总局升格为国家环保部，表明中国已把环境保护提升到与工业、农业、能源、交通等同样重要的地位；2008 年 10 月，中国发布《中国应对气候变化的政策与行动》白皮书，制定了《中国应对气候变化科技专项行动》；2008 年 12 月，正式启动第二次《气候变化国家评估报告》①，向国际社会表明中国对气候变化问题的重视和态度等。但是，这些努力并没有阻止碳关税的继续发酵。

二、碳关税倒逼中国作出强度减排承诺

2009 年，有关中国的碳减排和碳关税问题继续升温。2009 年 6 月，美国国内《清洁能源与安全法案》获得众议院通过，使得碳关税更加甚嚣尘上。2009 年 7 月，联合国秘书长潘基文访华时希望中国积极参与 CO_2 减排，认为"决定气候谈判成功的钥匙由中国掌握"。为此，在 2009 年 9 月的联合国气候变化峰会上，时任国家主席胡锦涛向大会高调表态，争取到 2020 年单位 GDP 二氧化碳排放比 2005 年有显著下降。然而，2009 年 10 月，IEA《能源 CO_2 排放统计年鉴》（2009 年版）指出，2007 年中国 CO_2 排放量为 60.71 亿吨，已超美国的 57.69 亿吨，

---

①　2010 年完成。第一次《气候变化国家评估报告》于 2006 年年底发布。

成为世界第一大 CO_2 排放国[①]，证实了荷兰环境评估机构的结论。一时间，国际社会有关中国的"能源消耗威胁论""环境污染威胁论""气候变化威胁论"等频出。2009 年 12 月的哥本哈根会议，美国充分进行外交斡旋，使得 77 国集团的分裂公开化，碳关税矛头共同转向发展中大国。如果中国政府继续以"共同但有区别的责任"原则以及历史累积排放等理由不承担减排义务的话，将在相关谈判中被孤立。为给国内经济发展创造良好的外部经济环境，中国政府顶住压力，仅明确作出了强度碳减排承诺，即"到 2020 年，单位 GDP 的碳排放量在 2005 年基础上下降 40%—45%"，表示将此目标作为约束性指标纳入中长期规划。然而，仅仅是碳强度减排目标，对于中国而言也有不小的难度，意味着即使按照 7% 的 GDP 增长速度以及单位 GDP 的碳排放量仅下降40%，2010 减排成本也要有 626.98 亿元，到 2020 年将达 5730.62 亿元（《中国低碳经济蓝皮书》，2012），也意味着中国必须采取各项措施向低能耗低排放的经济发展模式转型，走低碳经济发展道路。但是，包括美、法、英、日等在内的西方发达国家仍然表示基本上不能够接受，均提出未来会通过碳关税等方式继续倒逼中国支付 CO_2 排放的治理成本。

三、减排压力下中国低碳发展理念的加速形成

根据 IEA 相关统计数据，2010 年中国化石能源消耗所排放的 CO_2 继续增加至 72.6 亿吨，而同期美国的排放量已下降至 53.9 亿吨。[②]气候组织（Climate Group）资料显示，2006 年，中国的人均排放量就已接近世界平均水平。而霍尔丁等（Hallding et al.，2009）则预测，中国的人均历史累积排放量最晚在 21 世纪 30 年代初期达到全球平均水平，这一

---

① IEA Statistics, *CO_2 Emissions from Fuel Combustion*, Highlights, 2009 Edition, see http://ccsl.iccip.net/co2highlights.pdf.

② 参见国际能源署网站：http://www.iea.org/publications/freepublications/publication/name 4010 en. html。

时间还会因欧美减排力度加大而提前。[①]这意味着，随着中国在全球气候变暖问题上成为主角，中国既往的针对碳减排或碳关税的对外策略会失效，立场空间会越来越窄，无论中国是否愿意，也无论中国是为了更好地发展本国经济还是为了减少外部压力，国内进行经济的低碳转型发展都成为必然的选择。在 2010 年的"两会"上，低碳经济成为代表的热议话题，政协的一号提案当之无愧地属于关于推动低碳经济发展的提案。2010 年 3 月，国务院开始重点监控大型企业的能效，颁布了《中央企业节能减排监督管理暂行办法》。同年，中共第十七届五中全会通过了"十二五"规划，该规划相比之前的各个五年计划而言，增添了碳排放强度的约束性指标，开始在生态文明和两型社会提法上强调绿色和低碳的发展理念。2011 年 12 月，国务院印发《"十二五"控制温室气体排放工作方案》，提出到 2015 年的近期目标，规定全国单位 GDP 二氧化碳排放在 2010 年基础上下降 17%。国际减排约束性指标正在逐步分解为我国各个时期各个地方的低碳工作目标与任务，而正是由于这种低碳工作目标与责任的具体与明晰，使得实践中低碳发展理念较之循环经济与两型社会建设等发展理念被接纳的过程更短、被贯彻执行得也更深入，成为中国发展实践中形成最快的发展理念，促进了中国整个经济社会的低碳转型。

第三节　中国正在推进中的低碳经济发展政策体系

随着 CO_2 强度减排指标层层分解至地方，中国各地实践中，逐渐形成了行政命令式节能减排方式，也就是政府采用强制命令的行政手段去关停整改高碳排放企业，达到约束其碳排放的目的。在对企业节能减排

---

① Hallding K., Han G. & Olsson M., *A Balancing Act：China's Role in Climate Change*, Stockholm：Swedish Commission on Sustainable Development, 2009（4）, pp. 1—15.

实行约束机制的同时，各级政府也在财税、信贷、政府采购、技术投入、产业转型等方面提供激励型低碳发展政策措施，从而在实践中形成了一套低碳经济发展的政策体系。

一、约束型的行政命令式节能减排

"十一五"开局第一年，能耗和主要污染物排放量两项指标就没有完成年度计划，进入 2007 年，指向中国的碳关税压力也开始陡增。短时间内，如果中国不把能耗、CO_2 强度等指标降下来的话，不仅完不成"十一五"计划，而且还会导致碳关税在国际谈判中持续升温，那么中国会更加被动，未来的发展空间也会更小。由于时间上的紧迫性，中国政府选择了短期内能够迅速达标且易于操作的行政命令式节能减排方式。在这种"命令—控制"的行政手段下，为落实节能减排指标，中央政府将节能减排各项工作和任务通过与地方政府、各部委以及重点企业签订责任书的方式层层分解到地方、行业和企业中去，同时对地方政府、各部委以及重点企业实行目标责任制考核，考核标准为出台的有关节能减排、单位 GDP 能耗和主要污染物总量减排的统计、监测与考核办法等文件，以这种自上而下的具有强约束力的"目标制定—任务分解—考核评价"方式动员和强化全国上下的行政力量来力促节能减排。[①] 2008 年 2 月，为进一步强化考核约束机制，《单位 GDP 能耗考核体系实施方案》由发展改革委制定，对完不成节能减排目标的省级人民政府及主要领导人实行问责制和一票否决制。而这种强大的行政压力传导至地方政府，地方政府一般也会采取类似的行政强制性手段去关停整改高碳行业以确保完成"十一五"的节能减排目标。

2011 年 8 月，国务院印发的《"十二五"节能减排综合性工作方案》对"十一五"期间行政命令式节能减排的实践做法进行完善，提

---

① 宋德勇、卢忠宝：《我国发展低碳经济的政策工具创新》，《华中科技大学学报》（社会科学版）2009 年第 3 期。

到"健全激励和约束机制"和"综合运用经济、法律、技术和必要的行政手段"。约束机制放在了激励机制之后，行政手段成为排在经济、法律和技术手段之后所采取的必要措施，而不再是"十一五"期间的放在第一位的必要措施，说明中央在要求地方减少过度的行政干预行为。方案也提到"加大市场化机制推广力度""将节能减排转化为各类社会主体的内在要求"，但怎样的市场机制，方案却没有明确说明。与此同时，方案也提到"切实发挥政府主导作用"，说明可以继续使用层层分解指标和强化监督考核的办法。这就存在一种可能，在行政压力过大以及市场化手段不太容易操作的情况下，该方案并不排除在完成既定减排目标困难的条件下采取和"十一五"期间一样的行政命令手段。进入 2013 年冬季，随着国家对雾霾天气整治力度的加大，各地都感觉到环保指标的压力，为降低 PM2.5，各地关停企业的行政手段确实还在继续实施，而且有些地方的力度还在加大。

二、激励型的节能减排系列措施

中央政府在实施行政命令式节能减排手段的同时，也积极使用激励型措施去激发企业节能减排和进行绿色环保转型的主动性。

（一）绿色信贷

2007 年 7 月，《关于落实环保政策法规防范信贷风险的意见》（也称绿色信贷政策）由国家环保总局、中国人民银行和中国银监会联合发布，要求各商业银行审批贷款时充分考虑企业的环保守法情况，严格控制不符合产业政策和环境违法项目的信贷规模，引导企业淘汰落后产能和发展节能降耗产品和服务。在中央意见的引导下，国内各大银行纷纷将扩大绿色信贷业务作为发展重点，如 2007 年中国工商银行 98% 的贷款企业是环保部认定的环境友好与环保合格企业，这些企业的贷款额度占到总额度的 99%；中国银行先后推出一系列绿色信贷方面的环保金融创新产品，为外贸环保企业引资与海外投资提供多元化和全球网络化的金融服务；中国建设银行 2008 年和 2009 年退出"两高"行业的贷款分别达 644.59 亿元和 767.24 亿元；截至 2010 年 6 月，仅就四大国有银行就已投放 10970 亿元的绿色贷款。国家环保部数据显示，2009 年前三季度，中国主要商业银行对钢铁、电解铝、平板玻璃的高碳贷款增速都已放慢，分别仅为 13%、19%、-45%，大大低于之前同期 31% 的贷款平均增速。"十二五"期间，银监会针对绿色信贷实行中出现的问题，2012 年 2 月，印发《绿色信贷指引》进行规范，明确绿色信贷支持的方向与重点领域，并要求金融机构实行有差别的动态授信政策，实施风险敞口管理以及建立相关统计制度。绿色信贷措施在改进后得以继续实施，并继续发挥其激励企业节能减排和约束高碳过剩行业发展的作用。

（二）节能减排的"以奖代补"

"以奖代补"是将财政专项奖励资金与节能减排量挂钩的财政激励手段，对企业实行多减排多奖励，甚至通过对不完成节能减排量企业进行处罚的方式来加大企业经营结果间的差距，改变了之前只要减排就进行补贴的财政支持方式，在对企业产生激励的同时，也可以确保国家财政专项资金能够真正落实到节能减排上来，并产生节能减排成效。2007 年 8 月，财政部和国家发展改革委出台《节能技术改造财政奖励资金管理暂行办法》，标志着中央财政实施"以奖代补"政策的开始，该政策被用于对十大重点节能技术的改造工程。①具体的奖励办法是：对于节能量超过 1 万吨标准煤的节能改造项目，中央财政对东部地区和中西部地区分别给予 200 元/吨标准煤和 250 元/吨标准煤的一次性奖励。中央财政通过该政策的实施，两年内就已对企业的节能项目提供约 15% 的

---

① 包括：燃煤工业锅炉（窑炉）改造工程；区域热电联产工程；余热余压利用工程；节约和替代石油工程；电机系统节能工程；能量系统优化工程；建筑节能工程；绿色照明工程；政府机构节能工程；节能监测和技术服务体系建设工程等。

财政补贴①，由于其为事后奖励，这一比例也说明了该政策确实起到了促进企业节能减排的作用。该暂行办法于2011年6月被《节能技术改造财政奖励资金管理办法》所替代，成为具有持久效力的政策措施，并且对节能减排量的规定有所拓宽，也就是除了对节能量在1万吨标准煤以上的节能改造项目进行奖励之外，也对改造前综合能耗在2万吨标准煤以上的节能改造项目进行奖励，同时，提高了财政专项奖励资金的标准，东部和中西部的奖励标准分别提高到240元/吨标准煤和300元/吨标准煤。

（三）节能产品价格补贴

2009年5月，财政部和国家发展改革委为加快高效节能产品的推广，联合发布了《关于开展节能产品惠民工程的通知》，主要涉及空调、冰箱、平板电视、洗衣机、照明产品、节能与新能源汽车等10大类产品。具体措施为：中央财政直接补助生产企业，补贴条件是生产企业能效等级为1级或2级的产品，补贴标准为其节能产品与普通产品价差的一定比例，而消费者购买节能产品时可以享受生产企业给予的每台200—850元不等的价格优惠。但是，该措施是一种干预市场机制的做法，所以也规定，当节能产品达到一定市场份额后，活动就予以停止。2009年11月，针对活动开展过程中出现的问题，两部委又及时发布《高效节能产品推广财政补助资金管理暂行办法》，严格规范节能产品的推广活动和补贴资金管理。鉴于空调、冰箱、洗衣机、热水器、平板电视5类高效节能家电已达到预期的推广效果，财政部后又发布通告，从2013年6月1日起，这些家电产品不再享受该补贴政策，而有关节能汽车、照明设备等产品的财政补贴政策还在继续。

（四）节能减排服务奖励

合同能源管理（EPC）是运用市场手段促进节能的服务机制，也就是与用能单位签订能源管理合同的节能服务公司，通过为用能单位提供

---

① 王康：《发改委副主任解振华：鼓励社会投资发展新能源》，2009年9月24日，见http：//news. hexun. com/2009 - 09 - 24/121193645_ 1. html。

诊断、融资、改造等节能服务，以节能效益分享的方式来回收投资和获得合理利润。对于用能单位而言，合同能源管理可以大大降低其节能改造的资金与技术风险，是可以采用的行之有效的节能措施。正是用能企业对此服务的大量需求，使得该类节能服务公司在中国的发展也非常迅速，也得到了国家发展改革委、财政部、人民银行和税务总局的大力支持。2010年4月，国务院转发了四部委的《关于加快推行合同能源管理促进节能服务产业发展的意见》，对符合相关规定的节能改造项目给予资金补助或奖励。为了更有利地促进节能服务公司加大对企业减排的项目改造，2010年6月，国家发展改革委印发《合同能源管理财政奖励资金管理暂行办法》，规定了更为具体的奖励标准，即按年节能量和规定标准给予一次性奖励，中央财政奖励资金为240元/吨标准煤，地方奖励资金不低于60元/吨标准煤。"十二五"期间，合同能源管理奖励标准不变，继续对节能服务公司的项目服务提供奖励。

（五）政府采购

从2005年开始，政府就已推出节能采购政策措施。2007年7月，国务院办公厅下发《关于建立政府强制采购节能产品制度的通知》，在优先采购节能（包括节水）产品的基础上，又针对部分节能效果显著、性能比较成熟的产品推出强制采购制度。根据节能产品的认证情况，发展改革委每半年更新一次《节能产品政府采购清单》。2007年12月，清单中节能产品种类由起初的18类4770种扩大到33类15087种，说明了政府采购政策的力度在加大。同年，政府还推出环保采购以促进绿色低碳发展。"十一五"结束时，政府的节能产品采购清单已更新到第九期，最新的政府采购清单为2014年1月发布的《第十五期节能产品政府采购清单》。可见，政府采购已成为较为成熟且持续有效的低碳节能政策措施。

（六）税收优惠

为鼓励企业进行低碳转型发展，国家在增值税、所得税上实行税收优惠政策。增值税方面，国家对于新能源与环保产业实施形式多样化的税收优惠，如对生物质能源的垃圾发电实行即征即退；对风力发电实行减半征收；对县以下小型水力所发电力按 6% 税率征缴；对部分大型水电企业实行退税；对部分新型墙体材料减半征收；对掺有不少于 30% 炉底渣的建材产品实行免征；对煤矸石、煤泥、煤系伴生油母页岩等综合利用发电实行减半征收等。所得税方面，主要实施的税收优惠涉及项目、产品和采购设备，如对来自于符合条件的环境保护、节能节水项目的所得实行"三免三减半"，也就是第一年到第三年免征所得，第四年至第六年减半征收所得；对能够综合利用资源去生产符合国家产业政策规定的企业产品所得按收入总额的 90% 计征；对用于环境保护、节能节水、安全生产等的专用设备，企业购置的投资额可按 10% 从应纳税额中抵免等。[①]

三、激励型的低碳技术创新与推广

由于中国长期以来以煤炭为主要能源，这种能源结构短时期内不可能有大的变化，因此，中国把提高能源利用效率和煤炭的清洁利用作为技术创新的重点，与此同时，也加快新能源、可再生能源、低碳、固碳等技术的研发。2006 年 2 月发布的《国家中长期科学和技术发展规划纲要》统筹协调中国气候变化科学研究与技术开发，明确提出优先解决能源、水资源和环境保护技术，以及加强节能、可再生能源和煤炭清洁高效利用等减排技术的研发。2007 年 6 月，科技部等 13 个部门联合发布《应对气候变化科技专项行动》。"十一五"期间，中国通过国家自然科学基金、"863"计划、"973"计划、"火炬"计划、国家科技支撑计划、新产品计划、科技型中小型企业创新基金等多种科技基金持续大力度支持低碳领域的相关科学技术研究。即使是面对国际金融危机的冲

---

① 潘明星：《基于低碳经济的税制改革思考》，《山东财政学院学报》2013 年第 1 期。

击,中国政府也没有放松对节能减排的努力。在 2008 年新增的 4 万亿刺激经济投资计划中,直接用于节能减排和可持续发展的资金就达 2100 亿元人民币。科技部数据也证实了资金支持的力度与方向,即国家科技计划整个"十一五"期间累计安排了超过 100 亿元的节能减排研发项目经费,主要用于化石燃料高效清洁利用与可再生能源的研发。

此外,国家还非常重视节能技术的推广。2005—2009 年间,国家发展改革委颁布了 30 个重点行业的清洁生产评价指标体系,包括钢铁、铝、火电、水泥、印染、陶瓷、电池、轮胎、制革等行业,一方面加大对这些行业清洁生产的审核力度,另一方面也在加强对这些行业的技术支持和咨询服务体系建设。自 2008 年开始,中国每年都出台一批《国家重点节能技术推广目录》,目的是加快重点节能技术的推广普及,涉及煤炭、电力、钢铁、化工、建材、机械、纺织、有色金属、石油石化、建筑、交通 11 个行业的多种高效节能技术,截至 2013 年年底,该目录已发布到第六批。

四、激励型的新能源产业发展措施

"十一五"期间,在快速的工业化和城镇化过程中,以石化、冶炼、重型装备、汽车、电力等为代表的重化工业继续得到了快速发展,其产值占工业总产值的比重由 1995 年的 52.7% 增至 2008 年的 71.1%,产业结构偏重也带来能耗偏重的问题,非常不利于我国低碳经济的转型。因此,随着碳关税所带来的减排压力的增大和"十一五"的即将结束,"十二五"期间进行产业结构调整以适应低碳经济发展需要成为中国政府的重要举措。2010 年 10 月,"十二五"规划指出,"培育发展战略性新兴产业,使之成为先导性、支柱性产业"。国务院同期发布《关于加快培育和发展战略性新兴产业的决定》,提出现阶段重点培育和发展七大战略性新兴产业,其中的节能环保、新能源、新能源汽车产业等都与低碳发展直接相关。为激励企业在转型和发展过程中参与到战略新兴产业中去，国家推出了包括资金、技术在内的多项扶持政策。2011 年 3 月，国家发展改革委根据战略性新兴产业发展的需要，及时发布新的《产业结构调整指导目录》，提到大力发展新兴领域装备，而且，为鼓励新兴产业更好发展，2013 年 2 月，发展改革委再次修订该目录，提高了鼓励类产品的门槛。2011 年 6 月，财政部印发修订的《基本建设贷款中央财政贴息资金管理办法》，规定对战略新兴产业的基本建设项目给予不超过当期银行贷款利率且最高贴现率为 3% 的财政贴息。2011 年 8 月，财政部、国家发展改革委联合发布《新兴产业创投计划参股创业投资基金管理暂行办法》，明确中央财政资金通过直接投资创业企业、参股创业投资基金等方式，培育和促进新兴产业发展以及创新企业成长。①中国还对新能源产业实行投资补贴和推广补贴，如对地方小水电建设进行投资补贴，对新能源发电实行推广补贴等，同时，对新能源汽车的消费补贴加大，如新一轮的补贴规定从 2013 年 9 月起购买纯电动车和某些混合动力车的消费者可分别享受至多人民币60000 元和 35000 元的补贴，2014 年和 2015 年的补贴标准会在 2013 年的基础上分别下调 10% 和 20%。此外，绿色信贷、清洁发展机制等也对新能源产业的发展起到了激励作用，如截至 2011 年 5 月 10 日的数据显示，我国 CDM 项目数中新能源和可再生能源的项目数最多，所占比例达 70.96%。可见，中国对于战略性新兴产业，尤其是节能环保、新能源、新能源汽车产业等产业发展尤为重视，不惜采取综合政策措施力促其发展。

---

① 秦菲菲：《中央财政将参股创投基金，力捧战略性新兴产业》，2011 年 9 月 10 日，见 http：//finance. eastmoney. com/news/1350，20110910162204122. html。

第四节　中国正在实践中的碳概念措施

在实践中与行政命令式节能减排约束机制以及财税、信贷、补贴等激励型政策深入推进和发展不同的是，中国在与碳关税相关的碳概念措施的实施问题上相当谨慎。尽管对于这些措施的研究起步都很快，但由于有意规避碳关税，这些政策实质性推进的步伐却不快，大有在实践中继续探索的意味。由于市场机制的运用并没有到位，一些看似与碳关税无关的碳措施也进展不快。总体而言，这类碳措施在中国低碳经济发展中还处于实践阶段，其效果还未显现。

一、加快的碳交易试点

中国对于碳交易的热衷始于清洁发展机制（CDM）和碳汇的发展。北京环境交易所（2008 年 8 月）、上海环境能源交易所（2008 年 8 月）、天津排放权交易所（2008 年 9 月）3 家碳交易所先后成立，各交易所先后发布了自愿碳减排标准，如北京环境交易所的熊猫标准（2009 年 12 月）等。这些交易所的业务最初仅限于合同能源管理（EPC）、清洁发展机制（CDM）、碳中和等项目交易与咨询服务，非真正意义上的金融交易平台。2009 年 3 月 28 日，湖北环境资源交易所在武汉成立；8 月 16 日，昆明环境能源交易所正式挂牌成立，但这些交易所都只是从事 CDM 下的碳交易。这些碳交易所的存在，使得我国的 CDM 项目得到了飞速发展，整个"十一五"期间，中国在联合国注册的 CDM 项目数量达 1100 个，占联合国总注册量的 42%。但是，由于我国缺少碳交易市场，出售的经核证的减排量（CERs）初级市场价格远远低于国际二级市场价格，这激发了中国开始建设真正意义上的碳排放交易市场的意识。2009 年 8 月，国务院研究制定的《关于发展低碳经济的指导意见》指出，在特定区域或行业内探索性开展碳排放交易。但是，该《意见》2010 年并没有出台，直到 2010 年 10 月，"十二五"规划纲要才明确提出逐步建立碳排放交易市场，此后碳交易在中国有所推动。2011 年 10 月 29 日，国家发展改革委下发《关于开展碳排放权交易试点工作的通知》，批准 7 个省市开展碳排放权交易的试点工作，这 7 个省市分别为北京、上海、广东、深圳、天津、重庆和湖北。2011 年 11 月通过的《"十二五"控制温室气体排放工作方案》也提到拟建立碳排放交易市场。

　　然而，欧盟碳价自 2011 年下半年就开始暴跌，仅维持在不足 1 欧元的"白菜价"。而且，欧盟为稳定碳价，宣布从 2012 年起不再接受来自中国的 CERs，对于已经核证的 CERs 也有意毁约。如果已经核证的 CERs 不能获得正常收益的话，则会对中国目前正在进行的新能源产业发展带来严重影响，因为一些走在该产业前列的企业很多都在负债运营，银行也对这些企业进行了大量贷款，如截至 2010 年，仅对国家发展改革委批准的 CDM 项目，中国工商银行贷款余额就已达 633 亿元，涉及项目超过 257 个。如何消化 CERs，启动国内的碳交易是最好的选择。因此，与国外碳交易低迷不同的是，中国的碳交易却进入了加速发展时期。2013 年，中国碳交易的试点速度明显在加快。2013 年 6 月，深圳排放权交易所率先启动碳交易，标志着国家低碳转型的市场化进程正式开始。目前，试点的 7 省市已全部启动碳交易市场。2013 年 10 月，国家发展改革委发布了《首批 10 个行业企业温室气体排放核算方法与报告指南（试行）》，为开展碳排放权交易等相关工作提供参考。2013 年 11 月，北京碳排放权交易市场正式开市，京津冀晋蒙鲁六省区市开始进行跨区域碳排放权交易的合作研究。

　　目前试点省市的碳交易除了交易量非常小之外，很多问题还未解决，如政府是否能够公平分配配额，如何交易定价，企业是否具有碳排放的支付意愿和支付能力，以及企业是否能够承受碳交易的成本负担等，而这些都是有效市场交易的关键问题。中国的碳交易还只是在探索中。2013 年 11 月，党的十八届三中全会发布的《决定》又提到，"发展环保市场，推行节能量、碳排放权、排污权、水权交易制度"，可见，发展碳交易的信号正在日益强烈。随之而来的是，2014 年我国的碳交易进入迅猛发展时期，但是，试点中存在的问题还很多，建设全国统一碳交易市场还不成熟。

二、进行与碳税相关的税制改革

"十一五"期间，与碳税相关的资源税、消费税、出口退税等税种不断进行调整。从 2006 年 9 月开始，国家调整部分商品（涉及钢铁、陶瓷、玻璃、水泥等高耗能产品）出口退税率以及增补加工贸易禁止类商品目录。从 2007 年 4 月开始，对"两高一资"（即高耗能、高污染和资源性）产品取消出口退税待遇（涉及濒危动植物及其制品、水泥、部分木板和一次性木制品等），甚至采取了征收出口税的措施。[①] 2007 年将车船使用税和车船使用牌照税合并开征车船财产税。在此基础上，自 2012 年 1 月 1 日起，《车船税法》开始实施，低碳经济理念在该法中有很大体现。[②] 从 2009 年 1 月 1 日开始，中国将养路费改为征收燃油消费税。从 2011 年 11 月 1 日开始，按 5% 的税率对石油天然气从价计征资源税，改变了以前资源价格不反映市场需求的状况。然而，碳税方案是否实施仍是不明晰的事情。2009 年，财政部财科所、环保部环规院、国家发展改革委能源研究所分别发布《中国碳税税制框架设计》《应对气候变化的中国碳税政策框架》《实施碳税效果和相关因素分析》三个报告，这一密集发布似乎意味着碳税的临近。但是，这些碳税方案并没有按照预定计划在 2012 年实施。2013 年 6 月，《环境保护税法》（送审稿）开始征求意见，碳税被纳入其中，一时间，有关碳税

---

① 2009 年，欧美与墨西哥便在 WTO 内对中国应用于部分资源性产品的出口税收政策提出质疑，认为额外增加出口税的做法不符合 WTO 的相关规定。

② 对乘用车按排气量大小规定了差别税率，对节约能源、使用新能源的车船减征或免征车船税。

是否征收、何时征收的问题又开始成为热论话题，但仍然未有明确的说法。

三、未完全推进的碳标准与碳标签工作

2008 年，中国标准化研究院（CNIS）与英国标准协会（BSI）成功申请英国大使馆战略方案基金（SPF）项目资金，用于将 PAS 2050 的碳足迹评价方法引入中国，并在水泥和 PVC 制造业进行试点。同年 7 月，中国节能保护投资公司与英国碳信托签订合作协议，共同建立中国企业和产品适行的碳足迹分析评估方法。[①] 2009 年 6 月，CNIS 和 BSI 在北京共同主办 PAS 2050 中文版发布会，以推动碳标签制度在我国的试点工作。2009 年 11 月，首届世界低碳与生态经济大会在江西南昌召开，环保部官员在高层论坛上表示，环保部将在中国环境标志的基础上探索开展低碳产品认证。2010 年 5 月底，环保部 4 类[②]中国环境标志低碳产品认证标准的编制工作完成，并于同年 9 月对外发布，企业可以自愿申请认证。2010 年 11 月，首批 11 家企业的 292 种型号的产品通过该认证。中国的低碳产品认证标识是太阳、青山和绿水图案（见图 5.1），与国外的碳足迹图案差别较大，如不显示 CO_2 和具体碳排放数值。尽管该标志已与 8 个国家和地区签订了环境标志合作互认协议，其

图 5.1 中国环境标志低碳产品认证标识

中包括日本、德国等发达国家，但该标识并没有加深消费者对于产品碳足迹的认识，甚至还可能与其他环境标识相混淆，如有机标识、绿色食品标识等。此外，2010 年 9 月，CNIS 和 BSI 又将碳中和标准引入中国，

---

① 于小迪、董大海、张晓飞：《产品碳足迹及其国内外发展现状》，《经济研究导刊》2010 年第 19 期。

② 包括家用制冷器具、家用电动洗衣机、多功能复印设备和数字式一体化速印机。

但中国还没有公布自己的碳中和标签。许多中国企业会应国外客商的要求，申请国外认证机构的碳核查，并取得经认证的碳中和标签。

2010年10月的《"十二五"规划纲要》明确指出，"探索建立低碳产品标准、标识和认证制度"。2011年国家发展改革委启动中国产品碳足迹制度的研究课题，多家国家级认证机构积极参与研发各个行业的标准。2011年4月，中国产品质量协会发布了中国企业绿色低碳承诺产品标志（见图5.2），对签订绿色低碳承诺合同的企业予以绿色低碳承诺标志并进行绿色低碳承诺产品的评估。但是，该行业协会的低碳产品标识与国家环保部的低碳产品标识名称上近似，绿色和低碳的同时提出也容易让消费者产生混淆。2012年9月，中国低碳产品信息化推进委员会成立，协助政府部门提升低碳产品信息化水平以及帮助消费者选择低碳产品。2013年2月，国家发展改革委印发《低碳产品认证管理暂行办法》，对低碳产品认证活动进行规范和管理，建立了统一的低碳产品认证制度，即实行统一的低碳产品目录、标准、认证技术规范和认证规则、认证证书以及认证标志（见图5.3）。虽然在标志的统一上中国取得了进步，但是，该标识标注的ABCDE可以代表不同的认证机构，属于官方标准、民间认证，加之仍然不标注具体的CO_2含量，则不透明的碳足迹信息势必会给相关监管带来问题。

图5.2 中国企业绿色低碳　　图5.3 发展改革委印发的
　　　承诺产品标志　　　　　　　统一低碳认证标识

四、大力发展但还未普及的碳汇

从胡锦涛同志第一次发表有关低碳经济的讲话可以看出，中国对于碳汇是很有兴趣的，因为碳汇与碳关税等碳概念没有必然的联系，是中国愿意大力进行发展的碳减排措施。2007 年 7 月，中国绿色碳基金成立，属于下设在中国绿化基金会下的专项基金，为企业、团体和个人自愿参与碳汇项目从而增加碳汇以及应对气候变化搭建平台。中石油先期捐款 3 亿元人民币，陆续又有国电集团等数十家企业捐款，在全国十几个省营造了 100 多万亩碳汇林。2010 年 7 月，国家林业局发出《关于开展碳汇造林试点工作的通知》，正式启动碳汇造林试点工作，为配合碳汇的发展，2010 年 8 月，中国绿色碳汇基金会（前身是中国绿色碳基金）（见图 5.4）在民政部注册成立，主管单位为国家林业局，成为中国第一家以增汇减排、应对气候变化为目的的全国性公募基金会。然而，在中国绿色碳汇基金会中，中石油的先期捐款占到了绝大部

图 5.4　中国绿色碳汇基金会标志

分基金份额，虽然基金数量已经很大，但并不代表碳汇的普及度，碳汇事业的发展由于相关的低碳消费端未启动，使得无论消费者还是生产企业的参与度与国外相比都是相当低的。

五、还在试点的低碳城市

中国就低碳经济如何发展采取地区试点的方法，希望逐步在实践中去摸索出一套行之有效的方法。2010 年 7 月，国家发展改革委发出《关于开展低碳省区和低碳城市试点的通知》，首批试点包括五省八

市①，规定在编制发展规划、制定配套政策、建立低碳产业体系、统计和管理排放数据、倡导低碳生活和消费等方面展开试点工作。② 2010 年 8 月，国家发改委率先在北京启动试点工作。然而，2013 年 12 月底，在国家低碳城市试点工作现场交流会上，这些试点城市的负责人并不乐观，均称低碳城市"没啥亮点"，即使有亮点也只是有些地方刚刚启动了碳交易，各地大同小异，只是做好节能、绿色发展、环境保护，但这些又没有依据和指标，内容太空太泛，无法说明做得好还是不好，甚至试点中的广东、陕西、辽宁、重庆等地能源消耗总量的增长速度还高于国家平均水平。③试点三年的情况充分说明，碳概念措施是涉及低碳生产和低碳消费的互促发展机制，没有碳概念措施的相关发展，低碳城市目前在中国还只是一个概念。

第五节　中国低碳经济实践效果评价

一、"十一五"期间的低碳经济实践效果及问题

从 2007 年开始，我国行政命令式节能减排的实施力度加大，开展了电力工业"上大压小"和节约减排、钢铁工业关停和淘汰落后产能等工作，分火电、钢铁、水泥、煤炭等 13 个行业淘汰落后产能，全国关停落后造纸企业 2018 家，关闭化工企业近 500 家，纺织印染企业 400 家，关停小火电机组 1438 万千瓦；淘汰落后炼铁产能 4659 万吨、落后炼钢产能 3747 万吨、落后水泥 5200 万吨、平板玻璃 650 万重箱。2008

---

① 具体为广东、辽宁、湖北、陕西、云南五省和天津、重庆、深圳、厦门、杭州、南昌、贵阳、保定八市。

② 参见国家发展改革委官方网站：http：//www.sdpc.gov.cn/zcfb/zcfbtz/2010tz/t20100810 365264.htm。

③ 徐燕燕：《低碳试点城市三年调查：负责官员称"没啥亮点"》，2014 年 1 月 10 日，见 http：//city.ifeng.com/cskx/20140110/403679.shtml。

年继续淘汰落后产能，中央财政还安排 62 亿元资金用于支持企业职工安置、转产等。到 2009 年累计已淘汰小火电 5407 万千瓦，提前一年半完成"十一五"规划关停 5000 万千瓦的目标。从 2009 年下半年起，随着金融危机后中国经济形势转好，各地高耗能、高排放行业又开始快速增长，一些淘汰的落后产能开始恢复，中国能耗强度下降趋势减缓甚至由降转升，2010 年上半年单位 GDP 能耗同比上升 0.09%。在中央的强压下，一些地方为了完成"十一五"既定目标，不惜采取"拉闸限电""突击停暖"的方式。从整个"十一五"的任务完成情况来看，对于重点淘汰的落后产能实际完成指标均大大高于既定指标（见表 5.1），二氧化硫和化学需氧量排放总量分别下降了 14.29% 和 12.45%，实现了主要污染物排放总量减少 10% 的目标，而全国单位 GDP 能耗下降了 19.1%，也基本实现了"十一五"降低 20% 的目标。与此同时，中央政府"十一五"投入节能减排的资金达到了 2000 多亿元，这些资金又带动了 1.6 万亿元以上的全国各级政府与企业的节能环保投入，这一数字比"十五"期间增加了 70%。

表 5.1　"十一五"落后产能淘汰目标与实际状况比较

行业	淘汰内容	单位	"十一五"目标	"十一五"实际
电力	实施"上大压小"关停小火电机组	万千瓦	5000	7200
炼铁	300 立方米以下高炉	万吨	10000	12172
炼钢	年产 20 万吨及以上的小转炉、小电炉	万吨	5500	6969
水泥	等量替代机立窑水泥熟料	万吨	25000	33000
造纸	年产 3.4 万吨以下草浆生产装置、年产 1.7 万吨以下化学制浆	万吨	650	不详

资料来源：《中国低碳经济发展报告（2012）》。

行政命令式节能减排在取得成绩的同时也带来诸多问题。一是企业动力不足。行政命令式节能减排采取"一刀切"的方式"上大压小"，侥幸躲过关停命运的企业由于沉没成本、高碳消费、环境无价、资源低价、技术推广等因素的存在，其低碳技术创新与发展的动力并不足。二是地方政府动力不足。以分税制为基本税制结构的财政分权和垂直的政治管理体制使得地方政府推动地方经济增长的热情高涨，地方官员也因此能够获得政绩与升迁利益，而节能减排作为约束性指标，在没有统一的强制性制度安排下，地方政府更愿意追求经济增长，节能减排动力不足，只是紧随中央推行低碳经济的节奏与力度去保持适度灵活性，甚至采取极端措施来确保政绩不受影响。三是财税政策的激励有限。关停企业的行政命令式做法需要大笔财政资金来安置失业职工和帮助企业转产，则用于新能源发展、低碳技术创新等其他低碳发展方面的财政资金保证必然会受影响；促进低碳经济发展的财税减免分散在各税种，如增值税减免、企业所得税减免、出口退税等，难以形成激励合力，且税收减免和财政补贴多属于事后鼓励，暂行措施多，若无长效机制则激励效果甚微；对产生负外部影响的企业或行为缺乏直接控制的税种，税收对节能减排的调控力度受限，也难以形成专门的税收收入，无法保证政策激励效果的长期性[①]；税收、信贷、价格和研发等优惠均是以补贴为主的政策，属于贸易管理中的灰色地带，容易引发贸易争议，易遭到国外的"双反"调查。四是信息不对称。中央政府与地方政府以及政府与企业之间都存在信息不对称，政府与企业间的信息不对称使得政府具有高昂的政策执行成本和监督成本，大量的低小散企业在体制外运行，导致低碳政策对规模以上企业"鞭打快牛"，地方政府执行政策难度加大；中央政府与地方政府之间的信息不对称在政策下行时地方政府会执行不力，在目标完成数据上行时地方政府也可能上传不实数据，使得政

---

① 赵泽洪、尤强林：《低碳经济发展困境：市场失灵、政府失灵与对策》，《重庆大学学报》（社会科学版）2011 第 4 期。

策的执行效率低，成效不明显。五是高碳消费。中国政府通常以重点行业或企业为主要规制对象，对于消费领域对采取软激励或软约束的做法，如"鼓励……的消费方式""改变不合理的……消费方式"等。由于忽略了消费者在低碳经济发展中的作用，整体的节能减排效果受到了削弱，甚至在需求不节制的情况下还会带动高碳生产增加，从而高碳排放不时会出现反弹效应。

二、"十二五"期间的低碳经济实践效果及问题

"十二五"期间，已有的低碳政策在改进与调整之中，碳概念措施也有了进一步的实践发展，但两套政策措施还没有成功对接从而形成功能完整、层次和定位清晰、系统性和协同性强的低碳经济政策体系，而正是这种制度设计上的不配套和不完善使得在具体执行中政策措施效果也并不理想。国家统计局公布的 2013 年国民经济和社会发展统计公报数据显示，全年全部工业增加值 210689 亿元，比 2012 年增长 7.6%，六大高耗能行业增加值比上年增长 10.1%，高于全部工业的总增长水平。其中，非金属矿物制品业、化学原料及化学制品制造业、有色金属冶炼及压延加工业、黑色金属冶炼及压延加工业、电力、热力生产和供应业及石油加工、炼焦及核燃料加工业分别增长 11.5%、12.1%、14.6%、9.9%、6.2% 和 6.1%；2012 年唯一出现增长率 -2.7% 的高碳产品乙烯 2013 年反弹至正增长 9.1%，其他高碳产品，如粗钢、有色金属、水泥、硫酸、烧碱、化肥等都在继续增长，甚至氧化铝、电解铜和钢材的增长率超过 10%。2014 年 1 月，发展改革委发布的"十二五"中期评估结果显示，24 个主要指标大部分实施进度好于预期，如 GDP 实际增长、服务业发展、城镇化等，但四个约束性指标进度滞后（见表 5.2），表明我国的节能减排任务仍然艰巨。从国际横向对比来看，尽管中国已经开始节能减排，但是，每年的二氧化碳排放总量还在不断地快速上升（见图 5.5），而曾经能够对碳关税的征收进行强有力回击的人

均碳排放量指标也在迅速上升，接近欧盟27国的水平（见图5.6），此外，中国的 CO_2 排放强度也远远超出其他发展中国家和发达国家（见图5.7）。这些指标的快速上升，使得国际社会对于中国发展充满忧虑，加大了对中国低碳经济发展的施压力度以及采取碳关税威胁手段的可能性。

表5.2 "十二五"中期评估的约束性指标进度表

滞后的约束性指标	实际值（2011—2012年）	目标值（2011—2015年）
非化石能源占一次能源消费比重	9.4%（比2010年提高0.8个百分点）	11.5%
单位GDP能源消耗	下降5.54%	下降16%
二氧化碳排放强度	累计下降6.6%	累计下降17%
氮氧化物排放量①	不降反升	下降10%

资料来源：根据2014年1月22日《新闻联播》发布的相关数据整理而得。

（单位：十亿吨）

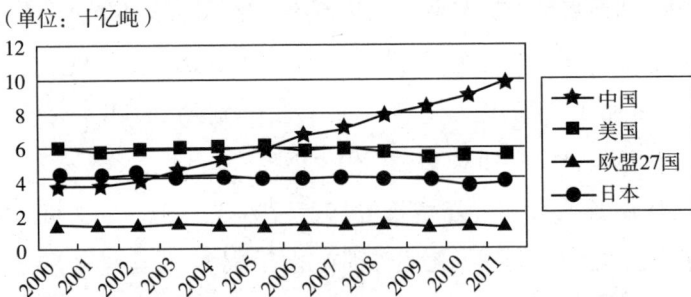

图5.5 中国与美国、欧盟27国和日本2000—2011年间 CO_2 排放当量的趋势比较图

资料来源：荷兰环境评估机构：《世界二氧化碳排放趋势2012报告》。

---

① "十二五"期间，国家对化学需氧量、氨氮、二氧化硫、氮氧化物四种主要污染物实施排放总量控制（氨氮和氮氧化物是新增约束性指标），目标为分别减少8%、10%、8%和10%。

（单位：吨二氧化碳/人）

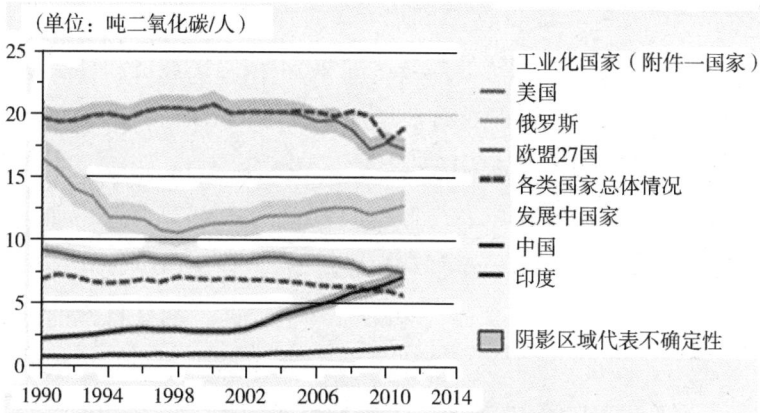

图5.6　人均碳排放世界前5大国的发展趋势比较图

资料来源：荷兰环境评估机构：《世界二氧化碳排放趋势2012报告》。

（单位：每百万美元国内生产总值的二氧化碳当量（tCO$_2$/GDP））

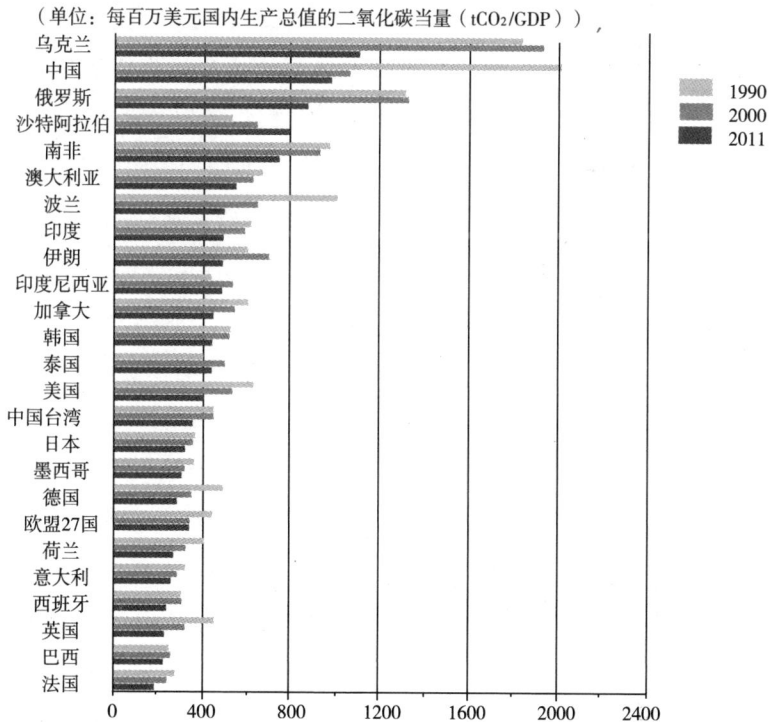

图5.7　世界主要国家（地区）的二氧化碳排放强度发展趋势比较图

注：GDP按照美元2005年不变价调整。

资料来源：荷兰环境评估机构：《世界二氧化碳排放趋势2012报告》。

随着"十二五"即将收官,2014年对环境保护和治理大气污染的力度明显强于往年。国家统计局公布的2014年国民经济和社会发展统计公报数据显示,六大高耗能行业增加值仅增长7.5%,增长势头得到遏制,略高于工业平均7%的增长速度。2014年5月,习近平主席首次提出"新常态",2014年年底,"三期叠加"的经济新常态中加入了环境特征,着重提到"绿色低碳循环发展新方式"。2015年明显能够感觉到各地的环保压力,可以预见,为保证"十二五"减排目标的全面完成和做好"十三五"的开局准备,2015年整个全年都会有持续的环保约束力。可见,"十二五"期间的节能减排和"十一五"相同,均呈现出前松后紧的进展情况。

"十二五"期间,中国的低碳发展还是偏重于使用政府干预,低碳发展的财政资金问题更加突出。2013年3月,由气候组织和中央财经大学发布的《中国应对气候变化融资策略》报告指出,到2015年,中国将面临12219亿元的气候资金缺口,相当于2015年中国GDP总量的1.88%,而目前的公共和民间资金不足以完成投资。从新能源的发展上也可以看到低碳资金缺口问题的存在。据预测,新能源电价成本2020年之前都将远远高于常规能源价格[1],目前新能源的利用只能以政策补贴为支撑,如2010年10月—2011年4月不到一年的时间,可再生能源发电补贴就有113.45亿元。以风电发展为例,其前期补贴极为稳定,但由于各地项目一拥而上,很快导致国家资金出现缺口,如2011年可再生能源基金仅200多亿元,而风电补贴就需180多亿元。[2]财政资金的缺口导致新能源补贴出现延迟发放的局面。按照已公布的风能、太阳能、可再生能源发展"十二五"规划,2015年需要用于可再生能源电价补贴的资金约1000亿元,预计有500多亿元资金缺口。与此同时,

---

[1] 目前,光伏发电成本是2.50—3.50元/千瓦时左右,风电是1.00元/千瓦时左右,而火电上网电价一般仅为0.39元/千瓦时。

[2] 卞相珊:《从国际气候谈判看中国低碳经济转型》,《政法论丛》2011年第6期。

补贴的力度还在加大，根据《可再生能源发展基金征收使用管理暂行办法》，自 2012 年 1 月 1 日起，可再生能源电价附加由 4 厘/千瓦时上调至 8 厘/千瓦时，意味着财政补贴将随着补贴额的增加以及新能源发电投资的增多会越发加大。如何保证充分的财政资金投入节能减排和新能源发展，从而更好地发挥激励型低碳政策效果，就显得非常紧迫和重要。

综上所述，中国在碳关税的国际压力下开始进行低碳经济的实践。由于对碳关税的合法性存在质疑，中国在选择低碳经济发展模式上选择了行政命令式节能减排为主的政策措施以规避碳关税。虽然行政命令式节能减排可以基本保证预期目标的实现，但也存在诸多问题。由于各项行政措施分散，并没有形成以某一种影响全局发展的政策措施为主导的体系，使得中国的二氧化碳排放指标仍处于上升的状态，中国的高碳发展日益受到国际社会的诟病，以致碳关税还在持续发酵。未来如何以某种政策措施为主导构建有机统一的应对碳关税、发展中国低碳经济的战略框架是面临的一道难题。

第六章　中国低碳经济发展的决策分析——层次分析法

西方国家在低碳经济发展上基本上都已形成以某一种或两种市场手段为主的低碳经济发展模式，如英国采取的是碳税与碳交易相结合的模式，美国采取碳交易为主的模式，日本采取碳税为主的模式等。在中国低碳经济发展中，行政命令式的节能减排曾经发挥重要作用，但政府手段的运用无法解决低碳经济发展各方动力不足的问题，也存在严重的信息不对称和高昂的监督执行成本，中国政府开始考虑向市场化的节能减排手段转变。目前，行政命令式节能减排、碳交易与碳税制度作为影响低碳全局发展的措施在中国都有不同程度的发展，但究竟以哪一个为主导来建立协同化的低碳经济发展体系还未确定。从国内来看，这种不确定性并不能有效促进中国低碳经济的转型发展；从国际角度来看，这种不确定性也不能有效抑制中国 CO_2 排放量的增长，势必导致碳关税的持续发酵，影响中国低碳国际竞争力的形成，无法赢得对中国有利的未来国际经济竞争格局。因此，综合国内外各种因素确定以哪种制度为主导对于中国低碳经济的未来发展至关重要，本章力图通过使用层次分析法来对此进行科学决策。

第一节　层次分析法的基本原理和步骤

一、层次分析法的基本原理

20 世纪 70 年代中期，美国运筹学家塞蒂（Saaty）正式提出层次分析法（Analytic Hierarchy Process，AHP），将此用于处理复杂的决策问题。层次分析法，是一种用定性和定量相结合的方法来处理各种决策因素的分析方法，通过层析结构模型把复杂问题中的各种因素划分为互为联系的有序层次，分析者或者专家意见对于每一层次上的元素重要性进行两两主观比较并转化为定量描述，也就是说，AHP 赋予每一层次元素相对重要性次序的权值，并通过所有层次之间的总排序计算出各备选方案的相对权重并进行排序，从而选出最优决策方案。层析分析法适用于分析存在不确定性以及主观信息较多的情况，允许以合乎逻辑的方式利用研究人员的经验、洞察力和直觉，在处理复杂的决策问题上非常具有有效性和实用性，现已广泛应用于经济管理、能源研究、行为科学、城市规划、军事指挥、科研评价等多个领域。

二、层析分析法的基本步骤

（一）建立层次结构模型

层次结构模型，顾名思义就是将复杂的决策问题分为若干层次，一般分为决策目标层、中间指标层和备选方案层，中间指标层参与决策的指标一般不超过 9 个，若中间指标超过这一限度，按照决策的复杂程度需要将这些指标进一步分解出 N 个子指标层，并生成层次结构图来清晰表达这些因素之间的关系（见图 6.1）。

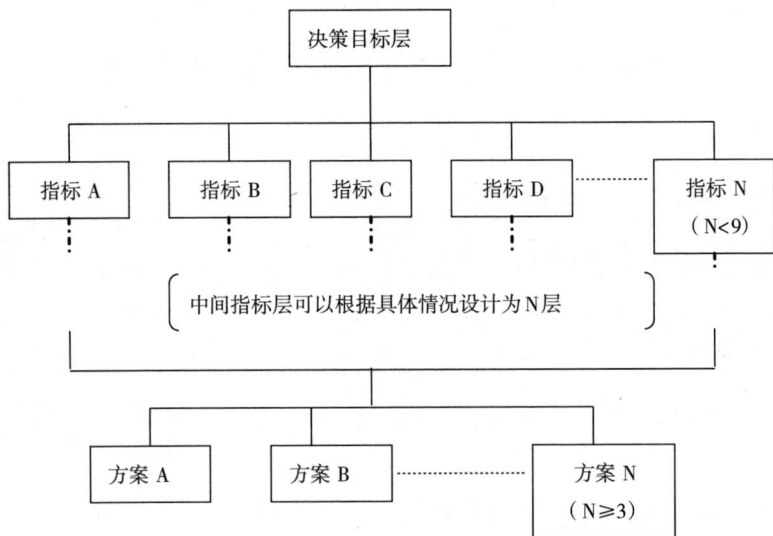

图 6.1　层次结构图

（二）构造成对比较矩阵

从层次结构模型的第 2 层开始，对于从属于上一层的诸因素两两成对进行重要性比较，将这种比较用数量化的相对权重 a_{ij} 来描述，a_{ij} 在 1—9 及其倒数中取值（见表 6.1），从而构造 $A = (a_{ij}) n \times n$ 成对比较矩阵（见表 6.2），直到最下层。

表 6.1　a_{ij} 的赋值及含义表

a_{ij} 的赋值	a_{ij} 赋值的含义
$a_{ij} = 1$	元素 i 和 j 同样重要
$a_{ij} = 3$	元素 i 比 j 稍微重要
$a_{ij} = 5$	元素 i 比 j 比较重要
$a_{ij} = 7$	元素 i 比 j 十分重要
$a_{ij} = 9$	元素 i 比 j 绝对重要
$a_{ij} = 2n\ (n = 1,\ 2,\ 3,\ 4)$	元素 i 比 j 的重要性介于 $a_{ij} = 2n - 1$ 与 $a_{ij} = 2n + 1$ 之间

续表

a_{ij}的赋值	a_{ij}赋值的含义
$a_{ij}=1/3$	元素 i 比 j 稍微不重要
$a_{ij}=1/5$	元素 i 比 j 比较不重要
$a_{ij}=1/7$	元素 i 比 j 十分不重要
$a_{ij}=1/9$	元素 i 比 j 绝对不重要
$a_{ij}=1/2n$ （ $n=1$, 2, 3, 4）	元素 i 比 j 的不重要性介于 $a_{ij}=1/(2n-1)$ 与 $a_{ij}=1/(2n+1)$ 之间

表 6.2 指标或方案间成对比较的判断矩阵

指标或方案	A	B	C	…	N
A	1.0000	A 比 B 赋值	A 比 C 赋值	A 比…赋值	A 比 N 赋值
B	B 比 A 赋值	1.0000	B 比 C 赋值	B 比…赋值	B 比 N 赋值
C	C 比 A 赋值	C 比 B 赋值	1.0000	C 比…赋值	C 比 N 赋值
…	…比 A 赋值	…比 B 赋值	…比 C 赋值	1.0000	…比 N 赋值
N	N 比 A 赋值	N 比 B 赋值	N 比 C 赋值	N 比…赋值	1.0000

（三）构造权向量并进行一致性检验

运用层次分析法的辅助软件 yaahp 对每一个成对比较矩阵计算最大特征根及对应特征向量，若通过一致性检验，则特征向量（归一化后）即为权向量；若通不过一致性检验，则表示赋值具有不合理性，需要重新构造成对比较矩阵。

（四）计算组合权向量并进行组合一致性检验

运用 yaahp 软件计算方案层对目标的组合权向量，若通过一致性检验，则可以保证最终计算的结果具有合理性，且可以按照组合权向量生成的权重结果进行决策。

第二节　中国低碳经济发展的决策模型构建
——基于层次分析法

按照层次分析法的基本步骤，首先对于中国低碳经济发展进行层次结构模型的构建，并对模型中的各层次元素进行相应的解释说明。

一、决策目标——中国低碳经济发展

作为层次结构模型的决策目标层，中国低碳经济发展在这里具有以下两层含义：

第一层含义是指要兼顾低碳排放与经济增长的平衡。中国低碳经济发展绝不是为了二氧化碳减排而减排，致使经济大幅衰退，进而影响整个中华民族的伟大复兴和经济发展；也不是不顾资源与环境的约束条件、以牺牲当代人及后代子孙的生存与发展环境为代价来获得快速发展的高碳经济。因此，对于中国这样的发展中大国而言，低碳经济发展就是能够在经济增长的过程中平稳实现整个经济与社会的低碳转型发展，避免再走西方国家经济发展的"过山车"路径，成功穿越"隧道"，早日实现经济增长和高碳排放的脱钩。

第二层含义是指要兼顾国际和国内的平衡。低碳经济发展本身就起源于世界各国对于全球环境条件恶化的担忧，任何一个国家的低碳经济发展，特别是高碳消费的西方发达国家与高碳生产的新兴发展中大国，都会受到国际社会的普遍关注。中国低碳经济发展在开放经济环境下，并不意味着甘受碳关税的胁迫从而较快接受与本身发展阶段极不相称的减排总量约束指标，也不意味着中国可以凭借发展中国家享有的"共同但有区别的责任"原则，不顾世界各国的反对，继续以完成工业化为理由进行高碳排放。中国的低碳经济发展必然要走平衡国内和国际的道路，既不能成为国际社会中关于高碳排放的众矢之的，也不能为了减轻

国际压力而不顾国内实际情况采取较为苛刻的减排约束条件，必然要既有效阻止碳关税威力的发挥、又有效借鉴与碳关税相关的碳概念措施，从而为中国的经济发展和低碳转型争取更多的时间和空间。

二、中国低碳经济发展的中间指标选择

中国低碳经济追求经济发展和有效减排的双重目标，在国际碳减排和碳关税的压力下，既存在有效规避碳关税，为中国经济发展赢得更多时间和空间的诉求，也存在结合中国国情选择更为适应的低碳经济发展模式来促进中国低碳转型发展的迫切需求。在这种复杂情况下，能够影响中国低碳经济发展的指标也必然会较多。

（一）减排效果指标与经济影响指标

低碳经济顾名思义就是低碳发展与经济增长的结合，那么，无论选择何种低碳政策工具为主的低碳经济模式，"减排效果"和"经济影响"是必须具有的指标。所谓减排效果，是指通过实行某种低碳政策工具所实现的碳排放量的减少，而经济影响是指对经济增长、其他经济变量和国家福利的正影响大，或者负影响小。

（二）碳关税针对性指标

我国的低碳经济发展受到了很大的国际压力，特别是碳关税压力，因此，中国低碳经济发展模式的选择必然是要能够缓解国际压力且为中国经济赢得更多的时间和空间的方案，因此，碳关税的针对性是决定中国低碳经济能够良性发展的重要指标。

（三）公平性指标与参与度指标

一项低碳政策工具，无论是市场工具还是政府规制工具，其好坏在于是否能够公平地作用于整个行业或整个市场，从而对每个相关市场主体都产生约束作用，激发其在新的约束条件下去发挥内在动力，从而获得新的低碳竞争力。而且，这种政策工具覆盖面越广，受到约束的行业和市场主体越多，那么，越能激发起整个经济与社会的低碳转型，则这样的低碳经济也是最为理想的发展轨迹，因此，公平性和参与度也是需要考虑的重要指标。

（四）可操作性指标

一项政策工具能否顺利实施，还要看其是否具有可操作性，也就是该政策工具的实施成本有多大。通常来说，较为容易操作且前期准备不多的方案较易为了完成短期目标而被采纳，而一些方案尽管非常有效也会被许多国家搁置实施，大多也在于其可操作性较差，因此，可操作性随着中国国内准备的不断完备与国际形势的不断波动变化也会成为中国低碳经济发展的关键指标。

三、中国低碳经济发展的备选方案选择

从中国低碳经济发展实践来看，采取的低碳措施可以很多，但并不是所有的措施都能够进入层次模型的备选方案层。

（一）已被各国达成共识的方案不被选择

新能源发展能够改变高碳能源结构，势必会对低碳经济的发展产生基础性的作用，因此，促进新能源发展成为世界各国的有效共识。此外，低碳技术创新也是各国发展低碳经济十分关注的方面，从各国的低碳经济实践来看，各国在基础研究、应用研究与技术推广上的资金资助都毫不吝啬，甚至在市场经济发达的西方国家还会创设各类基金或者风险投资来促进低碳技术的创新。因此，低碳技术创新也是世界各国发展低碳经济的有效共识。像新能源发展和低碳技术创新这类方案由于不具争议性，所以，并不是层次结构模型所要选择的备选方案。

（二）太过具体的辅助激励型方案不被选择

补贴、奖励、税收减免等低碳财税政策是各国发展低碳经济的必然选择，但是低碳财税的各项措施较为分散，针对的内容较为具体，只能具体评价该措施在某一个方面的低碳效应，对经济整体的综合评价无法定性估计。而且，这些低碳财税政策一般都是作为辅助性的政策来激励经济主体作出低碳选择，并不具有约束性，不能够成为低碳减排的主导方案。因此，这些低碳财税政策不能作为备选方案进行考虑。与其具有同样原因不被考虑为备选方案的还包括政府采购和绿色信贷。

（三）能够被各国达成共识的方案不被选择

在低碳消费方面，西方发达国家企业或自发或在政府牵头下普遍对终端消费产品采取碳足迹标签的方式来引导消费者的消费行为，而消费者低碳消费行为的改变也使得企业更有动力来进行低碳创新，这种方式得到了良好的生产与消费的互动，是西方发达国家广为采用的低碳发展手段。中国目前也看到了碳标签对于低碳经济发展的诸多好处，但是，鉴于碳标签容易和碳关税的征收产生联系，中国碳标签的发展进度和热度远小于西方发达国家，只是借鉴了国外一些最为笼统的碳标签形式，即只显示是低碳产品，不显示等级和具体数值。由于中国的碳标签也在不断地发展过程之中，可以姑且看作是国内外达成共识的低碳措施，因此，碳标签不被作为备选方案予以考虑。

（四）抉择比较困难且对经济整体影响大的方案被选择

碳税和碳交易作为市场减排手段是影响一国经济发展全局的制度安排，在西方国家低碳经济发展中被广泛选择，但是，理论上对于二者是替代关系的观点存在分歧，实践中各国的选择也出现很大不同，有的只选择碳税、有的只选择碳交易，还有的碳税和碳交易都在运用，而且似乎这些方案对于这些国家而言都是最优选择。对于想要寻求市场化手段去促进低碳经济发展的中国来说，如何去借鉴西方国家的做法，确实是一个比较复杂的问题，因此，碳税和碳交易符合层次分析模型的备选方案要求。在目前中国的经济与政治体制中，行政命令式节能减排确实具有比较独特的优势，能够根据所要达到的低碳目标，采用行政化的手段去保证实现目标，是具有中国特色的做法，在采取政府手段对付环境问题市场失灵上具有合理性。在中国低碳经济市场化手段还未完全成熟之时，行政命令式节能减排能够起到其重要作用。但是，行政命令式节能减排运用不好也会出现政府失灵，如何对其取舍确实也是非常复杂的问题。因此，行政命令式节能减排也能成为备选方案之一。

四、中国低碳经济发展的层次结构模型构建

通过上述决策目标、中间指标和备选方案的选择，可以构建出相应的层次结构模型，该层次结构模型的目标是找到最优的中国低碳经济发展模式以促进中国低碳经济发展，比较的指标包括减排效果、经济影响、碳关税的针对性、可操作性、公平性与参与度，可供选择的方案为行政命令式节能减排、碳交易和碳税（见图6.2）。

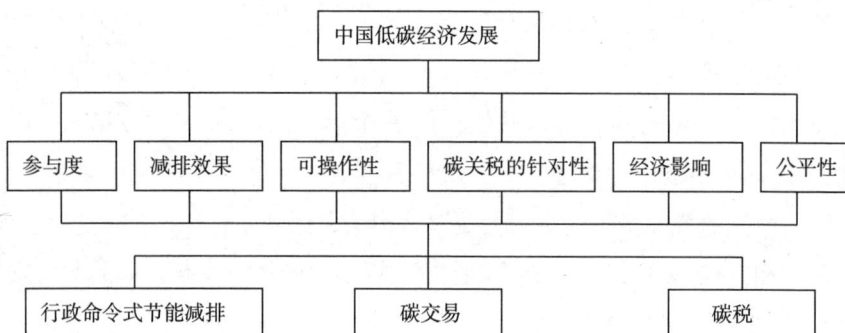

图6.2 中国低碳经济发展的层次结构图

第三节 中国低碳经济发展的最优决策选择
——基于层次结构模型的分析

根据中国低碳经济发展的层次结构图，对中间指标层和备选方案层的各因素两两进行重要性的比较分析，利用yaahp软件对其进行相应的赋值，并通过一致性检验，可以依次生成七个成对比较矩阵表，得到相应的权向量值。

一、中国低碳经济发展的中间指标成对比较矩阵表

首先应该明确减排效果、经济影响、碳关税的针对性、可操作性、公平性与参与度这六个指标对于中国低碳经济发展的不同重要性。在碳关税的倒逼机制下，中国的低碳经济发展确实面临很大的外部压力，采取何种低碳经济发展模式与能够有利规避碳关税的影响从而为中国低碳经济转型赢得更多时间和空间有关，因此，碳关税的针对性和经济影响是更为重要的指标，而低碳经济就是要达到 CO_2 减排和经济发展的双重目标，则减排效果也是相对重要的指标，而就中国目前的发展阶段来看，经济影响指标要略重要于减排效果指标。低碳经济的发展需要来自社会各界的动力，因此，参与度决定了低碳经济的覆盖面，覆盖面越广，越能够促进整个经济与社会的低碳转型，而公平度则决定了市场主体的低碳发展动力，公平度相对于参与度而言更为重要，因为一旦有了市场主体的低碳发展动力，市场主体也会自发宣传这种低碳优势，启发更多的市场主体如消费者参与低碳发展。尽管碳交易与碳税相对于行政命令式节能减排而言可操作性差，但通过国外的经验借鉴，这两种政策工具的可操作性在日益增强，因此，相对于其他几项指标而言，可操作性的重要性地位应为最低，也就是说可操作性越来越不成为阻碍一项低碳制度实施的障碍。由此，关于中国低碳经济的发展，六个指标两两间的重要性存在以下关系：

参与度比可操作性：比较重要；

减排效果比参与度：明显比较重要（介于比较重要和十分重要之间）；

减排效果比可操作性：比较重要；

减排效果比公平性：稍微重要；

碳关税针对性比参与度：更为重要（介于稍微重要与比较重要之间）；

碳关税针对性比减排效果：稍微重要；

碳关税针对性比可操作性：更为重要；

碳关税针对性比经济影响：同样重要；

碳关税针对性比公平性：比较重要；

经济影响比参与度：更为重要；

经济影响比减排效果：微小重要（介于同样重要与稍微重要之间）；

经济影响比公平性：比较重要；

公平性比参与度：微小重要；

公平性比可操作性：微小重要。

根据层次分析法的赋值标度，可以构建关于中国低碳经济发展的中间指标两两间的成对比较判断矩阵，利用 yaahp 软件进行计算①，可以得到各指标的权重（见表6.3）。

表6.3 中国低碳经济发展的中间指标成对比较矩阵表

低碳经济发展	参与度	减排效果	可操作性	碳关税针对性	经济影响	公平性	W_i（权向量）
参与度	1.0000	0.1667	5.0000	0.2500	0.2500	0.5000	0.0691
减排效果	6.0000	1.0000	5.0000	0.3333	0.5000	3.0000	0.1993
可操作性	0.2000	0.2000	1.0000	0.2500	0.2500	0.5000	0.0417
碳关税针对性	4.0000	3.0000	4.0000	1.0000	1.0000	5.0000	0.3164
经济影响	4.0000	2.0000	4.0000	1.0000	1.0000	5.0000	0.2957
公平性	2.0000	0.3333	2.0000	0.2000	0.2000	1.0000	0.0779

判断矩阵一致性比例：0.0978；对总目标的权重：1.0000。

———————————

① Yaahp 软件会自动将 AHP 赋值转化为小数。

二、参与度指标的备选方案成对比较矩阵表

行政命令式的节能减排采取的是"上大压小"的行政方式，如果不是被迫关停整改的企业，事后奖励或补贴的做法并不能保证这些企业能够积极参与到低碳经济的转型发展中。而碳交易，特别是强制性碳交易，是将整个高碳行业都纳入交易范畴，而且，还可根据需要逐步扩展至下游产业和服务业，其参与度必然要比行政命令式节能减排更为广泛。碳税与碳交易相比，碳交易的范畴只是涉及个别高碳行业，而碳税的征收范畴可以根据需要扩大所覆盖的行业，甚至覆盖到消费端，因此，可以认为碳税较之碳交易为稍微重要。由此，关于参与度，三个备选方案的重要性存在如下关系：

碳税比碳交易：稍微重要；

碳交易比行政命令式节能减排：更为重要；

碳税比行政命令式节能减排：十分重要。

根据层次分析法的赋值标度，可以构建关于参与度的备选方案两两间的成对比较判断矩阵，利用 yaahp 软件进行计算，可以得到各指标的权重（见表6.4）。

表6.4　参与度指标的备选方案成对比较矩阵表

参与度	碳交易	碳税	行政命令式节能减排	W_i（权向量）
碳交易	1.0000	0.3333	4.0000	0.2628
碳税	3.0000	1.0000	7.0000	0.6586
行政命令式节能减排	0.2500	0.1429	1.0000	0.0786

判断矩阵一致性比例：0.0311；对总目标的权重：0.0691。

三、减排效果指标的备选方案成对比较矩阵表

碳交易机制的设计理念是对减排总量进行控制，因此，其最能够达

到预期的减排目标，行政命令式节能减排是采取行政手段对减排总量进行人为控制，其是否能够达到预期目标主要看人为控制的力度大小，而且一旦力度减小，二氧化碳排放量可能又会上升。因此，在减排效果上碳交易要优于行政命令式节能减排。碳税是通过对减排成本的控制间接达到控制减排总量的目标，就中国目前的国情来看，为了减少碳税推行的阻力，碳税税率的制定必然会很低，因此，其减排效果从短期来看必然不如碳交易，但随着国民对于碳税的接纳，碳税税率逐步上升后也会达到预期的减排目标。与行政命令式节能减排相比，碳税具有普遍且持续的约束力，然而短期较低的税率只会使其减排效果略好于行政命令式节能减排。由此，关于减排效果，三个备选方案的重要性存在如下关系：

碳交易比碳税：稍微重要；

碳交易比行政命令式节能减排：比较重要；

碳税比行政命令式节能减排：稍微重要。

根据层次分析法的赋值标度，可以构建关于减排效果的备选方案两两间的成对比较判断矩阵，利用 yaahp 软件进行计算，可以得到各指标的权重（见表 6.5）。

表 6.5　减排效果指标的备选方案成对比较矩阵表

减排效果	碳交易	碳税	行政命令式节能减排	W_i（权向量）
碳交易	1.0000	3.0000	5.0000	0.6370
碳税	0.3333	1.0000	3.0000	0.2583
行政命令式节能减排	0.2000	0.3333	1.0000	0.1047

判断矩阵一致性比例：0.0370；对总目标的权重：0.1993。

四、可操作性指标的备选方案成对比较矩阵表

相比于市场化手段的碳交易和碳税方案，行政命令式节能减排通过

指标逐级分解以目标考核的方式来操作，行政命令式的关停整改可操作性为最易，其实施成本也最为低廉。碳税方案涉及国家税收，涉及面广，并且需要整个税收体系能够作出相应调整以减小推行的阻力，而且税率制定、征税范围、征税方式、税收减免等问题都需一并考虑，其可操作性不如行政命令式节能减排。碳交易市场机制的发挥需要碳交易市场的相对完善，目前，碳交易在西方国家也属于新生事物，在其发展过程中不断出现新问题，如排放限额设定、排放配额分配、覆盖范围、实施机制、保障措施、市场监管等方面都需要详细谨慎的方案设计，而且，碳交易的金融化发展在便利碳交易的同时，也使得碳交易的风险性和不确定性大为增加，可操作性更加困难。因此，与其他两种方案相比而言，碳交易的可操作性为最差。由此，关于可操作性，三个备选方案的重要性存在如下关系：

碳税比碳交易：稍微重要；

行政命令式节能减排比碳交易：比较重要；

行政命令式节能减排比碳税：更为重要。

根据层次分析法的赋值标度，可以构建关于可操作性的备选方案两两间的成对比较判断矩阵，利用 yaahp 软件进行计算，可以得到各指标的权重（见表6.6）。

表6.6　可操作性指标的备选方案成对比较矩阵表

可操作性	碳交易	碳税	行政命令式节能减排	W_i（权向量）
碳交易	1.0000	0.3333	0.2000	0.1007
碳税	3.0000	1.0000	0.2500	0.2255
行政命令式节能减排	5.0000	4.0000	1.0000	0.6738

判断矩阵一致性比例：0.0825；对总目标的权重：0.0417。

五、碳关税针对性指标的备选方案成对比较矩阵表

西方发达国家崇尚市场化的低碳工具选择，碳关税所认定的碳减排措施为碳税或碳交易，行政命令式节能减排虽然在某一时期也能达到减排效果，但由于中国并没有对减排总量进行设定，西方国家对于这种措施并不认可，也极易对该方案下的中国出口实施碳关税措施。尽管有些学者认为即使实行了碳税制度也不能阻止西方国家对我国出口产品征收碳关税，原因在于各国的碳税税率存在很大的差别，但正是因为这种差别的存在，使得中国在碳关税问题上可以就税率问题充分使用"共同但有区别的责任"原则，以及以碳税税率不可能一步到位等理由，和西方国家展开进一步的博弈，在国际统一碳税税率未形成之前为中国经济发展赢得时间。因此，碳税的碳关税针对性很高，既可以有效地规避碳关税影响，也可以获得充分的时间对国内低碳经济的发展不断进行税率的调整，掌握低碳经济发展的主动权。强制型碳交易的运行也可以使得碳关税问题不攻自破，但这种碳交易的设置是以控制减排总量为目标的，因此，即使能够解决碳关税问题，却会使得西方国家达到以碳关税为威胁要求中国提前进入强制减排国家行列的目的。自愿型碳交易市场的发展不存在减排总量控制目标，探索这类市场是可以接轨国际市场来破解碳关税难题的，也与碳税制度之间可以结合使用，可以被认为是具有碳关税针对性的，但其实施的范围小于碳税，并不能保证所有出口产品都不受碳关税的影响。由此，关于可操作性，三个备选方案的重要性存在如下关系：

碳税比碳交易：更为重要；

碳交易比行政命令式节能减排：比较重要；

碳税比行政命令式节能减排：强烈重要。

根据层次分析法的赋值标度，可以构建关于碳关税针对性的备选方案两两间的成对比较判断矩阵，利用 yaahp 软件进行计算，可以得到各

指标的权重（见表6.7）。

表6.7　碳关税针对性指标的备选方案成对比较矩阵表

碳关税针对性	碳交易	碳税	行政命令式节能减排	W_i（权向量）
碳交易	1.0000	0.2500	5.0000	0.2370
碳税	4.0000	1.0000	8.0000	0.6986
行政命令式节能减排	0.2000	0.1250	1.0000	0.0643

判断矩阵一致性比例：0.0904；对总目标的权重：0.3164。

六、经济影响指标的备选方案成对比较矩阵表

行政命令式节能减排对高碳行业内的企业"上大压小"，虽然会对部分微观企业产生重大影响，但是就整个行业而言，其影响并不大。碳税的施行牵涉面广，如果没有相应的税制结构调整的话，企业本已税负负担过重，碳税施行必然会具有大的负面影响。中国政府虽然还未开始实施碳税制度，但相应的税制改革一直在进行之中，未来碳税施行的负面影响在降低。同时，碳税的税收收入可以专款专用，投入新能源和节能减排项目中，因此，碳税具有正面的经济影响。综合来看，行政命令式节能减排要比碳税的经济影响小。中国碳交易的发展从 CDM 项目开始起步，仅从 CDM 项目来看，由于国际碳价的急剧下跌，我国的 CDM 项目也备受打击，而由于 CDM 项目大多为新能源项目，也间接冲击了我国的新能源产业发展。一直以来，由于我国低碳发展的企业动力不足，自愿碳减排交易市场的发展都处于"有价无市"的尴尬场面，目前，各地正在试点的强制性区域碳交易试图改变这一碳交易的被动局面，但许多试点地区推进碳交易的进度并不快，主要是因为太过超前的发展碳交易势必会对本地区的经济发展产生不利影响，因为毕竟在试点地区与非试点地区存在碳泄漏问题。一些专家建议建设全国统一

性碳交易市场，但全国统一性强制碳交易的发展对目前发展仍是第一要务的中国而言，其经济的负面影响可能会更大，既使得落后地区未发展就受到碳配额的限制，也使整个中国在国际上易受碳总量减排的约束，而且这种发展必然要与国际接轨，在开放体系下碳交易对中国经济的影响就更具有不确定性。碳交易之所以还未对中国经济产生重大影响，只是因为各地试点并未严格规范，一旦规范化发展，其产生的问题之多，对区域经济影响之深也会日益显现。因此，碳交易的经济负面影响应该最大。由此，关于经济影响，三个备选方案的重要性存在如下关系：

碳税比碳交易：微小重要；

行政命令式节能减排比碳交易：更为重要；

行政命令式节能减排比碳税：微小重要。

根据层次分析法的赋值标度，可以构建关于经济影响的备选方案两两间的成对比较判断矩阵，利用 yaahp 软件进行计算，可以得到各指标的权重（见表6.8）。

表6.8　经济影响指标的备选方案成对比较矩阵表

经济影响	碳交易	碳税	行政命令式节能减排	W_i（权向量）
碳交易	1.0000	0.5000	0.2500	0.1429
碳税	2.0000	1.0000	0.5000	0.2857
行政命令式节能减排	4.0000	2.0000	1.0000	0.5714

判断矩阵一致性比例：0.0000；对总目标的权重：0.2957。

七、公平性指标的备选方案成对比较矩阵表

行政命令式节能减排对高碳行业实行"上大压小"，而非对整个行业的节能减排实行统一的约束标准，造成规模大的企业由此得到了更大的发展契机，中小规模的企业受到了严厉打击，而一些小散远企业由于政府监管和执行成本过高而逃脱关停命运，从而导致整个行业的企业命运出现很大不同，具有大的不公平性。而碳税和碳交易都是对整个行业内的企业实行统一的税收或配额标准，这能够保证实施的公平性，这也是西方国家非常提倡的低碳经济发展模式。由此，关于公平性，三个备选方案的重要性存在如下关系：

碳交易比行政命令式节能减排：明显比较重要；

碳税比行政命令式节能减排：明显比较重要；

碳交易比碳税：同样重要。

根据层次分析法的赋值标度，可以构建关于公平性的备选方案两两间的成对比较判断矩阵，利用 yaahp 软件进行计算，可以得到各指标的权重（见表6.9）。

表6.9 公平性指标的备选方案成对比较矩阵表

经济影响	碳交易	碳税	行政命令式节能减排	W_i（权向量）
碳交易	1.0000	0.1667	0.1667	0.0769
碳税	6.0000	1.0000	1.0000	0.4615
行政命令式节能减排	6.0000	1.0000	1.0000	0.4615

判断矩阵一致性比例：0.0000；对总目标的权重：0.0779。

第四节 中国低碳经济发展层次结构
模型的运行结果分析

一、运行结果

根据上一节的七个成对比较矩阵，运行 yaahp 软件可以计算行政命令式节能减排、碳税、碳交易三个备选方案对于实现目标——中国低碳经济发展的组合权向量，并生成相应的权重结果（见表6.10）。从表中可以看出，碳税方案组合权重最高，为0.4478，行政命令式节能减排的组合权重最低，为0.2497，碳交易介于二者之间，因此，以碳税为主导来形成中国低碳经济发展新模式是最优决策。

表6.10　中国低碳经济发展的备选方案权重表

备选方案	权重
行政命令式节能减排	0.2497
碳税	0.4478
碳交易	0.3052

二、最优决策结果——碳税的可行性分析

从运行结果来看，碳税应该是中国未来低碳经济发展的最优选择，碳税的实施可以实现国际与国内的平衡，因为碳税本身就可以解决碳关税难题，即使税率偏低也可以与西方发达国家周旋博弈，争取更多的发展时间；对内碳税能够通过税率的不断调整而把控减排效果和经济影响双重指标的平衡，可以对高碳经济增长设置约束条件，实现对污染排放企业的惩罚，而所征的专项税收又可以用于对节能减排的企业进行奖励与补贴，或者用于支持新能源的发展等，既解决了低碳发展资金不足的问题，也能够通过这种赏罚分明的制度激发微观企业的低碳发展动力。随着进一步发展，碳税还可以从生产领域延伸至消费领域，对高碳消费产生约束力，通过改变消费者的消费行为来达到消费反作用于生产的目的，激励微观生产企业抓住消费市场的改变，赢得低碳竞争力。

但是，碳税毕竟是一种增加企业或者消费者负担的做法，国际金融危机后世界经济始终处于低迷状态，这种低迷状态也在间接影响着中国经济，许多企业由于人民币升值、人工等成本增加、原有税制不合理导致企业税负过重等问题的存在而面临很大的经营困难。在此状态下开征

碳税能否为中国的微观企业所接受面临很大的不确定性。而对于将碳税的征收延伸至消费的做法，随着居民收入差距扩大，碳税的征收势必会对低收入阶层产生更大影响，出于社会稳定的考虑，碳税的如何征收也需谨慎而行。然而，不管征收的顾虑有多少，较之其他两种方案而言，碳税都是今后中国低碳经济发展的最优市场手段，中国政府需要加快碳税征收的进程。

三、碳税与其他两种方案的结合使用

正是由于碳税制度目前在实施上有一些困境，才决定了碳税制度的推进并不能够过猛，这也意味着碳税在实现短期减排目标上必然存在缺陷。为了弥补这一缺陷，在碳税制度还不完善之时也充分利用其他两种方案的优点是明智之举，换句话说，就是选择碳税制度并不意味着就此取消行政命令式节能减排和碳交易。

（一）碳税与行政命令式节能减排的结合使用

碳税是对减排成本形成影响进而对减排量形成约束，但是，对于中国当前的情况而言，即使开征碳税，税率也不会太高，这种渐进式提高税率的做法在对减排总量的严格约束上必然不会达到太好的效果。而面对国际压力，中国即使没有承诺碳总量减排目标，仅就碳强度减排目标而言，就已经存在巨大的压力。因此，即使施行碳税制度，也不可避免需要行政命令式节能减排来保证短期目标的实现。但需要明确的是，随着碳税税率的不断提升，行政命令式节能减排的行政手段必然要减少，应处理好二者之间此消彼长的关系。

（二）碳税与碳交易的结合使用

从理论上讲，只有碳税税率高到一定程度，在国家碳税税费减免的制度激励下，微观主体才会有自愿进入碳交易市场的动力。如果低碳经济发展能够达到这种局面，应该是最能够激发微观主体低碳发展积极性的，是一种碳税和碳交易结合的理想模式。如今在中国，碳税还未实施，低碳消费理念也远没有达到西方发达国家的水平，中国的自愿碳交易仅靠微观企业对于低碳发展的先知先觉是不足以发展起来的。然而，碳交易的发展并不能等待中国碳税制度和低碳消费理念成熟之后再实施，原因在于西方碳交易制度已经经验丰富，碳交易与碳金融紧密相连，不对碳交易进行积极探索，势必会在未来的竞争格局中失去优势地位。例如，对于目前欧盟急于征收的航空碳关税，修改后的方案很可能会实施，如果中国没有相应的碳交易市场，针对欧盟的航空碳关税展开贸易报复，则碳税税率是否适用于航空运输业，不仅要通过碳税法的修改，也由于碳税税率的相对固定并不能达到灵活对等征收其他国家航空碳关税的目的。因此，对于中国而言，碳交易有相应的碳交易市场，并且能够根据西方国家的做法展开同样的回击是明智的选择。但是，目前西方国家的实践也充分证明了碳交易所具有的高风险性，对于并不擅长金融交易的中国而言，碳交易并不适合成为低碳经济发展的主导模式。因此，如何在实施碳税的同时，发展自愿或强制碳交易市场，以达到二者优势互补的目的，是需要深入探讨的关键问题。

综上所述，今后的中国低碳经济发展的最优模式应是以碳税为主导来构建中国低碳经济发展的政策体系，体系中应充分吸收行政命令式节能减排和碳交易的相关优点，明确碳税与其他二者之间的主辅关系，渐进式地实现中国低碳经济的转型发展。

第七章　中国低碳经济发展的对策体系构建

中国的低碳经济需要周密地设计以碳税为主导的发展对策体系，将碳关税所形成的倒逼压力转变成低碳竞争动力，在未来的世界碳博弈中找到合适的位置。也就是说，今后的中国低碳经济发展需要充分利用碳关税所形成的两种理论机制，既不盲进也不惧怕，创设有利于中国低碳经济发展的国内外环境，激发经济主体的内在低碳发展动力，有条不紊地进行低碳发展转型。本章试图在给定中国低碳经济发展原则的基础上构建较为系统化和动态化的中国低碳经济发展对策体系，以期从碳关税这一国际视角为中国的低碳经济提供更为清晰完善的发展思路。

第一节　对策体系构建的原则

当代中国的低碳经济发展由于所处的发展阶段以及复杂的国内外形势，不能仅仅以单一原则来建设，只有综合各方面的考虑，才能将各种政策工具有效利用，形成富有特色的中国低碳经济发展模式。

一、以碳税为主体的原则

分析西方发达国家低碳经济发展的模式构建，可以看出，无论是日本模式还是美国模式，都与英国等欧盟国家有着很大的差别，原因在于美国、日本等伞形国家一直都是对于国际强制碳总量减排不积极的国家。一方面是由于美国、日本的碳减排量与欧盟相比确实任务更为艰巨，另一方面也因为中国等发展中大国并不在强制碳总量减排的行列。因此，美日这些国家既要发展低碳经济以在未来的世界经济竞争中继续保持优势地位，也要极力规避国际社会对其施压，从而承担更大的减排责任。

在碳税和碳交易的选择上，崇尚市场治理机制的美国更加愿意选择碳交易，但是，美国在碳交易的发展上却没有比欧盟等国家走得更远，其自愿碳交易市场较为成功，区域性的碳强制减排交易市场在不断的积极探索之中，还远没有达到建立全国统一强制性碳减排交易市场的程度。这也许与美国的立法体制有关，尽管美国的许多政策在得到立法后都会很快得以有效实施，但其立法进程却因各类集团的利益争夺较之其他国家而言推进更为艰难。另外，尽管加州在推进碳强制减排上态度坚决，但美国的"铁锈地区"对于高碳的生产依赖还很大。对于美国而言，与中国一样也存在较大的地区差距，一味实施全国统一的强制碳减排交易，会使美国州府之间的矛盾更为激化。而全国碳交易市场的建立也会使美国的碳交易必须具有明确的碳总量减排目标，目标过低会受到国际社会的谴责，目标过高对本国的经济伤害会很大。因此，美国虽然在探索碳交易的市场机制，但其推进力度并不会如欧盟那样很快形成统一的碳减排市场。

日本在国际碳减排谈判中总是不积极的国家，为了完成国际社会分配的碳减排量，日本第一承诺期时也在积极进行碳交易市场的构建，但其目的主要是如何利用《京都议定书》所设计的碳贸易方式，通过低价购买其他国家碳减排量的方式，来减轻日本履行碳减排的责任。虽然日本的一些区域也在积极进行强制碳减排交易市场的建设，如东京地区等，但是，已有日本官员明确表示，建设统一的碳减排交易市场体系还只是一些研究机构的个别观点，日本并未将其提上议事日程。实际上，日本更为看重的是碳税的实施。碳税直接影响减排成本，而对于减排总量的影响具有间接的不确定性，只能根据碳税税率高低的调节逐步达到对碳减排总量实施控制的目的。虽然在短期效果上，碳税并不能像碳交易那样，有立竿见影的效果，但是，碳税以渐进的方式可以逐步增强微观经济主体对于碳减排和低碳发展的适应能力，更容易获得全社会对于低碳经济的关注，有利于促进整个社会的低碳转型。而且，日本的低碳经济发展一开始就比较注重整个社会的低碳化，而非只是针对生产的低碳化，在对消费者碳足迹标签①的低碳意识引导上，日本走在了前列，已形成的低碳社会良好氛围也使得日本开征碳税的阻力变得很小。日本目前已经顺利实施碳税方案，其分三阶段实施的做法使得日本社会在感到压力存在的同时，也具有各种可能调整的空间，整个社会的低碳活力在增强。

我国有着与美国、日本或相同或类似的低碳发展背景，如我国发展碳交易也有与美国一样的区域发展不平衡问题，我国的高碳消费也到了必须效仿日本进行引领转变的时期。碳税更容易达到中国寻求渐进式推进低碳经济转型的目的。因此，通过借鉴美日的发展经验，以及上一章的模型决策，碳税应是最优的方案选择，中国的低碳经济发展的政策体系就必然要以碳税为轴心来进行建设。

二、规避碳关税的原则

中国未来发展面临工业化和碳减排之间的长期动态博弈，需要争取更多的发展时间和空间，因此，有效规避碳关税又充分利用各种碳措施，才是中国低碳经济最为安全稳妥的发展方向。

（一）碳标签的碳关税规避性

纵观碳标签在其他国家的发展，可以看到，无论是减排积极的欧盟，还是减排消极的美日，还是一些新兴国家，甚至是一些发展中国家，都在纷纷推出其碳足迹标签，要求生产企业在日用产品上明确标注

---

① 本章中的碳足迹标签特指产品标签上特别标注碳足迹量化指标的碳标签。

CO_2 排放量，消费者在购买商品时，除价格、质量之外，有了另一个衡量标准——碳排放量，从而引发消费端对于整个生产链，乃至能源链的革命。中国政府一直以来都认可碳标签的重要性，但是，由于碳足迹标签确实能够对碳关税的实施起到帮助作用，出于规避碳关税的考虑，中国不断规范的低碳产品标签上并没有添加具体的碳排放数值，也就是并没有在采用碳足迹标签上取得突破性的进展。从实践来看，中国节能产品市场占有率的提升已经证明在家用电器上加贴含有等级和数值的能效标签（见图7.1）能够帮助广大消费者了解节能产品。然而，中国的低碳产品标签由于没有能源标签的类似做法，消费者普遍对于此类标签缺乏认识，也就达不到类似能效标签的效果。

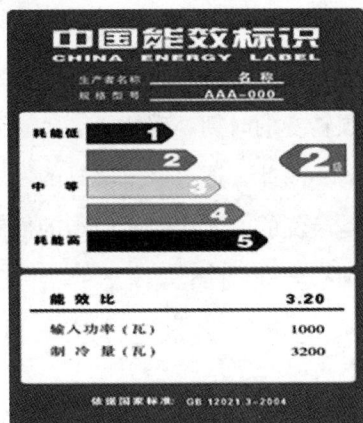

图 7.1　中国能效标识图例

目前，对于中国来说，如何发动来自消费端的低碳发展动力比起只是担忧碳关税更为重要，因为无论中国是否愿意，2020 年之后世界各国新的温室气体减排协议必然要达成，如果中国能在有限的时间内加速转型，就意味着中国不仅未来承担的碳减排压力会减小，而且也能够在世界低碳竞争领域谋得先机。然而，若没有相应的举措，未来的减排压力只会越来越大。从碳关税的角度来看，碳标签在西方发达国家还未达到国家强制实施的程度，并不会如预想的那样，引发碳关税对整个中国出口产生较大的负面影响。即使这种碳标签开始对某些中国产品强制实施，如果中国已有相关的碳标签制度，那么，可以通过发展碳中和标签来予以化解，碳关税的壁垒性就会大为降低。而且，即使中国愿意为了规避碳关税而主动放弃碳足迹标签对于消费端的激发，由于产品碳足迹国际标准的即将出台，这种规避的可能性也在一步步降低。与其等着国外强制中国实施碳足迹标签来计征碳关税，不如在碳标签问题上采取更为主动出击的策略，利用国内外标准的不同为碳标签的国际比较设置障碍以规避碳关税，在国内将碳足迹标签用于提高消费者的低碳消费自觉性，以及与碳税相结合从激励和约束两个方面力促整个社会的低碳转型。因此，改变对于碳足迹标签的原有规避认识，才是在争取的有限时间内抓紧低碳转型的明智之举。

（二）碳税和碳交易的碳关税规避性

从碳关税的角度来看，若一国实施了碳交易或者是碳税制度，就可以免受碳关税措施的制裁。但是，需要明确的是，西方国家实施碳关税措施的真正目的是要求中国接受与西方发达国家一样的碳强制减排总量标准。如果为了规避碳关税的实施而实行某种制度，则这种制度可能会比碳关税更为容易达到对中国实行碳排放总量强制减排的目的，那么，即使这种制度成功地应对了碳关税，却输掉了碳关税背后隐藏的利益，仍然不能被认作是解决碳关税的成功方案。从这个意义上说，碳税的实施就要优于碳交易，自愿性碳交易要优于强制性碳交易，因为碳税和自愿性碳交易的特点都是不对碳排放总量指标作限定，对于一国低碳经济的调整幅度具有一定的灵活性。

若中国实施碳税制度，西方发达国家再对中国实施碳关税就需要谨慎行事，因为税收中性的国际原则使得其并不能对中国出口产品实施双重征税。即使中国的碳税税率过低，由于已实施国家的碳税税率存在很大差别，发达国家就不能武断地对其差额进行征税，只能通过国际协商的方式进行解决。而正是这种国际协商可以为中国低碳经济转型争取到更多的时间，有利于中国国内碳税税率的逐步提升，温和地增进碳税对中国经济发展的约束作用，因而，碳税是有效规避碳关税影响的制度工具。

自愿性碳交易制度是针对进入碳市场的企业和个人设定的减排标准，即使是发展成为全国统一市场，也并没有对碳排放总量设定标准，在国际谈判中不会给其他国家清晰的中国碳减排总量指标，使得其他国家不会因为中国设定指标与国际要求指标差距过大而对中国施加更大的碳减排压力。而且，自愿性碳减排市场还与碳汇和碳中和密切相连，而这些措施与消费者弥补高碳消费过失的补偿行为有关，是在消费端兼顾消费与低碳的一种做法，不会因过于强调低碳消费使得消费者的需求受到压制，从而影响整个国家的消费需求，带来整体经济的下滑。出于鼓励碳汇、碳中和以及碳中和标签发展的目的，自愿性碳减排市场建设都具有很大的必要性，也能够规避碳关税和国际碳减排压力的不利影响。

强制性碳交易制度则不同。如果建立统一的碳减排市场，就意味着这要对中国的碳排放总量设定目标，这样才有利于将排放总量的指标分配给所有强制减排的企业。这种做法是很容易达到国内的减排目标，但是，该总量指标也有利于国际间的比较，一旦西方国家认为碳减排力度过小时，就会对中国加大施压的力度，如计算中国与西方国家的碳减排总量差距，以此差距值来进行边境碳调整就极为可能。但是，这并不意味着为了规避碳关税就可以不尝试强制性碳排放交易。欧盟航空碳关税的调整实施极有可能得到更多国家的认可，中国之前所用的取消航空订单的做法是否还会奏效还是未知数。如果我国有相应的碳排放交易，就可以针对欧盟的做法实施反制措施，也就是对欧盟起降我国的航班也征收类似的航空碳关税。然而，也要充分意识到，试点强制性碳减排市场最终会走向全国统一市场的形成，而全国统一市场的形成也更容易走向全球统一市场的形成，在中国碳金融与国外存在巨大差距之时，在强制性碳交易制度上任何急进冒进都有可能使中国经济陷入国际碳金融的巨大风险之中。因此，目前，紧跟美日市场的发展而向前一步步推进，才是既利用强制性减排市场优势又有效规避碳关税影响的策略选择。

三、激发微观企业低碳发展动力的原则

目前，中国激发企业低碳发展动力的思路和西方一样，也是采取约束企业高碳行为和激励企业低碳行为相结合的做法。具体实施上，约束性做法是行政命令式节能减排，激励性做法是低碳信贷、税收、补贴、政府采购等政策的实施。看似完美的政策组合却并没有能够实质帮助企业形成内在自发的转型动力和低碳竞争力，中央政府、地方政府与企业之间更像是在进行一场博弈，自上而下任何一个环节的监管放松都会使企业的高碳行为重新复苏。即使近期的碳排放相关指标能够完成，中国未来的经济发展还会受制于人。究其原因，行政命令式节能减排的政府管制做法虽然能够在二氧化碳排放问题上纠正市场失灵，但是也很容易导致政府失灵。

从约束高碳排放方面看，许多高碳企业对于地方政府而言是利税大户，关停这些企业会严重影响本地的各项经济指标，而且拆除这些企业需要大量的执行成本，还有后续的失业人员安置和企业转产等更为棘手的问题。如果没有受到中央政府的强大压力，许多地方政府是不愿下大力气去推进实施的。而地方政府对于关停整改企业多数是选择性行为而非公平性行为，对于那些侥幸过关但其实力又无法与大企业相比的中小企业而言，更为担心的是下一轮的节能减排是否会被波及，如果被波及的话，那么巨大的前期投资将会成为沉没成本，为了加速回收成本，这些企业的排放行为不会减少，反而会增加，更不用说花费成本去进行低碳创新了。

从市场竞争的角度看，只要消费者的高碳消费行为没有改变，高碳产品市场竞争的核心就仍是价格，由于不存在低碳转型成本，高碳企业会获得价格竞争优势，其高碳产品就会有市场。甚至，政府在市场销售

环节补贴企业的激励措施还助长了一些市场乱象的出现，如通常企业将该补贴快要取消作为增加销售的噱头，使得消费者的关注度仍然集中在价格优势上，而非在节能减排量上。一旦该补贴真的取消，所有企业市场上拼的仍然是价格。而受政府管制进行低碳转型的规模企业则需花费较多成本，必然在价格上表现为竞争劣势，被中小高碳企业以低价策略抢占市场份额。在产能过剩的恶劣竞争局面内，规模以上企业也会出于成本考虑对低碳创新的积极性不高。

从激励低碳排放方面看，目前中国的激励型措施大多属于事后激励，如奖励、补贴等，虽然从成本上对企业进行了弥补，但是，企业更为需要的是减轻其前期成本负担。若企业的创新活动失败，则前期投入成本就要由创新企业全部承担，可能会使一些中小企业因害怕承受不起创新失败所带来的风险损失，而不愿意对技术创新做过多投入。与此同时，中国政府对于节能减排的技术推广非常重视，因为只有全行业都推广了这种节能技术，才能在短期内大幅降低能耗指标。但是，这种技术推广对于有着创新精神的企业来讲可能也是一种挫伤，因为辛辛苦苦研制的技术很快就在全行业扩散。既然享受技术扩散更为容易，就没有哪个企业真正愿意去进行低碳技术创新，而没有来自于企业的创新动力，仅靠国家层面上的推动，低碳技术创新就会成为无源之水。

因此，行政命令式节能减排尽管操作简单，但是，违背市场化的操作规则也使得企业没有低碳转型和创新的动力。对于中国目前的低碳经济发展而言，若不能激发微观经济主体的自觉低碳转型动力，即使能够有效控制减排指标，这种控制也会由于缺乏微观主体的内在动力，丧失形成低碳竞争力的重要机遇期。碳税或碳交易在对整个微观经济主体形成公平全面约束力上要更胜于行政命令式节能减排，如果再配以激励型政策措施的使用，则对于整个社会而言，就能够建立起对高碳行为必罚、对低碳行为必奖的正负激励机制。中国行政命令式节能减排应寻求向其他两种市场化制度的演进，而以碳税为主的演进是符合激发微观经济主体低碳发展动力的原则的。但是，这种转变并不意味着行政命令式节能减排一无是处，行政命令式的做法可以在低碳监督和考核上发挥配合市场化工具实施的效果。

第二节　碳税实施前的各项准备

一、舆论的低碳宣传

尽管中国与西方发达国家的高碳行为相比，高碳生产要大于高碳消费，但是，近年来中国的高碳消费趋势也不容忽视，其占整个社会碳排放量的比例在不断增加。之所以选择碳税制度，原因在于碳税不仅能够对企业的高碳生产进行征税，也可以对居民的高碳消费进行征税，能够对整个社会的高碳行为都起到约束作用，是一种综合全面的政策工具，必然会促进整个社会的低碳转型。但是，由于碳税波及面广，其征收必然会遇到比其他政策工具更大的实施阻力，如重工业企业高碳排放多，必然会强烈反对碳税的征收；许多低收入阶层居民本由于生活成本可能增加，会产生抵触情绪等。

碳税的开征不能是贸然推进的行为，如澳大利亚在推行碳税制度上有些激进，导致执政党在大选中落败。反之，在实施之前，如果碳税能够营造较好舆论氛围，提高民众对碳税的接纳程度，碳税的实施就会顺利推进，如日本推出碳税之前在唤起民众低碳意识方面做了大量准备，其碳税方案的实施就显得顺其自然。因此，中国碳税制度的实施必然也要做相应的充足准备。党的群众教育路线活动开展以来，对于公务消费的规范治理进展有序，政府在日常事务中率先垂范，厉行节约，反对浪费，整个社会对于奢侈消费的不正常消费观在逐渐扭转。由于很多奢侈消费也是高碳消费，如华丽的包装、过度讲求奢华享受等，对于这种消费的打击间接上也对引导低碳消费起到了一定的作用。党的十八届三中全会以来，有关生态文明的话题热度高涨，低碳公益广告开始出现在电视上、报纸上、公共交通工具上、街头宣传画中。各大媒体对于空气质量的宣传报道在增多，及时通报 PM2.5 的检测结果，天气预报中之前很少被用到的词汇"霾"也开始频频出现，在唤起广大民众对于气候变化、自觉减少排放、监督社会不良排放行为等意识方面都起到了好的舆论引导作用。今后此方面的舆论导向还需在普及与推广低碳消费和生活理念上进一步加强，如向大众普及如何减少高碳消费以及如何减少自身排放等，切实提高社会大众的低碳意识。

二、碳足迹标签的快速推进

仅仅依赖于舆论宣传来达到影响社会大众的目的，在多元化发展的当今社会，并不见得能够取得十分显著的效果，如目前社会大众对于低碳生活的理解主要停留在低碳出行、节水节电上，但与之相对应的是汽车与电器消费的不断攀升。也就是说，目前对于社会大众的消费引导出现矛盾，既有希望消费者减少消费继而减少排放的意图，又有希望消费拉动经济增长的目标。低碳经济并不是反消费的经济，而是在充分保证社会大众合理需要的前提上提倡尽可能地减少排放。碳足迹标签与普通的碳标签不同，普通的碳标签只是简单地告诉人们这是低碳生产出来的产品，却不能告诉社会大众消费这种商品，其减少了多少碳排放，从而消费者也不知晓其为社会的低碳发展作出了多少贡献；碳足迹标签则不同，标签具有生动的足迹图案，能够对消费者产生视觉冲击，其所标注的具体碳排放数值或者相应排放数值区间所形成的排放等级，能够使消费者在产品比较时多出一个评价标准，即使消费者购买了排放量小且价格贵的产品，也会认同这是有价值的消费行为，从而低碳可以切实走入社会大众的生活，且不影响正常的消费经济。而消费又反作用于生产，占领低碳市场份额会激发微观企业低碳转型的内在发展动力，产生良性生产和消费的互动反应。而在碳税之前推出碳足迹标签，不仅可以获取社会大众对于低碳消费的认同，也会获得企业对于低碳生产和新的低碳竞争力的认同，从而在生产和消费两方面都减小碳税实施的阻力。因此，基于碳标签本身的优点，以及对于碳税实施的帮助，在碳税实施之前加快推出碳足迹标签就势在必行。

国际标准化组织计划于2014年上半年推出ISO 14067标准。如果该标准不能按照计划及时发布（因为该标准按原先计划应该已经发布，可见该标准的制定并不是非常容易的事情），对于中国而言，可能是更好的情况，碳标签推动碳关税发展的可能性会降低，因为目前各国标准使用的不统一使得其他国家据此对我国产品征收碳关税的合理性在下降，而中国国内推行碳足迹标签的优势在提升。中国的环保部已经为英国标准的中国化做过了一系列的准备，推出的难度应该不大。即使该标准能够按时发布，也不影响中国原有的碳足迹标签计划，完全可以采用韩国、泰国的碳标签做法，也就是设立碳减排和碳足迹两种碳标签，在比较成熟可以适用于国际贸易的产品上使用碳足迹标签，其他使用碳减排标签，既对内激发消费者的低碳意识从而影响低碳生产链条，又对外根据国外碳标签的发展来适时推进国内标准与国际标准的接轨。目前，中国所要做的就是全力推进特定行业的碳足迹标准制定和试行碳足迹标签。特定行业可以选择食品和服装纺织业。选择食品行业在于食品已渗透到每一个家庭的日常消费之中，对于低碳消费的引导作用最大；而纺织服装行业本就属于在欧美国家严格标准下打入市场的进口产品，即使没有碳标签，欧美国家也会采取其他贸易保护主义做法对其构筑壁垒，而且碳标签在纺织业界的认同度高，更多企业因为加贴碳标签的产品可以在海外市场上售价更高，认为这也是新的发展机会和方向。因此，无论ISO 14067标准是否及时推出，我国都应加快推出碳足迹标签。

三、规划的适当先行

"十二五"规划提出"逐步建立碳排放交易市场"之后，学者们对此问题的学术探讨热度提升，从各个层面为其建设献言献策。党的十八大报告中提出，"积极开展节能量、碳排放量、排污权、水权交易试点"，其中，碳排放量交易成为代表们热议的焦点。党的十八大之后，发展改革委所确立的五省八市碳排放交易试点工作进展速度加快，各试点陆续启动碳交易。党的十八届三中全会在这些试点的基础上，将"积极开展相关试点"改为"推行相关制度"，使得碳交易制度大有在全国范围推进的可能。可见，这些纲领性文件为社会释放了关于碳交易的积极信号，使得碳交易在中国的推行力度大大超过了碳税制度。

但是，从碳关税的角度来看，碳交易要解决国内实行难度大的问题就必然会加大国际上的风险，相比较而言，碳税制度的实施对于中国低碳市场化转型更为有利。碳税方案早在"十二五"规划之前就已提出，但是，考虑到环境税并不是主要税种，以及碳税方案普遍遭到工业企业的反对，之后的规划、人代会和党代会报告中都没有明确的说法，碳税的研究热度由此降低。在这种情况下，如果贸然开征碳税，社会各界对此的接受程度会很有限，可能受到的抵制就很大。因此，碳税需要在开征前的一段时间向社会释放相关信号，给予微观经济主体根据国家发展规划作出调整变化的时间，而且信号越强，则微观经济主体调整得越到位，政策实施就会越顺畅。党的十八届三中全会报告中对相关的税制改革已经有了一些信号，如"把高耗能、高污染产品纳入消费税征收范围"和"建立生态补偿制度"。一些财税方面的专家将这两点解读为生态补偿制度的建立最终还是需要发挥价格杠杆的调节作用，即通过资源税和环保费改税将高耗能、高污染产品纳入征收范围。也就是说，党的十八届三中全会后关于环境税的讨论开始升温。但是，目前关于环境税的问题，许多学者是从更为广义的生态文明角度去探讨，如建议针对水排放和气排放进行征税，其中，气排放并不单指二氧化碳。然而，鉴于国际气候变化大会对于二氧化碳排放量的特别关注，建议中国今后的规划等文件应提出以碳税开征为试点，从而为碳税的实施释放明晰信号。

四、法律的充分保障

英国的低碳经济发展较为成功的原因在于英国的低碳经济能够围绕《气候变化法》这一大法，创设相应的管理机构——能源与气候变化部和气候变化委员会，从而制定更为详尽的有针对性的低碳发展行动路线图和相关配套方案，并监督这些政策的贯彻与实施。中国在低碳经济发展上，还没有特别具有针对性的大法，相关规定都是散落在各种大法或小法之中，如1995年之后我国开始推动环境保护的相关立法工作，环境保护方面的相关法律开始陆续出台，《固体废物污染环境防治法》（1995年，2004年修订）、《节约能源法》（1997年，2007年修订）、《防沙治沙法》（2001年）、《环境影响评价法》（2002）、《清洁生产促进法》（2002）、《放射性污染防治法》（2003）、《大气污染防治法》（2004）、《可再生能源法》（2005年，2009年修订）、《可再生能源发展规划》（2005）、《可再生能源中长期规划》（2007）、《循环经济促进法》（2008）等。而且，中国法制建设向来有"线条过粗"的问题，即现有的立法虽然也能面面俱到，但是，各种法律规定不详尽从而缺乏可操作性。因此，中国低碳经济发展在没有基本大法的基础上，仅靠零星的相关法律，是很难有详细的配套细则、标准和执法力度的。

关于低碳经济发展的法律保障问题在党的十八届三中全会上得到重视，党的十八届三中全会提出"必须建立系统完整的生态文明制度体系"，其中，在法律方面强调"加快修改完善《环境保护法》①和《大气污染防治法》以及加快建立《气候变化法》，以推动中国绿色低碳经济发展"。借鉴国外的低碳立法经验，中国应加快《气候变化法》的建设，在法律上明确政府、企业、公众在推行低碳经济发展上的责任与义

_____

① 《中华人民共和国环境保护法》1989年12月实施，之后因为一些争论不休的问题如"经济发展与环境保护谁比谁优先"等，一直都未修改，直到2014年4月，修订后的《环境保护法》才获得通过并予以公布，并于2015年1月1日起实施。

务，使各项低碳经济工作的开展纳入法制化的轨道，以便一系列具有可操作性的实施细则出台，促进应对气候变化的以碳税为主体的完整法律法规体系的建设，以加强执法力度和形成低碳经济发展的长效保障机制。

第三节　碳税方案的实施

在社会舆论、低碳意识、规划和法律工作都有一定进展之时，碳税问题就可以不必过于纠结税率标准、征收范围等矛盾而延缓推进，因为合理的碳税方案是可以充分考虑这些因素的。

一、碳税在税制结构调整中推出

尽管碳税可以在营造的低碳氛围中开征，但是，在推出的技巧上需要巧妙构思。一直以来，企业的税负负担是否过重都是企业界、政府部门和学界争论的焦点。长期以来，增值税、营业税、所得税、消费税是企业过重税负的主要来源，确实对于增加国家税收起到了关键作用，而与此同时，中国的土地矿产淡水等资源税、排污费等的征收比例却很低，与现代发展理念（如节约资源、保护环境等）格格不入，从这点上看，中国企业的税负负担还很轻。当前，中国的税制结构调整以减税为主，如 2009 年企业所得税税率从 33% 降至 25%；被称为规模最大的结构性减税措施——营业税改增值税，其试点已在全国范围稳步推开，除了对物流、电子商务类个别企业产生了税负不降反增的问题之外，对于更多的服务型中小微企业而言，确实起到了减轻税负的作用。在税负减轻的基础上，我国开征环境税的条件已经成熟。环境税可以作为大税种而存在，其中可以包括资源税、排放税等，而碳税只是排放税中针对二氧化碳的税种。中国的资源税改革正在不断推进，但资源税只是对资源的开采进行征税，包括土地、矿产资源、能源、淡水等诸多方面，并不针对排放征税，并不能有效减轻国际碳减排和碳关税压力。因此，建议今后中央对于税制改革所释放的信号应是有减有增，所增税收焦点应在环境税上，使环境税不再作为小税种而存在，实现国家税收从收入型向环境型的结构转变；考虑到应对碳关税和实现减排目标这两个现实因素，建议在营业税改增值税等减负税制改革较为成功的基础上优先开征排放税中的碳税。

我国资源税改革中的能源税改革已在进行之中，碳税的征收势必要划清与能源税之间的关系。国外在能源税和碳税的认识上，认为二者有交叉。能源税属于资源税，是对化石能源消耗量进行征税；碳税属于环境税，是对化石能源的二氧化碳排放量征税。由于化石能源的碳含量与其燃烧之后所释放的二氧化碳数量之间存在相对固定的比值关系，现阶段碳税的简便计算公式是二氧化碳排放量 = 化石能源消耗量 × CO_2 排放系数。[①] 可见，目前能源税与碳税在税基上有相同成分，如果同时对二者进行征税，很容易造成重复征税的问题。芬兰的做法是根据含碳量和能源含量的一定比例征收，最终过渡到完全基于碳排放量征收；瑞典的做法是在原有能源税的基础上加征碳税，而能源税则减半征收。鉴于我国的能源税改革已经开始，碳税可以作为排放税中的其中一种先行尝试，芬兰和瑞典的做法可以给予我国碳税征收一定的借鉴，以防止碳税的开征导致重复征税从而在一定时期内重新给企业过多的税负负担。

二、碳税税率的渐步提升

目前，碳税制度在北欧国家得到了广泛的发展，这些国家的碳税税率大部分在 10—20 欧元/吨，如果按照这样的标准，我国的碳税税率就要达到 150 元/吨左右。有学者对其进行测算，按照这样的税率，碳税

---

① CO_2 排放系数 = 低位发热量 × 碳排放因子 × 碳氧化率 × 碳转换系数。

会对我国几乎所有的高耗能行业，如黑色金属冶炼及压延加工业、化学原料及化学制品业、石油加工及炼焦业、非金属矿产制造业、有色金属冶炼及压延加工业、化学纤维制造业、造纸及纸制品业、煤炭开采和选洗业、橡胶制品业等行业都会产生严重影响。因此，如果从完全抵消碳关税影响的角度出发去制定碳税税率的话，尽管在国际上该税率可以完全抵消中国碳排放的负外部性成本，但也会给许多行业带来严重负担。从欧盟国家的碳税发展经验上看，很多国家在碳税税率设置上都不是一步到位的，普遍采用渐进式分阶段提高碳税税率、逐渐逼近资源最优配置的做法，如芬兰碳税税率开始时只有 1.2 欧元/吨，后来逐步提升至20 欧元/吨。与其做法不一致的是荷兰，开始就将税率定在了较高的水平，碳税制度不仅受到大的政治阻力，而且效果也远远落后于芬兰。[①]因此，中国的碳税税率可以吸收这些国家的经验与教训，采取逐步提升税率的做法。这种做法不仅有利于碳税的开征，而且，在国际统一碳税税率还未形成的当下，只要中国有明确的碳税税率提高计划，发达国家就不可能对此强制征收碳关税，即使意图征收，也不能贸然行事，需要通过国际协商的方式来进行。只要我国外交技巧运用得法，这类矛盾是容易化解的。

目前，国内一些学者，如苏明等，经过测算认为开征之初的碳税税率应选择为 10—20 元/吨，这样的税率水平尽管也会导致企业额外成本上升，但是对所有的高耗能行业并没有达到严重影响的程度。为了更稳妥起见，一些学者建议以 10 元/吨的税率开征。在开征之初的碳税税率已达成较为统一的意见之上，还需考虑今后的税率调整。许多国家在碳税税率设置上都采用三阶段的方式，如芬兰、日本等。我国的碳税税率设置也可以仿照类似的做法，在 2020 年之前设置两个阶段，先以10 元/吨计征碳税，实行期限可定为 2—3 年，充分给予企业低碳调整

---

① 范允奇、王文举：《欧洲碳税政策实践对比研究与启示》，《经济学家》2012 年第7 期。

时间；2—3 年后按照国际施压的情况确定下一阶段的碳税税率；第三阶段根据国际社会对于 2020 年后的碳减排谈判情况再予以定夺。尽管对第二阶段和第三阶段的碳税税率不具体明确或者不说明上升幅度，但是，应该向社会公布碳税税率分几个阶段进行上浮，以使微观经济主体能够对未来碳税税率的发展有着正确的预期，有动力在较低的税率设置期间完成企业的低碳转型，而不是因为碳税税率设置过低暂对企业影响不大，从而企业过于放松而失去革新的动力。

三、碳税制度的全面推进与税收优惠

中国的碳税制度固然可以考虑先从生产企业开始征收，而暂不考虑对于居民的能源消费进行征税，因为目前收入差距拉大会使碳税对于低收入阶层的影响更大，而低收入阶层又是占据较大人口比例的人群，一旦低收入阶层对此意见较大，就会导致整个碳税的征收面临较大的阻力，强行征收势必会影响社会的稳定。但是，如果不对居民的能源消费进行征税的话，就不容易真正唤起民众的节能意识，如我国所开展的节能产品惠民政策尽管促进了节能电器等的销售，但是居民的电器消费也在不断增加，能耗的降低与用电量的增加相抵消，整个社会能源消费方面的 CO_2 排放量并没有实质性的降低。而且，碳税制度和碳足迹标签的配合使用，也会使大众消费者对自身的直接碳排放和从产品中所获得的间接碳排放有更加清晰的排放数值概念，有助于消费者从生活的方方面面约束自己的高碳行为，这对整个社会的低碳转变都有非常重要的作用。因此，碳税的征收需要全面推进。

减轻居民对于碳税的承受力可以通过税收优惠来实现，可以对居民基本需求性碳排放（包括家庭用电与天然气）免于征税，对超出额定部分的碳排放实行递增的差别化税率，以减少碳税的累退性，充分维护低收入阶层的根本利益。对于消费税中的汽油、柴油等成品油，涉及碳税与消费税所出现的重复征税问题，目前南非的做法可以借鉴。从

2013 年 4 月 1 日起，南非对于 CO_2 排放量超过 120 克/公里的小汽车和超过 175 克/公里的客货两用车，超出部分的征税标准分别为 95 兰特每克/公里（未超出的为 75 兰特每克/公里）和 125 兰特每克/公里（未超出的为 100 兰特每克/公里）[1]，从而实现碳税与消费税在征收上的统筹协调。减轻碳税对于高耗能企业的压力，国外的一些做法也可以借鉴，如英国对于签署环境协议的工业部门返还其 80% 的气候变化税；芬兰实行累退税率，将天然气分为 7 级，电力分为 6 级，随着生产企业的能源消耗数量的增加，税率在逐步降低，被认为是针对能源密集型和外贸型企业的额外税收优惠。

四、碳税税收的专款专用

尽管在税收优惠，但是，随着碳税税率的提升，碳税收入仍是一笔不小的数目，如何用好就显得尤为关键，英国的做法可以借鉴。英国气候变化税用于建立碳信托基金，通过碳信托这一非营利性组织对低碳技术研发和产业链发展提供资金支持和公用技术平台，促进了英国低碳技术以及碳交易的发展。对于中国而言，较之行政命令式节能减排和碳交易，碳税的作用不仅在于对高碳生产和高碳消费产生的约束力，还在于碳税能够形成专项资金定向去支持低碳经济的发展，如用于支持企业的节能减排改造、促进新能源的技术开发与利用等，是对整个低碳社会转型起到关键作用的制度选择。如果碳税税收能够选择与英国同样的碳信托方式，由政府牵头组建企业化的碳基金运作模式，使得低碳技术产业链上的每个项目的融资服务都受到市场化的严格审核，则低碳资金的使用必然更为科学合理，对于低碳技术创新也更具推动力，是一种有益的探索与尝试。

碳税税收的这些用途建立的基础必然是碳税归属于中央税。但是，

---

① 李学华：《南非拟于 2015 年起全面征收碳税》，2013 年 3 月 14 日，见 http：//cdm. ccchina. gov. cn/Detail. aspx? newsId = 39555&TId = 2。

放在整个的税制改革中来看，营业税属于地方税，增值税属于中央税，营业税改增值税本已经使原属于地方的税收收归中央。碳税本来就可能会影响到地方政府从其他相关税种中获得收入的能力，如果碳税收入也归于中央的话，会进一步减少地方财政。如果没有相应的补偿，碳税的征收会面临较大的地方阻力。况且，资源税一直都属于地方税种，碳税与资源税有着密切的关系，对于地方而言，必然会极力争取碳税成为地方税种，用于服务地方经济的发展。此外，借鉴国外的碳税经验，碳税收入用于补偿一般预算也是较为常见的情况。因此，对于中国而言，更为有效的碳税税收必然要考虑碳税成为中央与地方的分享税种，中央税收分可用于统筹协调专款专用，地方税收可以适当进行比例分割，一部分专款用于地方低碳事业的发展，另一部分补偿地方的一般预算。

第四节　与碳税协同发展的碳交易实施方案

碳税制度的实施并不完全与碳交易制度相排斥，针对中国碳交易先于碳税发展的事实，今后在碳税为主体的框架下设计碳税与碳交易相协同的方式才是中国低碳经济发展的正确道路。

一、全国统一自愿碳交易市场的协同建设

中国的自愿碳交易市场 2008 年就已开始建设，有北京、上海、天津三家较大规模的自愿碳交易市场，之后，各地也建设了一些类型多样的碳交易市场，现已建成的有 18 家。[①] 但是，自愿碳交易市场的交易量

---

① 这 18 家分别是天津排放权交易所、北京环境交易所、上海环境能源交易所、上海环境能源交易所宁夏分所、上海环境能源交易所福建分所、上海环境能源交易所黑龙江分所、上海环境能源交易所新疆分所、昆明环境能源交易所、吉林环境能源交易所、青海环境能源交易所、河北环境能源交易所、贵阳环境能源交易所、深圳排放权交易所、陕西环境权交易所、辽宁营口环境交易所、大连环境交易所、湖北环境资源交易所、广州环境资源交易所。

一般都很小，并没有所预期的那样成功，仅有少数企业为履行社会责任和企业形象而参与自愿减排，也有少数个人是出于低碳环保理念，而绝大多数企业和个人是没有参与自觉性和动力的。许多这种类型的交易所靠为清洁发展机制、合同能源管理和碳汇项目提供服务来维持生计，但在清洁发展机制出现问题的情况下，自愿减排市场如何发展下去确实很成问题。但是，从碳关税角度来看，自愿碳减排市场的发展不仅不会迫使中国必须确定碳排放总量限制指标，还对于应对碳关税等壁垒确实存在一定的作用，中国企业完全可以将产品多排放的碳量拿到中国的自愿碳交易市场上去中和，在国外销售时既维护企业的低碳形象，也使得这笔中和费用可以用在中国的碳汇和碳减排事业上，而没有被国外所侵占。这类市场的建设不可能等到中国实质受到国外碳标签和碳关税影响时再行动，对这类市场进行早期培育是十分必要的。

碳税制度的推出对于自愿碳交易市场的发展能够起到促进作用。碳税的实施以及碳税制度推出之前对于碳足迹标签的推广，都能够增强社会大众的低碳意识，而自愿碳交易市场的建设，对于低碳消费则提供了另一种渠道——碳中和。碳中和是与碳税、碳标签相辅相成的低碳消费措施，其中，碳税起到约束高碳消费的作用，通过碳标签，消费者可以明晰自身在生活中的碳排放，而碳中和的出现使得消费者对于不能减少的碳排放通过其他途径来实现，从而达成消费与碳减排之间的和谐关系，即不至于出现过度碳减排影响消费，消费增加影响碳减排的情况。自愿碳减排市场的发展不能只指望大企业集团大手笔购买碳排放量，重点在于激发最为广大民众的参与热情。对于目前多地存在的各自为战的自愿减排市场，建议将其进行整合以扩大自愿碳交易市场的影响力，最好能够建设全国统一的自愿碳排放市场，在此基础上，普及社会大众进行碳中和业务的相关知识，并以此带动企业进入自愿碳交易市场。对于能够先期进入的企业可以扩大宣传，为这些企业树立良好的社会形象，以此带动更多的企业参与自愿减排。

二、区域强制碳交易市场的协同建设

从减排效果和减排目标的实现上来讲，全国统一的强制碳交易市场确实是非常好的市场化政策工具，但是，这种市场需要明确碳排放总量指标和明晰碳排放权的分配以创造出碳排放权的稀缺性。放入全球化的大背景下来看，碳关税实施的目的就是通过影响贸易的做法使得中国被迫接受国际社会分配给中国的强制碳减排总量指标。一旦中国统一的强制碳减排市场建立，其所确定的碳减排总量指标很容易被西方发达国家用来评判中国的减排力度大小，从而以西方标准压迫中国接受更为苛刻的碳总量减排指标，继而中国在经济发展和碳排放减少上的选择则会更为艰难，转型的时间会更有限。从国际金融上讲，这种更为严苛的碳总量减排指标会导致中国强制碳减排市场上出现需求大于供给的局面，碳价必然上升，而且这种碳市场极易与国际碳市场相关联，从而使得中国被迫向国外购买碳排放权，意味着中国提前从"卖碳"阶段进入"买碳"阶段。然而，从碳关税的发展趋势上来看，其发展大有与这种碳交易接轨的可能性，碳关税的征收范畴已经由产品出口延伸至国际运输，国际运输业的碳关税正在被纳入欧盟强制碳减排交易体系。在这种情况下，中国以停止采购空客飞机相要挟确实会产生一定的影响，但是，如果欧盟修改后的航空碳关税得到国际社会的普遍认同，那么，没有美国的强烈反对，仅凭中国单个力量又能对欧盟施加多大的影响，具有很大的不确定性。而如果中国有类似市场的存在，则可以进行相应的反制措施，将这种影响降低至最低。此外，强制性碳减排市场之间的碳价可以有相应的比较，能够连接成为国际碳市场，对于中国抢占未来碳金融市场至关重要，相关的探索和试点也十分必要。

对于目前的中国而言，最现实的做法就是采取跟随美国加州和日本东京的做法，尝试在经济发达的地区进行强制性碳交易市场的试点。在经济较为发达的地区开展碳交易的优点在于这类地区已经在产业结构转型升级上走在了其他地区的前列，即使施行强制碳交易，该地区的碳泄漏和竞争力损失也不会很大。而且，这些地区在强制碳交易上先行，有助于探索扩大强制碳交易的范畴，不仅仅将强制碳交易局限在少数的几个高碳行业，也可以是扩大到与其有密切联系的下游行业以及交通运输业等。中国的强制碳交易发展的步伐可以根据西方发达国家的相关进展来跟进。这样做，对于金融还未发达的中国而言，无疑是最为稳妥的措施，可以防止过分注重碳金融的未来制高点而使中国经济陷入国外金融陷阱的风险发生。今后，随着这些国家相关市场区域的扩大，我国也可以在沿海地区扩大碳交易的区域范畴，但没有必要在强制性碳交易问题上急行冒进。

三、碳税与碳交易的制度衔接

在碳税与碳交易的发展趋势研究上，西方学者观点不同。有的学者认为，碳税制度最终要过渡到碳交易制度；有的学者认为如果减排成本与减排收益可以确定，则二者之间是替代的关系，发展其中一个就行；还有学者认为如果优先选择了碳交易，就不用再涉足碳税；也有学者寄希望各国的碳税能够走向统一的国际碳税。无论是哪一种发展，目前都有国家在探索和尝试。中国的选择不必纠结于碳税与碳交易的具体走向是什么，而是根据中国的现实情况选择最为稳妥的方案。选择碳税为主体来建设中国低碳经济发展框架，就需要坚定不移地稳步推进碳税制度的实施，推行中促进与所探索的碳交易制度相互衔接。

碳税与自愿碳减排市场的衔接较为容易，可以对自愿进行碳交易的企业和个人采取免除碳税的税收优惠。那么，随着碳税税率的上升，就会有更多的企业和个人基于碳税成本和自愿碳交易收益的考虑选择进入自愿碳交易市场。对于碳税与强制碳减排市场的衔接就较为复杂，在碳税税率过低的情况下，如果强行按照严格的碳排放总量指标来拍卖分配排放额度的话，即使在碳税上已经对纳入强制性减排的企业实行税收免除，也无法回避域内企业减排压力大于域外企业的事实存在。可以学习西方发达国家的相关做法，给予纳入企业一定比例的免费配额，避免强制性碳交易区域内外的碳排放约束力差别过大，从而导致在国内统一市场的环境下域内企业竞争力受到较大冲击。但是，这种做法也需要跟随国内碳税税率的上升逐渐调低相应比例，以使得碳税与强制性碳交易两种制度的约束力在各自的范畴中发挥应有的作用，在中国低碳经济发展过程中能够更好地融合。

第五节　政府低碳管制措施的转变

在碳税制度逐渐发挥效力的过程中，行政命令式节能减排措施应向新型的政府低碳管制措施转变，使得政府管制既能够激发地方政府与企业的低碳发展动力，也能够治理碳排放的市场失灵和政府失灵问题。

一、过渡期行政命令式节能减排政策的非常规利用

目前，我国已对国际社会承诺到 2020 年的碳强度减排指标，这虽然比直接承诺碳总量减排指标压力要小很多，但是对于能源结构以煤炭为主的中国而言，即使是降低碳强度减排指标也有不小的压力。由于碳税制度必须采取逐步上调税率的做法，开征之初会选择较低的税率，如果碳税一实施就停止采用政府管制的做法，如行政命令式节能减排，则从短期来看，必然会影响我国阶段内的碳强度减排指标的完成。碳强度减排指标如果完成不了，就会使中央政府在国际谈判中面临更大的碳减排乃至碳关税压力。因此，碳税实施之初，如何在稳步推进碳税制度以及培育碳交易市场发展的同时，完成短期的碳强度减排指标也是至关重要的问题。

行政命令式节能减排是一种非市场化的行政手段，尽管很容易达到短期目标，但也会严重扰乱市场秩序，因此，需要尽快建立另外一套政

府低碳管制措施来消除这种方式对企业运营所带来的干扰，给予企业稳定的市场预期，帮助企业发挥内动力去主动节能减排。当然，在另外一套政府低碳管制措施还未到位之前，紧急情况下，行政命令式节能减排也可以作为非常规化手段进行使用。

二、新型政府低碳管制措施体系的构建

新型的政府低碳管制措施可以在碳税制度的框架下借鉴国外的一些先进做法来构建。

（一）推行行业领跑者制度

新的政府低碳管制措施应该是对整个行业内的企业同等对待，而不是原先的按照企业规模的不同进行关停。可以借鉴日本的行业领跑者制度，以耗能最低的同类产品作为领跑者，要求所有产品在规定的时期内必须达到该标准。"十一五"期间，我国就已开展过类似的能效水平对标达标活动，已为探索领跑者能效标准和实施期限的制定打下了良好基础。目前要做的是将这一制度扩大推广范围，并制定相关的激励与惩罚措施，如对企业的节能减排和新能源项目继续实施绿色信贷和技术创新资助政策，对领跑企业和达标企业采取荣誉表彰、税收优惠、补贴、政府采购等激励措施，对于未达标企业采取警告、媒体公告、按不达标程度给予阶梯式罚款等惩罚性措施。

（二）大力发展合同能源管理

为了更好地帮助企业达标，政府应该促进合同能源管理（EMC）的发展。EMC可以解决企业节能改造的资金和技术风险，但是，EMC也承担了节能项目的大多数风险。目前，我国节能服务公司（ESCO）使用的资金主要来源于自有资金、利用自身信用获得的银行商业贷款、节能设备最大可能的分期付款以及政策性资助。其中，政策性资助对于鼓励节能服务公司发展起到了很大的推动作用，如2010年6月，国家发展改革委出台《合同能源管理财政奖励资金管理暂行办法》，规定中央和省级财政共同负担这笔资金，按年节能量和规定标准对 EMC 项目给予一次性奖励；国家税务总局、国家发展改革委与财政部三部委联合发布通知，从 2011 年 1 月日起对 ESCO 实行税收优惠等，而这些政策释放的信号确实促进了 2011 年和 2012 年合同能源市场的繁荣发展。但是，进入 2013 年，财政奖励资金迟迟没有发放使得许多 ESCO 未能享受政策实惠，普遍缺乏资金的行业状况也导致该类市场的合同签约率受到很大影响。[①]从最近的政策出台来看，中央仍然希望扶持 EMC 的发展，如 2014 年 2 月三部委联合公告，对实施节能效益分享型 EMC 项目的 ESCO 实行企业所得税 "三免三减半" 的优惠政策[②]，一定程度上可以缓解 ESCO 资金紧张的状况。

（三）构建碳税与碳基金的支撑体系

EMC 是否能够健康发展取决于国家的扶持力度，但是，国家财政资金对于 EMC 的奖励发放不正常使得该市场也有波动起伏。如果有国家专门的稳定资金支持 EMC 发展的话，该行业在稳定市场预期的基础上才能更好地发挥其应有的作用。从这点来看，碳税的征收就显得十分关键，可以为这类企业的发展提供稳定的财政资金支持。而且，如果中国能够利用碳税收入来促进政府投资、企业化运作的碳基金发展的话，就可以搭建节能环保综合服务平台，既可以为低碳技术开发、试验、推广各阶段提供稳定的资金支持，促进技术的产权转让或股权合作，也可以为 ESCO 提供政策性担保资金以促进 EMC 的项目融资，整合现在大多数 ESCO 各自为战的低效局面，促进节能服务行业的资源与技术共享。到此，新的政府管制低碳措施体系可以形成完整体系（见图 7.2）。

---

① 牛玉斌：《财政奖励资金到位慢将减弱合同能源管理推广力度》，2014 年 1 月 23 日，见 http：//www. emcsino. com/html/news_ info. aspx？id＝14144。

② 中国行业研究网：《税收优惠撬动合同能源管理机制》，2014 年 2 月 18 日，见 http：//www. emcsino. com/html/news_ info. aspx？id＝14184。

```
                    ┌──────────────┐
                    │    碳税       │
                    └──────┬───────┘
                           │
            ┌──────────────┴─────────────────┐
            │  节能环保综合服务平台 ——碳基金   │
            └──┬──────────────────────────┬──┘
               │                          │
        ┌──────┴───────┐          ┌───────┴──────┐
        │  合同能源管理  │          │  低碳技术创新  │
        └──────┬───────┘          └───────┬──────┘
               │                          │
        ┌──────┴───────┐                  │
        │ 行业领跑者制度 │◄─────────────────┘
        └──────┬───────┘
               │
      ┌────────┴──────────┐
      │ 全行业企业的节能减排 │
      └───────────────────┘
```

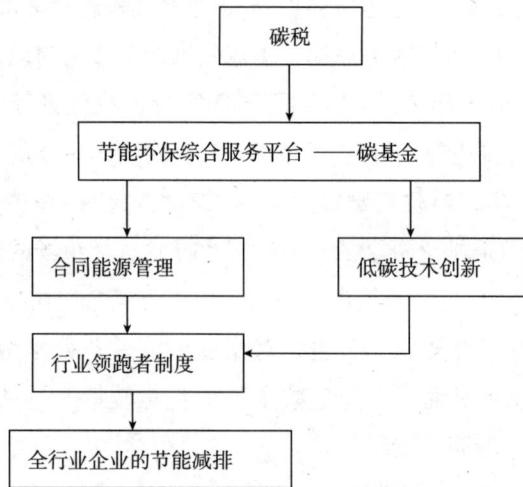

图 7.2　政府新型管制措施体系

三、政府环保监督和考核职能的履行

　　碳排放具有外部性和公共物品的属性，即使是再完美的市场机制的设计，也避免不了市场失灵的情况发生。如果要使得碳税制度下的各项市场工具能够协同发挥作用，政府对于环保监督职能的履行就不能缺位。无论是渐进式的碳税，还是市场化运作的碳交易，都需要掌握企业的真实碳排放数据来保证制度的顺利推进。要获得这些数据，需要政府做好温室气体排放统计与监测工作。目前，有关这方面的工作都在开展中，如在中国低碳城市试点工作中，各地开始尝试建立温室气体排放数据统计和管理体系；深圳在强制碳交易市场的建设中，已经制定出企业温室气体排放核查技术规范与指南；EMC 项下也有第三方机构对于企业温室气体清单的核查核证等，这些都有利于政府温室气体排放的统计与监测工作的进一步开展，加之国际标准化组织有专门针对企业的碳盘查可供中国借鉴，今后政府应加强与第三方机构的合作，来开展地方和企业温室气体排放情况的相关统计工作，建立有关能源消费和碳减排的统计数据库，并尽可能地扩大统计范畴，逐步将大量的中小微型企业和

偏远的农村地区纳入进来，以及积极建立由社会大众、行业协会、环境非政府组织、各类媒体等组成的环保社会监督网以弥补政府环保监督上可能出现的政府失灵。

鉴于碳减排和碳关税的国际压力，我国需要将承诺给国际社会的碳强度指标分解到各个时期。既然有指标的存在，就存在分解指标、要求各地达标的任务。"十二五"期间首次提出碳强度减排指标，借鉴"十一五"期间的 GDP 能耗指标的分解经验与教训，广东、重庆等地已探索属地化分解碳强度减排指标，也有专家学者建议通过行业协会等中介将指标合理分配给各个行业。相关的探索还在进行，相信随着中国政府节能减排工作的深入开展，指标分解也会在实践经验的基础上更加趋于合理化。在指标分解合理化的基础上对于指标的考核在所难免，这对于约束地方政府的高碳行为和强化其监督职能的履行至为重要。建议随着行业领跑者制度的完善，应增加引资项目的清洁率、行业领跑者达标率、行政命令式节能减排使用频率等指标，结合各地碳强度减排指标的完成情况综合评判地方政府的节能减排政绩。因为仅看碳强度减排指标的话，地方政府仍然会像"十一五"完成能耗指标那样前松后紧，没有到最后期限时，会有为追求经济增长而出现的不顾环保约束的引资冲动；期限到来时，为了完成指标又会有使用行政命令式关停企业的冲动，仍然过度以政府力量来干预市场。只有低碳考核指标的更加全面与合理，才会清晰地给予地方政府完成低碳指标的指导路线，由此激发地方政府协同企业进行低碳转型的内动力。

第六节　针对碳关税的外交应对措施

在国内布局低碳经济发展战略之时，国际外交战略的应用也必不可少。随着中国的日益崛起，作为重要的发展中大国，中国必然需要协调自身发展与世界发展，主动承担更多的自己能力范围内的国际义务，其中也包括应对全球气候变暖所应采取的碳减排措施等。一味地逃避责任只会让国际社会对于中国的高碳发展更加谴责，对于碳关税的推进更加迫切。中国应积极应对可能出现的碳关税，主动参与有关环境与贸易的国际谈判，采用外交手段抵制碳关税的负面影响，在国际碳博弈中掌握话语权和游戏规则的制定权，最大限度地争取有利于中国低碳经济转型发展的国际环境。

一、做好国际碳减排谈判前的充足准备

目前，西方国家许多研究机构的报告都显示中国的碳排放总量仍在迅速增长，如英国丁铎尔气候变化研究中心发表在《自然》杂志上的"全球碳计划"2012 年度研究成果显示，在碳排放总量排名中，中国占全球的28%，位居第一，远远超出世界其他国家，排名紧随中国的美国、欧盟和印度分别16%、11%和7%。[①]即使是人均碳排放量（在碳关税刚刚抛出之时，中国学者认为这是应对碳关税的有利因素）近年来也在迅速增长，2011 年就已接近欧盟水平。如果中国不做好国际气候谈判前的充分准备，必然会在谈判中处于劣势地位，成为谈判中施压的重点对象。因此，对于中国而言，应将国内积极实施的各项低碳发展措施及其成果及时展示给国际社会，向世界清晰准确地阐发中国低碳发展的能力和努力，以获得国际舆论和道义上的支持与理解。近些年中国在此方面已有尝试，如自 2008 年起，每年年底中国在国际气候大会之前，都会发布《中国应对气候变化的政策与行动》白皮书，向世界展示中国低碳发展的成果；在国际气候大会开幕前，中国都会通过举办"中国角"等系列边会活动，如论坛、新闻发布会、研讨会、成果展示等，组织更多学者专家、来自非政府组织的志愿者、节能企业等，以专业水准或者民间行动等方式，向国际社会介绍中国应对气候变化的具体措施，

---

① 赵川：《华沙气候大会在即 两大谈判重点》，2013 年 11 月 5 日，见 http：//news. hexun. com/2013 – 11 –05/159362388. html。

成为宣传中国低碳发展政策和成果的窗口，受到了与会代表的认同。这些措施对于减轻或转移国际谈判中的压力起到了重要作用。今后在国际气候谈判中这一形式可以加强，如加大对于中国民间和企业减排成果的展示，组织中国低碳学者专家积极参与有关中国低碳论题的国际讨论等，为能够在国际环境公约和碳排放标准的谈判中占据道德制高点奠定基础。

二、坚持"共同但有区别的责任"原则

坚持"共同但有区别的责任"原则，既可以防止中国近期社会经济发展受到严格约束限制，又可以确保中国的中长期发展可以得到国际气候法律的支持。中国在谈判中应极力坚持该原则，防范西方发达国家以任何新提法来取代这一原则的做法。对于该原则的坚持，中国应强调发展中国家与西方发达国家所处的发展阶段和过程完全不同，对于发展中国家而言减排仍然要以发展为前提，真正要减少排放的是发达国家的奢侈排放，其高碳进口和消费同样对于碳排放负有责任。若以发达国家标准来衡量发展中国家的碳减排成效，从而要求发展中国家承担与其发展阶段并不适应的碳减排义务，是不公平的。

坚持该原则可以在国际气候谈判中倡导使用工业化累积人均碳排放量标准。该标准反映各国从工业化开始到当前所累积排放的温室气体的当代人均量，是综合考虑人均和历史两种碳排放的新型标准，既公平体现发达国家与发展中国家不同发展阶段的差异，又可以将减排量在生产国与消费国之间进行合理分配，从而在减排量上体现"共同但有区别的责任"原则。对于这种新型标准，即使发达国家作出让步愿意以历史存量方式来计算，但以什么时点为计算基期会导致计算结果存在很大偏差，不同国家间的争论还会继续存在。但是，这种争论的本身就已起到其应有的作用，也就是为中国争取到更多的发展时间。

三、坚持多边谈判框架

在目前缺乏国际法明确规制的情况下，解决碳关税问题通常会通过双边或多边谈判的途径进行，在谈判无果的情况下，并不排除西方发达国家可能会擅自采取单边主义的做法。因此，中国并不能无视或消极应对碳关税，否则只会让发达国家就此借助政治力量的强势，抢占道义制高点，谈判中攫取更多的话语权。中国应当强烈反对将气候变化与贸易问题挂钩，并坚持多边框架是解决气候变化与贸易的长效机制。与此同时，中国应加强对低碳经济相关的国际贸易法律、公约与规则约束的研究，积极参与多边框架下新规则的制定，力争在国际规则创设过程中扩展自己的生存空间，避免在其他国家控制的规则框架下被动地行动。在多边谈判框架下，中国应采取与发展中国家合作的结盟策略，如团结新兴经济体国家、给予最不发达国家和气候脆弱国家更优惠的援助待遇等，逐步推进谈判。当出现有关碳关税的争端时，应积极通过国际协调机制如WTO、国际民用航空组织等维护国家权益，对碳关税进行严厉抵制。对于发达国家单边主义的碳关税行径，应强调中国会采取相应的报复性贸易保护主义措施，警告西方发达国家碳关税的擅自实施会是一场"双输"的游戏，以及游说这些国家相关利益集团去干扰此类单边措施的出台。

四、促进碳减排议题向技术与资金支持的方向发展

联合国的相关报告显示，发展中国家需要62项工业领域的减排技术，其中43项核心技术需要来自发达国家的转让。[①]从欧洲专利局的数据中也可以看出，2000—2009年间，中国在储能、发电、交通、风能、太阳能等方面的绿色技术专利申请量大大低于欧盟、美国、日本和韩国（见图7.3），说明中国的节能减排和新能源等绿色技术与西方发达国家

---

① 李建民、孙雁冰：《国际制度、国家自主性与低碳经济——兼论中国的政策选择》，《东疆学刊》2011年第4期。

差距较大，加快低碳经济发展离不开以国际合作方式来引进相关的资金和技术。对于中国来说，在气候问题上需要采取有条件的国际合作，将国际气候合作从单纯分担减排扩展到技术转让以及资金支持等问题上来，在减轻参与国际气候合作压力的同时，为国内相关技术创新、低碳经济转型赢得时间。[①]因此，中国应强调气候变化框架下技术研发方面的国际合作、给予减排资金支持会创造未来的减排机会，以及中国会在发达国家对发展中国家提供无偿的或优惠的技术支持的基础上更加积极地实施碳减排。然而，发达国家在资金和技术支持问题上会维护国家利益、体现政治意愿、考虑生态脆弱性以及考量提供能力，并与发展中国家展开博弈与有条件的合作。但不管怎样，未来的国际气候制度必将以更灵活的减排承诺和一揽子合作协议的形式出现，不再是单纯的减排量分担，这将极大减轻碳关税的影响力，也是中国外交需要加强的方面。

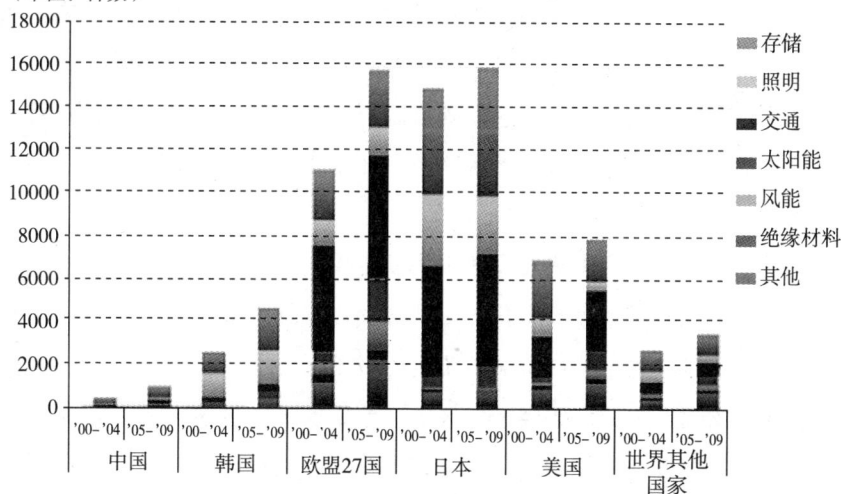

图 7.3　世界主要国家绿色技术的专利注册量比较图

资料来源：欧洲专利局，转引自 Neuhoffk. ，et al. ，"Stayiny with the Leaners – Europe's Path to a Succssful Low – carbon Eonomy"，Climate Strategies，February 2014。

---

① 董德利、李维梁：《低碳经济、国际规则与中国的选择》，《现代经济探讨》2011 年第 12 期。

结　论

　　随着全球气候变化问题的日益严峻，碳减排的国家间博弈还在激烈的交锋之中。这种博弈的觥筹交错之中，发达国家推出碳关税的进程也出现了波澜起伏的景象，有高潮有低谷，但是，碳关税的威胁却时时存在。

　　各种碳概念由于碳关税的存在有着千丝万缕的联系，也由于碳关税的理论与实践发展，这些碳概念间的逻辑关系也在不断地演进发展，而且，这些碳概念所形成的碳措施也在西方发达国家的低碳经济发展中发挥了重要作用。但是，由于这些碳措施对于碳关税的可实施性以及所要达到的目的性之间存在着必然的联系，使得中国在这些碳措施的选择上出现了犹豫与彷徨。

　　虽然在外交上中国确实应该极力谴责碳关税的贸易保护主义行径和发达国家自工业化以来高碳化行为造成的气候环境变化恶果，但并不意味着中国就能自始至终以碳关税不合法或不合理为由去轻视国际碳减排问题从而忽视本国的低碳经济发展。随着中国经济发展以及工业化与城镇化速度的推进，中国的二氧化碳排放量也在高速增长。无论是国际上的减排压力，还是国内的环境与资源的容纳程度，中国的低碳经济发展都已到了势在必行的地步。因此，在气候问题全球化的今天，中国的低碳经济发展不能脱离国际大环境而存在，重视碳关税并且有效地利用碳关税的两种理论机制才能使中国的低碳经济转型获得更多的时间和空间，在争取的有限时间内更加有所作为也才是中国低碳经济获得未来竞争力的必然选择。

从中国低碳经济实践来看，一味地规避与碳关税有关的碳措施，使得中国的低碳经济转型缺乏来自微观市场主体的自觉性和内动力，低碳与高碳发展之间存在此起彼伏的状况。目前，中国的低碳经济发展更需要从减排效果、经济影响、碳关税的针对性、公平性、参与度和可操作性等方面来综合考虑低碳政策的实施效果。碳税与碳交易制度均是以市场化手段来促进高碳企业的低碳化生产，行政命令式节能减排则是以政府规制的手段来达到整个高碳行业的低碳化。这些制度措施各具优势，但又非并行不悖，必须以某一种制度措施为主导来构建中国低碳经济发展的框架体系，使得其他措施能够在这一制度框架内各自发挥其应有的作用。从所构建的中国低碳经济发展决策模型的运行结果可以看出，碳税制度是最优减排方案。

根据以碳税为主体、针对碳关税和激发微观企业低碳发展动力的三原则所构建的中国低碳经济发展政策体系，由于碳税方案的实施并不能一步到位必然是一个动态演进的体系，需要根据碳税的阶段性推进而协同演进。从做好碳税实施前的准备工作，到碳税方案的具体实施，再到协同推进碳交易、形成新型政府低碳管制措施体系，以及充分考虑外交应对碳关税的相关措施，才是一个周密的、动态的中国低碳经济发展政策体系，这也必然能够有效地推进中国低碳经济的发展。

参 考 文 献

[1]《马克思恩格斯全集》第 18 卷，人民出版社 1964 年版。

[2]《资本论》第三卷，人民出版社 1975 年版。

[3] 陈晓春：《低碳经济与公共政策研究》，湖南大学出版社 2011 年版。

[4] 陈新平：《低碳财税政策》，立信会计出版社 2012 年版。

[5] 邓光奇：《低碳战争：第四次产业革命的谋变》，中国经济出版社 2011 年版。

[6] 鄂晓梅：《单边 PPM 环境贸易措施与 WTO 规则：冲突与协调》，法律出版社 2007 年版。

[7] 樊纲：《走向低碳发展：中国与世界（中国经济学家的建议）》，中国经济出版社 2010 年版。

[8] 勾洪洋：《低碳阴谋：中国与欧美的生死之战》，山西经济出版社 2010 年版。

[9] 傅治平、吕业清：《低碳经济知识学习读本》，国家行政学院出版社 2011 年版。

[10] 高德步：《世界经济通史》（下卷），高等教育出版社 2005 年版。

[11] 郭福春：《中国发展低碳经济的金融支持研究》，中国金融出版社 2012 年版。

[12] 何建坤：《低碳发展——应对气候变化的必由之路》，学苑出版社 2010 年版。

[13] [美] 保罗·A. 萨缪尔森、威廉·D. 诺德豪斯：《经济学》（英文版·第十六版），机械工业出版社 1998 年版。

[14] [美] 保罗·R. 克鲁格曼、茅瑞斯·奥伯斯法尔德：《国际经济学理论

与政策》（第八版，上下册），黄卫平等译，中国人民大学出版社 2011 年版。

［15］［美］曼瑟尔·奥尔森：《集体行动的逻辑》，陈郁等译，上海人民出版社 1995 年版。

［16］倪晓宁：《低碳经济下的国际贸易问题研究》，中国经济出版社 2012 年版。

［17］裴长洪、赵忠秀、彭磊：《经济全球化与当代国际贸易》，社会科学文献出版社 2007 年版。

［18］钱斌华：《助推低碳经济的碳税政策研究》，立信会计出版社 2012 年版。

［19］申进忠：《WTO 协调环境贸易关系的理论与实践》，中国法制出版社 2003 年版。

［20］世界银行：《国际贸易与气候变化——经济、法律和制度分析》，廖玫等译，高等教育出版社 2010 年版。

［21］王志华：《WTO 框架下新型贸易壁垒法律问题研究》，山东人民出版社 2012 年版。

［22］熊焰：《重新定义世界和我们的生活：低碳之路》，中国经济出版社 2010 年版。

［23］薛进军、赵忠秀：《中国低碳经济发展报告（2012）》，社会科学文献出版社 2013 年版。

［24］易雪玲：《国际环境贸易协调机制》，知识产权出版社 2008 年版。

［25］［英］A. C. 庇古：《福利经济学》，朱泱、张胜纪、吴良健译，商务印书馆 2006 年版。

［26］［英］马歇尔：《经济学原理》（上卷），朱志泰译，商务印书馆 1964 年版。

［27］［英］帕特莎·波尼、埃伦·波义尔：《国际法与环境》（第二版），那力、王彦志、王小刚译，高等教育出版社 2007 年版。

［28］袁杜娟、朱伟国：《碳金融：法律理论与实践》，法律出版社 2012 年版。

［29］张伯里：《世界经济学》，中共中央党校出版社 1998 年版。

［30］张红：《海关法》，对外经济贸易大学出版社 2002 年版。

［31］张坤民、潘家华、崔大鹏：《低碳经济论》，中国环境科学出版社 2008 年版。

［32］张沁：《中国低碳发展的激励型规制研究》，冶金工业出版社 2012 年版。

［33］张宇燕：《全球化与中国发展》，社会科学文献出版社 2007 年版。

［34］钟筱红、张志勋、徐芳：《绿色贸易壁垒法律问题及其对策研究》，中国社会科学出版社 2006 年版。

［35］周鹏、周德群、袁虎：《低碳发展政策：国际经验与中国策略》，经济科学出版社 2012 年版。

［36］鲍健强、苗阳、陈锋：《低碳经济：人类经济发展方式的新变革》，《中国工业经济》2008 年第 4 期。

［37］卞相珊：《从国际气候谈判看中国低碳经济转型》，《政法论丛》2011 年第 6 期。

［38］蔡博峰、刘兰翠：《碳货币——低碳经济时代的全新国际货币》，《中外能源》2010 年第 2 期。

［39］曹静、陈粹粹：《"碳关税"：当前热点争论与研究综述》，《经济学动态》2010 年第 1 期。

［40］曹文振：《"气候变化"问题剖析》，《太平洋学报》2011 年第 6 期。

［41］陈宝明：《低碳贸易壁垒发展趋势及我国的对策》，《中国科技论坛》2012 年第 9 期。

［42］陈红彦：《碳税制度与国家战略利益》，《法学研究》2012 年第 2 期。

［43］陈洁民：《碳标签：国际贸易中的新热点》，《对外经贸实务》2010 年第 2 期。

［44］陈柳钦：《低碳经济演进：国际动向与中国行动》，《科学决策》2010 年第 4 期。

［45］陈柳钦：《金融支持低碳经济发展问题探讨》，《当代经济研究》2013 年第 2 期。

［46］陈莹莹：《美国征收"碳关税"意图与我国对策的观点综述》，《经济研究参考》2010 年第 36 期。

［47］陈永国、褚尚军、李宗祥：《低碳经济内涵与四象限评价法》，《河北经贸大学学报》2011 年第 11 期。

［48］程大为：《世界贸易组织气候变化谈判：主要议题及中国战略》，《中国人民大学学报》2010 年第 4 期。

［49］程恩富、王朝科：《低碳经济的政治经济学逻辑分析》，《学术月刊》2010 年第 7 期。

［50］崔连标、朱磊、范英：《碳关税背景下中国主动减排策略可行性分析》，《管理科学》2013 年第 2 期。

［51］董德利、李维梁：《低碳经济、国际规则与中国的选择》，《现代经济探讨》2011 年第 12 期。

［52］杜婕、贾甲：《英德日美印低碳经济政策比较研究》，《国际经济合作》2012 年第 3 期。

［53］杜群、王兆平：《国外碳标识制度及其对我国的启示》，《中国政法大学学报》2011 年第 1 期。

［54］范允奇、王文举：《欧洲碳税政策实践对比研究与启示》，《经济学家》2012 年第 7 期。

［55］方大春、张敏新：《低碳经济的理论基础及其经济学价值》，《中国人口·资源与环境》2011 年第 7 期。

［56］冯之浚、牛文元：《低碳经济与科学发展》，《中国软科学》2009 年第 8 期。

［57］傅海霞：《低碳经济相关概念综述》，《商业时代》2011 年第 13 期。

［58］付亦重、袁佳、邱薇：《欧美碳关税措施的新发展与我国的应对之策》，《对外经贸实务》2012 年第 5 期。

［59］高飞、刘亚丛：《论我国低碳经济制度体系的构建》，《生产力研究》2011 年第 3 期。

［60］高静：《"碳关税"法律制度研究》，中国政法大学硕士学位论文，2010 年。

［61］耿涌、董会娟、郗凤明等：《应对气候变化的碳足迹研究综述》，《中国人口·资源与环境》2010 年第 10 期。

［62］龚新巧：《论低碳壁垒的双重性及我国的策略选择》，《武汉工业学院学报》2012 年第 9 期。

［63］郭莉、崔强、陆敏：《低碳生活的新工具——碳标签》，《生态经济》2011 年第 7 期。

［64］韩琦：《碳关税贸易壁垒法律对策研究》，《新远见》2010 年第 9 期。

[65] 何代欣:《碳关税:机制困境、政治纠葛与经济悖论》,《中国行政管理》2010 年第 10 期。

[66] 何娟:《碳关税:新的绿色贸易壁垒抑或 WTO 环境保护豁免》,《世界贸易组织动态与研究》2010 年第 5 期。

[67] 何平均:《促进低碳经济发展财税政策的国际实践及启示》,《改革与战略》2010 年第 10 期。

[68] 胡安彬:《碳关税对我国未来出口商品竞争力的影响》,《金融与经济》2010 年第 8 期。

[69] 胡振宇:《低碳经济的全球博弈和中国的政策演化》,《开放导报》2009 年第 5 期。

[70] 黄河、赵仁康:《低碳经济与国际贸易规则的重塑》,《外交评论》2010 年第 5 期。

[71] 黄文旭:《国际法视野下的碳关税问题研究》,华东政法大学博士学位论文,2011 年。

[72] 黄文旭:《碳关税相关概念辨析》,《岭南学刊》2011 年第 1 期。

[73] 计军平、马晓明:《碳足迹的概念和核算方法研究进展》,《生态经济》2011 年第 4 期。

[74] 金慧华:《多边贸易体制下的碳税问题探析》,《社会科学》2009 年第 1 期。

[75] 景明:《碳关税发展研究——以 WTO 与环境规则的法律协调为视角》,山东大学硕士学位论文,2011 年。

[76] 孔凡伟:《我国企业采取减排行动的经济动因分析》,《生态经济》2012 年第 9 期。

[77] 蓝庆新:《国际碳关税发展趋势析论》,《现代国际关系》2010 年第 9 期。

[78] 李光辉:《动态国际格局下碳关税政策的中长期思考》,《哈尔滨学院学报》2011 年第 12 期。

[79] 李建建、马晓飞:《中国步入低碳经济时代》,《广东社会科学》2009 年第 12 期。

[80] 李建民、孙雁冰:《国际制度、国家自主性与低碳经济——兼论中国的政策选择》,《东疆学刊》2011 年第 4 期。

[81] 李宏岳、陈然：《低碳经济与产业结构调整》，《经济问题探索》2011年第1期。

[82] 李慧凤：《中国低碳经济发展模式研究》，《金融与经济》2010年第5期。

[83] 李晴、石龙宇、唐立娜等：《日本发展低碳经济的政策体系综述》，《中国人口·资源与环境》2011年第3期。

[84] 李威：《国际法框架下碳金融的发展》，《国际商务研究》2009年第4期。

[85] 李威：《碳贸易机制与WTO规则的议题交叉与体系协调》，《北方法学》2012年第4期。

[86] 李文钰：《低碳经济视域中的政府管理创新》，《文史博览》（理论）2012年第1期。

[87] 李晓玲、陈雨升：《"碳关税"与WTO规则相符性研究》，《国际经济合作》2010年第3期。

[88] 李忠民、姚宇：《马克思社会总资本在生产理论与低碳经济的发展》，《陕西师范大学学报》（哲学社会科学版）2010年第9期。

[89] 刘成玉、杨颖：《中国低碳经济发展的现实制约与调控政策探讨》，《西南民族大学学报》（人文社会科学版）2013年第1期。

[90] 刘淼、宁远满：《生态足迹方法及研究进展》，《生态学杂志》2006年第3期。

[91] 刘玫、陈亮：《产品碳足迹国际标准（ISO 14067）进展及我国面临的形势》，《中国标准化》2010年第8期。

[92] 刘美华、施先旺：《碳经济业务的会计确认研究》，《当代财经》2012年第6期。

[93] 刘颖、郭江涛、王鹏：《低碳经济与碳币论研究》，《国际经济合作》2010年第1期。

[94] 林伯强：《低碳经济全球化和中国的战略应对》，《金融发展评论》2010年第11期。

[95] 林灿铃：《论"低碳"》，《中国政法大学学报》2010年第6期。

[96] 林立：《低碳经济背景下国际碳金融市场发展及风险研究》，《当代财经》2012年第2期。

[97] 龙英锋：《环境边境税调整的应用与研究述评》，《税务研究》2010年第

7 期。

[98] 鲁丰先、王喜、秦耀辰等：《低碳发展研究的理论基础》，《中国人口·资源与环境》2012 年第 9 期。

[99] 卢现祥、罗小芳：《论发展低碳经济的制度安排》，《江汉论坛》2011 年第 11 期。

[100] 卢现祥、柯赞贤：《论发展低碳经济中的利益集团与制度安排》，《经济与管理评论》2013 年第 2 期。

[101] 卢现祥、王宇：《论国外发展低碳经济的财税政策支持体系》，《经济与管理评论》2012 年第 2 期。

[102] 陆钟武、毛建素：《穿越"环境高山"——论经济增长过程中环境负荷的上升与下降》，《中国工程科学》2003 年第 12 期。

[103] 罗宏、裴莹莹、冯慧娟等：《促进中国低碳经济发展的政策框架》，《资源与产业》2011 年第 2 期。

[104] 马冀：《碳税、碳关税及其在战略性贸易中的运用》，《价格月刊》2011 年第 4 期。

[105] 马建英：《国内结构与制度影响：国际气候制度在中、美两国的影响研究（1990—2010）》，复旦大学博士学位论文，2011 年。

[106] 马其家：《碳关税及中国的应对策略研究》，《社会科学战线》2010 年第 11 期。

[107] 马艳、严金强：《经济发展方式与低碳经济关系的理论与实证分析》，《经济纵横》2011 年第 1 期。

[108] 闵惜琳：《低碳基础指标测算综述》，《科技管理研究》2012 年第 15 期。

[109] 牛桂敏：《发展低碳经济的制度创新思路》，《理论学刊》2011 年第 3 期。

[110] 潘家华、庄贵阳等：《低碳经济的概念辨识及核心要素分析》，《国际经济评论》2010 第 4 期。

[111] 潘辉：《碳关税对中国出口贸易的影响及应对策略》，《中国人口·资源与环境》2012 年第 2 期。

[112] 潘明星：《基于低碳经济的税制改革思考》，《山东财政学院学报》2013 年第 1 期。

［113］潘时常、李丕基：《发展低碳经济的基本战略及路径研究》，《现代经济探讨》2011 年第 3 期。

［114］彭奕：《低碳经济冲击下的国际贸易法三题》，《南京工业大学学报》（社会科学版）2010 年第 3 期。

［115］朴英爱：《中国低碳经济驱动机制分析》，《学习与探索》2012 年第 5 期。

［116］裘晓东：《各国/地区碳标签制度浅析》，《轻工标准与质量》2011 年第 1 期。

［117］曲如晓：《环境外部性与国际贸易福利效应》，《国际经贸探索》2002 年第 1 期。

［118］单宝：《欧洲、美国、日本推进低碳经济的新动向及其启示》，《国际经贸探索》2011 年第 1 期。

［119］沈可挺：《碳关税争端及其对中国制造业的影响》，《中国工业经济》2010 年第 1 期。

［120］沈可挺、李钢：《碳关税对中国工业品出口的影响》，《财贸经济》2010 年第 1 期。

［121］沈满洪、吴文博、魏楚：《近二十年低碳经济研究进展及未来趋势》，《浙江大学学报》（人文社会科学版）2011 年第 5 期。

［122］沈木珠：《多边法律体制下碳关税的合法性新析》，《国际贸易问题》2011 年第 5 期。

［123］施用海：《低碳经济对国际贸易发展的影响》，《国际经贸探索》2011 年第 2 期。

［124］帅传敏、吕婕、陈艳：《食物里程和碳标签对世界农产品贸易影响的初探》，《对外经贸实务》2011 年第 2 期。

［125］宋德勇、卢忠宝：《我国发展低碳经济的政策工具创新》，《华中科技大学学报》（社会科学版）2009 年第 3 期。

［126］苏伟、吕学都、孙国顺：《未来联合国气候变化谈判的核心内容及前景展望——"巴厘路线图"解读》，《气候变化研究进展》2008 年第 1 期。

［127］谭伟文、文礼章等：《生态足迹理论综述与应用展望》，《生态经济》2012 年第 6 期。

[128] 唐良富、唐榆凯等：《低碳经济——技术标准和市场准入新的战略制高点分析》，《标准科学》2010 年第 6 期。

[129] 唐良富、唐榆凯等：《低碳经济——国际贸易竞争新的战略关注点》，《科技管理研究》2011 年第 18 期。

[130] 唐启宁：《WTO 体制下碳关税问题研究》，西南政法大学硕士学位论文，2010 年。

[131] 王晨曦：《产品碳足迹——后京都时代的新型贸易壁垒》，《世界贸易组织动态与研究》2012 年第 7 期。

[132] 王国莲：《略论低碳经济的发展向度与意义》，《经济问题》2012 年第 1 期。

[133] 王俊：《从制度设想到贸易政策：美国碳关税蜕变之路障碍分析》，《世界经济与政治》2011 年第 1 期。

[134] 王海峰：《WTO 视野下的碳关税制度分析》，《国际贸易》2011 第 3 期。

[135] 王慧：《美国气候安全法中的碳关税条款及其对我国的影响——兼论我国的诉讼对策》，《法商研究》2010 年第 5 期。

[136] 王俊：《从制度设想到贸易政策：美国碳关税蜕变之路障碍分析》，《世界经济与政治》2011 年第 1 期。

[137] 王珲：《碳关税方案的比较与选择》，江西财经大学硕士学位论文，2012 年。

[138] 王磊：《美国碳关税政策对中美贸易的影响》，《财经科学》2010 年第 12 期。

[139] 王思民：《中国政府规制下的低碳经济发展研究》，《经济与管理》2011 年第 5 期。

[140] 王淑新、何元庆、王学定：《中国低碳经济演进分析：基于能源强度的视角》，《中国软科学》2010 年第 9 期。

[141] 王素立、张振鹏：《发达国家低碳经济战略选择及其对中国的启示》，《河北经贸大学学报》2013 年第 3 期。

[142] 王鑫、陈迎：《碳关税问题刍议——基于欧盟案例的分析》，《欧洲研究》2010 年第 6 期。

[143] 王跃生、焦芳：《低碳经济背景下我国对外贸易发展模式的转变》，《河

北经贸大学学报》2010 年第 6 期。

[144] 王蕴琪：《低碳贸易壁垒的内容、影响及应对措施》，《企业经济》2012 年第 3 期。

[145] 王志华：《WTO 规则体系下的碳标识认证问题》，《山东社会科学》2012 年第 8 期。

[146] 魏圣香：《碳关税条款研究：基本理论、立法模式与应对之策》，《甘肃政法学院学报》2011 年第 11 期。

[147] 温艳：《发展低碳经济的理论内涵研究》，《生产力研究》2011 年第 8 期。

[148] 吴洁、蒋琪：《国际贸易中的碳标签》，《国际经济合作》2009 年第 7 期。

[149] 吴力波、汤维祺：《碳关税的理论机制与经济影响初探》，《世界经济情况》2010 年第 3 期。

[150] 席艳乐、孙小军、王书飞：《气候变化与国际贸易关系研究评述》，《经济学动态》2011 第 10 期。

[151] 肖文燕：《国外低碳经济的发展历程、策略选择及对中国的启示》，《江西财经大学学报》2011 年第 6 期。

[152] 夏先良：《碳关税、低碳经济和中美贸易再平衡》，《国际贸易》2009 年第 11 期。

[153] 谢来辉、陈迎：《中国对碳关税问题过度担忧了吗?》，《国际经济评论》2010 年第 4 期。

[154] 徐清军：《碳关税、碳标签、碳认证的新趋势对贸易投资影响及应对建议》，《国际贸易》2011 年第 7 期。

[155] 薛秀军：《"低碳经济"与中国发展的重新选择和定位》，《东南学术》2012 年第 1 期。

[156] 严云鸿：《低碳经济与欠发达地区经济发展转型》，《技术经济与管理研究》2011 年第 12 期。

[157] 杨丹辉、李伟：《低碳经济发展模式与全球机制：文献综述》，《经济管理》2010 年第 6 期。

[158] 杨飞龙：《碳关税视阈下中国产业结构的调整》，《福建师范大学学报》

（哲学社会科学版）2011 年第 5 期。

　　[159] 叶华光：《低碳经济与对外贸易的互动机制探讨》，《环境经济》2010 年第 5 期。

　　[160] 叶莉、翟静霞：《碳关税对出口贸易影响研究综述》，《生态经济》2011 年第 11 期。

　　[161] 尹政平：《低碳经济与中国战略性新兴产业的发展》，《现代经济探讨》2012 年第 5 期。

　　[162] 尹忠明、胡剑波：《国际贸易中的新课题：碳标签与中国的对策》，《经济学家》2011 年第 7 期。

　　[163] 俞海山、杨蒿利：《国际外部性：内涵与外延解析》，《宁波大学学报》（人文科学版）2005 年第 3 期。

　　[164] 俞海山、郑凌燕：《碳关税的合规性及合理性分析》，《财贸经济》2011 年第 12 期。

　　[165] 于小迪、董大海、张晓飞：《产品碳足迹及其国内外发展现状》，《经济研究导刊》2010 年第 19 期。

　　[166] 袁鹰：《碳金融：不仅仅是机会》，《金融博览》（银行客户）2008 年第 8 期。

　　[167] 张健、张再生、陈宏毅：《低碳经济与政府作用分析》，《东北大学学报》（社会科学版）2011 年第 1 期。

　　[168] 张建平：《严防国际贸易保护，主动应对碳关税》，《中国科技投资》2009 年第 10 期。

　　[169] 张海良：《低碳经济模式、机制及其当代构建》，《求索》2013 年第 9 期。

　　[170] 张海玲、张宏：《日韩两国建立碳足迹标签制度的共同经验及启示》，《东北亚论坛》2012 年第 2 期。

　　[171] 张茉楠：《"碳关税"对中国转型形成强大倒逼机制》，《中国经贸导刊》2011 年第 11 期。

　　[172] 张平、杜鹏：《低碳经济的概念、内涵和研究难点分析》，《商业时代》2011 年第 10 期。

　　[173] 张天桂：《碳贸易保护和 WTO 在应对气候变化全球合作中的作用》，

《世界贸易组织动态与研究》2012 年第 3 期。

[174] 张小刚:《中西部地区发展低碳经济的政策困境与出路》,《中国人口·资源与环境》2011 年第 3 期。

[175] 张昕宇:《碳关税的基础理论探析》,《商业时代》2012 年第 6 期。

[176] 张秀娥、杜青春:《碳关税对全球贸易体系及我国经济的影响与对策》,《学术交流》2013 年第 1 期。

[177] 庄贵阳:《中国经济低碳发展的途径与潜力分析》,《太平洋学报》2005 年第 11 期。

[178] 赵泽洪、尤强林:《低碳经济发展困境:市场失灵、政府失灵与对策》,《重庆大学学报》(社会科学版) 2011 第 4 期。

[179] 赵志凌、黄贤金、赵荣钦等:《低碳经济发展战略研究进展》,《生态学报》2010 年第 8 期.

[180] 周健:《我国低碳经济与碳金融研究综述》,《财经科学》2010 年第 5 期。

[181] 周毅:《低碳:从技术、经济到国际政治》,《城市问题》2010 年第 8 期。

[182] 周亚越、俞海山:《碳关税:发达国家实施的可能性及中国的应对策略》,《生态经济》2012 年第 8 期。

[183] 郑佳佳:《低碳经济视角下中国发展模式转型研究》,《经济问题》2013 年第 2 期。

[184] 郑晶、张春霞:《低碳经济发展的动力研究》,《福建师范大学学报》(哲学社会科学版) 2011 年第 4 期。

[185] 周慧、李健:《面向低碳经济的金融创新研究述评》,《现代财经》2011 年第 4 期。

[186] 参考消息网:《外媒:迫于中国压力,欧盟就航空碳税再作让步》,2013 年 9 月 23 日,见 http://roll.sohu.com/20130907/n386094536.shtml。

[187] 曹慧:《碳关税:中国与欧盟在气候谈判桌上的火药》,2012 年 4 月 7 日,见 http://www.haodaxue.net/html/39/n-11539.html。

[188] 曹荣湘:《谁是气候变化之父:媒体"被忽悠"与以讹传讹》,2010 年 1 月 5 日,见 http://blog.china.com.cn/home.php?mod=space&uid=1236391&do

= blog&id = 282940。

[189] 曹晓云：《29 国签署联合宣言反对欧盟征收民航碳排放税》，2012 年 2 月 22 日，见 http：//ditan360. com/News/Info - 101257. html。

[190] 陈倩：《迫于压力 欧盟扭转对非欧航企征收碳税方案》，2014 年 3 月 7 日，见 http：//www. traveldaily. cn/article/78467. html。

[191] 陈荣：《低碳金融互为支撑》，《中国化工报》2009 年 12 月 30 日。

[192] 陈晓晨、田小山、约翰·沃利：《世界走向绿色保护主义》，2009 年 6 月 15 日，见 http：//finance. ifeng. com/huanbao/lsft/20090615/790291. shtml。

[193] 陈迎：《多哈召开气候大会 减排任务任重道远》，2012 年 12 月 25 日，见 http：//www. chinanews. com/gj/2012/12 - 25/4435187. shtml。

[194] 崔修佳：《欧盟碳交易体系缺陷抹杀减排成果来源》，2013 年 7 月 9 日，见 http：//cdm. ccchina. gov. cn/Detail. aspx? newsId = 40718&TId = 2。

[195] 邓丽：《中美"碳关税"过招，中国说"不"》，2009 年 7 月 6 日，见 http：//www. 21cbh. com/HTML/2009 - 7 - 06/HTML_ LTGYVQNXPIVP. html。

[196] 范必：《中国能源自给之路：应当走市场化道路》，2013 年 6 月 13 日，见 http：//finance. sina. com. cn/china/20130613/141715777366. shtml。

[197] 冯勇武： 《日本开征"环境税"》，2012 年 10 月 1 日，见 http：//news. xinhuanet. com/world/2012 - 10/01/c_ 113266752. htm。

[198] 贺娇：《诺贝尔奖得主联名敦促奥巴马支持航空碳税》，2013 年 3 月 22 日，见 http：//cdm. ccchina. gov. cn/Detail. aspx? newsId = 39625&TId = 2。

[199] 侯利红、阮真：《外交部否认中国成为世界第一大二氧化碳排放国》，2007 年 6 月 22 日，见 http：//finance. sina. com. cn/g/20070622/02283713967. shtm。

[200] 侯俊杰：《日本搁置碳交易计划 民主党政府向商业集团屈服》，2010 年 12 月 31 日，见 http：//news. sohu. com/20101231/n278607971. shtml。

[201] 黄丽珠：《"碳金融"或将成为境内商业银行"新宠"》，《金融时报》2008 年 5 月 5 日。

[202] 李娜：《欧盟威胁对中印航空公司碳排放罚款》，2013 年 5 月 20 日，见 http：//cdm. ccchina. gov. cn/Detail. aspx? newsId = 40186&TId = 2。

[203] 李帅：《"碳金融"演绎新版"货币战争"?》，《中国联合商报》2010 年 1 月 25 日。

［204］李学华：《南非拟于2015年起全面征收碳税》，2013年3月14日，见http：//cdm. ccchina. gov. cn/Detail. aspx？newsId＝39555&TId＝2。

［205］梁嘉琳：《国际民航组织推欧盟碳税替代方案 或获中美支持》，2012年3月19日，见http：//news. hexun. com/2012－03－19/139454649 1. html。

［206］廖志慧：《碳交易，莫因短视错失良机》，《湖北日报》2013年3月8日。

［207］刘利芳：《消息显示欧盟准备在征收航空碳税之事上作出让步》，2013年9月6日，见http：//finance. ifeng. com/a/20130906/10623896_ 0. shtml。

［208］龙金光：《碳关税贸易阻击战袭来》，2012年12月1日，见http：//biz. xinmin. cn/2012/12/01/17424383. html。

［209］马莉、蔡涛、宋海云：《国内外碳交易市场现状及趋势》，2012年10月16日，见http：//news. hexun. com/2012－10－16/146805181. html。

［210］牛玉斌：《财政奖励资金到位慢将减弱合同能源管理推广力度》，2014年1月23日，见http：//www. emcsino. com/html/news_ info. aspx？id＝14144。

［211］秦菲菲：《中央财政将参股创投基金，力捧战略性新兴产业》，2011年9月10日，见http：//finance. eastmoney. com/news/1350，20110910162204122. html。

［212］任文：《欧盟让步航空碳税条例 消除贸易争端》，2013年9月12日，见http：//gb. cri. cn/40151/2013/09/12/7091s4251437. htm。

［213］万怡挺：《揭开"碳关税"的面纱》，《国际商报》2010年7月9日。

［214］王成至：《碳关税的讨论及其实施前景》，2010年7月16日，见ht-tp：//www. eedu. org. cn/Article/es/envir/ptheory/water/201007/49839. html。

［215］王康：《发改委副主任解振华：鼓励社会投资发展新能源》，2009年9月24日，见http：//news. hexun. com/2009－09－24/121193645_ 1. html。

［216］王受文：《碳排放交易对中国外贸既有影响也有机遇》，《国际商报》2013年3月29日。

［217］王宇、李季：《碳金融：应对气候变化的金融创新机制》，《中国经济时报》2008年12月9日。

［218］徐燕燕：《低碳试点城市三年调查：负责官员称"没啥亮点"》，2014年1月10日，见http：//city. ifeng. com/cskx/20140110/403679. shtml。

［219］薛亮：《碳贸易战一触即发 国际民航组织尽力斡旋》，2013年9月9日，

见 http：//gb. cri. cn/40151/2013/09/09/4965s4247439. html。

[220] 袁瑛：《华沙气候大会：虽无惊喜，暗流涌动》，2013 年 11 月 7 日，ht-tp：//www. infzm. com/content/95725。

[221] 余乔乔：《世界贸易组织总干事拉米表示世贸组织尚未向碳关税开绿灯》，2009 年 9 月 14 日，见 http：//www. mofcom. gov. cn/aarticle/i/jyjl/m/200909/20090906516209. html。

[222] 余乔乔：《应对气候变化欧盟抢先列出 164 个受保护的工业部门》，2009 年 11 月 5 日，见 http：//fr. mofcom. gov. cn/aarticle/ddgk/zwqihou/200911/20091106601004. html。

[223] 张日：《欧盟边境"碳关税"恐曲高和寡》，2012 年 5 月 29 日，见 ht-tp：//energy. people. com. cn/BIG5/18013522. html。

[224] 章文：《碳关税不应引爆中美贸易战》，2009 年 7 月 22 日，见 http：//time - weekly. com/story/2009 - 07 - 22/102067. html。

[225] 中国低碳网：《联合国政府间气候变化专门委员会第五份评估报告要点》，2013 年 9 月 29 日，见 http：//www. ditan360. com/News/Info - 134079. html。

[226] 中国碳排放交易网：《日本碳交易市场模式：政府扶持，市场主导》，2013 年 6 月 28 日，见 http：//www. tanpaifang. com/tanjiaoyi/2013/0628/21774. html。

[227] 中国行业研究网：《税收优惠撬动合同能源管理机制》，2014 年 2 月 18 日，见 http：//www. emcsino. com/html/news_ info. aspx? id = 14184。

[228] 中央政府门户网站：《中国应对气候变化的政策与行动 (2011)》（白皮书），2011 年 11 月 22 日，见 http：//www. gov. cn/jrzg/2011 - 11/22/content_ 2000047. htm。

[229] 赵川：《华沙气候大会在即 两大谈判重点》，2013 年 11 月 5 日，见 ht-tp：//news. hexun. com/2013 - 11 - 05/159362388. html。

[230] 驻欧盟使团：《欧委会就推动航海减排提出立法建议》，2013 年 7 月 5 日，见 http：//cdm. ccchina. gov. cn/Detail. aspx? newsId = 40693&TId = 2。

[231] Ahrens K. , *An Energy Policy for Europe*, Commission of the European Communities COM (2007) final, see http：//ec. europa. eu/energy/energy_ policy/doc/01 _ energy_ policy_ for_ europe_ en. pdf.

[232] Aldy J. E. & Stavins R. N. , *Architectures for Agreement：Addressing Global Climate Change in the Post - Kyoto World*, London：Cambridge University Press, 2007.

[233] Barbaro M. , *Home Depot to Display an Environmental Label*, April17, 2007,

http：//www. nytimes. com/2007/04/17.

[234] Bolin B. , *A History of the Science and Politics of Climate Change*：*the Role of the Intergovernmental Panel on Climate Change*, London：Cambridge University Press, 2007.

[235] Brake D. , Grubb M. & Windram C. , *International Trade and Climate change Policies*, London：Earthscan Publications, 2000.

[236] Byrne J. , Hughes H. , Rickerson W. & Kurdgelashvili L. *American Policy Conflict in the Greenhouse*：*Divergent Trends in Federal, Regional, State, and Local Green Energy and Climate Change Policy*, Energy Policy, Vol. 9, 2007.

[237] Cattaneo O. , *Taxing Carbon at the Border could be Protectionism in Disguise*, June 24, 2010, http：//yaleglobal. yale. edu/content/growing – challenges – energy – and – environment – part – ii.

[238] Cendra J. , "Can Emissions Trading Schemes be Coupled with Border Tax Adjustments? An Analysis vis – à – vis WTO Law", *Review of European Community & International Environmental Law*, Vol. 2, 2006.

[239] Copeland B. R. , "Taylor M S. North – South Trade and the Environment", *Quarterly Journal of Economics*, Vol. 2, 1994.

[240] Corcoran T. , *Carbon Tariff Trade War?*, March 25, 2008, http：// www. nationalpost com/opinion/columnists/story. htm? id = 397658.

[241] Cosbey A. , *Border Carbon Adjustment*, Manitoba Canada：International Institute of Sustainable Development, 2008.

[242] Cropper M. & Oates W. , "Environmental Economics：A Survey", *Journal of Economic Literature*, Vol. 30, 1992.

[243] Deardorff A. V. , "International Externalities in the Use of Pollution Policies", *International Review of Law and Economics*, Vol. 16, 1996.

[244] Dong Y. & Whalley J. , *Carbon Motivated Regional Trade Arrangements*：*Analytics and Simulations*, Cambridge Massachusetts：*NBER Working Paper*, No. 14880, 2009.

[245] Dong Y. & Whalley J. , *Trade Policy and Carbon Free Trade Areas*, Cambridge Massachusetts：*NBER Working Paper*, No. 14431, 2008.

[245] Doniger D. , *American Power Act "First Read" of the Kerry – Lieberman Climate and Energy Legislation*, May 12, 2010, http：//www. usclimatenetwork. org /policy

/american – power – act.

[246] Droege S. , *Tackling Leakage in a World of Unequal Carbon Prices*, Washington, D C: Climate Strategies Report, 2009.

[247] Du X. D. , Dong F. X. , Hayes D. J. & Brown T. R. , "Assessment of Environmental Impacts Embodied in U. S. – China and U. S. – India Trade and Related Climate Change Policies", *Amer. J. Agr. Econ*, Vol. 1, 2011.

[248] Ekardt F. , *Border Adjustments, WTO Law, and Climate Protection, Critical Issues in Environmental Taxation*, 2008, http: //www. doc88. com/p – 856247788455. html.

[249] Engau C. & Hoffmann V. H. , "Corporate Response Strategies to Regulatory Uncertainty: Evidence from Uncertainty about Post – Kyoto Regulation", *Policy Sci*, 2011 (44).

[250] Fischer C. & Fox A. K. , "The Role of Trade and Competitiveness Measures in US Climate Policy", *American Economic Review: Papers & Proceedings*, Vol. 3, 2011.

[251] Frankel J. & Rose A. , "Is Trade Good or Bad for the Environment? Sorting out the Causality", *The Review of Economics and Statistics*, Vol. 1, 2002.

[252] Freestone D. & Streck C. , *Legal Aspects of Carbon Trading: Kyoto, Copenhagen, and Beyond*, London: Oxford University Press, 2009.

[253] Gros D. , *Global Welfare Implications of Carbon Border Taxes*, Munich: CES/ifo Working Paper, No. 2790, 2009.

[254] Gros D. & Egenhofer C. , "The Case for Taxing Carbon at the Border", *Climate Policy*, Vol. 11, 2011.

[255] Hallding K. , Han G. & Olsson M. , *A Balancing Act: China's Role in Climate Change*, Stockholm: Swedish Commission on Sustainable Development, 2009.

[256] Herrmann C. , Terhechte J. P. , *European Yearbook of International Economic Law* 2010, Berlin: Springer – Verlag Berlin Heidelberg, 2010.

[257] Hogan L. & Thorpe S. , *Issues in Food Miles and Carbon Labeling*, ABARE research report, 2009.

[258] Hole M. , "Should a Carbon Tax be Differentiated across Sectors?", *Journal of Public Economics*, Vol. 59, 1995.

［259］ Holmes P. , Reilly T. & Rollo J. , "Border Carbon Adjustments and the Potential for Protectionism", *Climate Policy*, Vol. 11, 2011.

［260］ Hourcade J. , Demailly D. , Neuhoff K. & Sato M. , *Differentiation and Dynamics of EU – ETS Industrial Competitiveness Impacts*, London: Climate Strategies, 2007.

［261］ House T. , Bradley R. , Childs B & et al. , *Leveling the Carbon Playing Field: International Competition and US Climate Policy Design*, Washington, D C: Peterson Institute for International Economics, 2008.

［262］ Hübler M. , *Can Carbon Based Import Tariffs Effectively Reduce Carbon Emissions?*, Germany: *Kiel Working Papers*, No. 1565, October 2009.

［263］ IEA Statistics, *CO_2 Emissions from Fuel Combustion*, Highlights, 2009 Edition, http: //ccsl. iccip. net/co2highlights. pdf.

［264］ Ismer R. & Neuhoff K. , "Border Tax Adjustments: A Feasible Way to Address Nonparticipation in Emission Trading", *European Journal of Law and Economics*, Vol. 24, 2007.

［265］ *Italy Joins French Calls for EU Carbon Tariff*, April 16, 2010, http: // www. euractiv. com/en/climate – environment/italy – joins – french – calls – for – eu – carbon – tariff – news – 450643.

［266］ Jhamtani H. , *Unilateral Trade Measures to Protect Climate Change Violate Climate Treaty – say Developing Countries*, August13, 2009, TWN Bonn News Update 7.

［267］ Lockwood B. & Whalley J. , *Carbon Motivated Border Tax Adjustments: Old Wine in Green Bottles?*, Cambridge Massachusetts: *NBER Working Paper*, No. 14025, 2008.

［268］ Kee H. L. , Ma H. & Mani M. , "The Effects of Domestic Climate Change Measures on International Competitiveness", *The World Economy*, 2010.

［269］ Kuik O. & Gerlagh R. , "Trade Liberalization and Carbon Leakage", *Energy Journal*, Vol. 3, 2003.

［270］ MacLeay I. , Harris K. , Annut A. et al. , *Digest of United Kingdom Energy Statistics* 2013, London: A National Statistics publication, 2013.

［271］ Manders T. & Veenendaal P. , *Border Tax Adjustments and the EU – ETS, a Quantitative Assessment*, http: //ideas. repec. org/p/cpb/docmnt/171. html, 2008.

［272］ McKibbin W. J. & Wilcoxen P. J. , *The Economics and Environmental Effects of Border Tax Adjustments for Climate Change*, http：//www. brookings. edu/ ~ /media/e-vents/2008/6/09％20climate％20trade/2008_ mckibbin_ wilcoxen. pdf, 2008.

［273］Metcalf G. E. & Weisbach D. , "The Design of a Carbon Tax", *Harvard Environmental Law Review*, Vol. 33, 2009.

［275］Monjon S. & Quirion P. A. , "Border Adjustment for the EU ETS：Reconciling WTO Rules and Capacity to Tackle Carbon Leakage ", *Climate Policy*, Vol. 11, 2011.

［276］Moore O. M. , "Implementing Carbon Tariffs：A Fool's Errand?", *The World Economy*, 2011.

［277］Neuhoff K. , Acworth W. , Dechezleprêtre A. , S. , Sartor O. , Sartor M. , Schleicher S. & Schopp A. , *Staying with the Leaders Europe's Path to a Successful Low - carbon Economy*, UK：Climate Strategies, 2014.

［278］Neuhoff K. , Vanderborght B. et al. , *Carbon Control and Competitiveness Post 2020：the Cement Report*, UK：Climate Strategies, Vol. 3, 2014.

［279］OECD, *Implementing Environmental Fiscal Reform：Income and Sectoral Competitiveness Issue*, Paris：OECD, 2002.

［280］OECD, *Linkages between Environmental Policy and Competitiveness*, OECD：*Environment Working Papers*, 2010.

［281］Olivier J. , Greet J. M. & Peters J. , *Trends in Global CO2 Emissions (2012 Report)*, PBL Netherlands Environmental Assessment Agency, 2012.

［282］Pauwelyn J. , *U. S. Federal Climate Policy and Competitiveness Concerns：the Limits and Options of International Trade Law*, Duke University：Nicholas Institute for Environmental Policy Solutions, 2007.

［283］Pearce D. , "The Role of Carbon Taxes in Adjusting to Global Warming", *The Economic Journal*, Vol. 7, 1991.

［284］Peterson S. & Klepper G. , *The Competitiveness Effects of the EU Climate Policy*, Germany：*Kiel Working Paper*, No. 1464, 2008.

［285］Quick R. , "Border Tax Adjustment to Combat Carbon Leakage：A Myth", *Global Trade and Customs Journal*, Vol. 4, 2009.

［286］Rentz H. , "From Joint Implementation a System of Tradable to CO_2 Emission

Entitlements", *International Environmental Affairs*, Vol. 8, 1995.

[287] Revesz R. , *"Rehabilitation Interstate Competition: Rethinking the Race – to – the – bottom Rational for Federal Environmental Regulation"*, New York University Review, 1992.

[288] Samuelson P. A. , "The Pure Theory of Public Expenditure", *The Review of Economics and Statistics*, Vol. 4, 1954.

[289] Shanley M. & Wissenbach I. , *Germany calls Carbon Tariffs "Eco – imperialism"*, July 24, 2009, http: //www. reuters. com/article/2009/07/24/us – germany – tariffs – idUSTRE56N1RJ20090724.

[290] Smith S. , *Environmentally Related Taxes and Tradable Permits Systems in Practice*, Paris: OECD, Vol. 1, 2008.

[291] Solomon S. , *Climate Change* 2007: *The Physical Science Basis – Working Group Contribution to the Fourth Assessment Report of the IPCC*, London: Cambridge University Press, 2007.

[292] Spongenberg H. , *Mandelson to Dismiss French Plan for "Carbon Tax"*, December 18, 2006, http: //euobserver. com/news/23124.

[293] Stern N. , *The Economics of Climate Change: The Stern Review*, London: Cambridge University Press, 2007.

[294] Talley I. , Barkley T. , *Energy Chief Says U. S. is Open to Carbon Tariff*, Match 18, 2009, http: //online. wsj. com/article/SB123733297926563315. html.

[295] Tamiotti L. , "The Llegal Interface between Carbon Border Mmeasures and Trade Rules", *Climate Policy*, Vol. 11, 2011.

[296] Tamiotti L. , Teh R. , Kulacoglu V. , Olhoff A. & Simmons B. , *Trade and Climate Change: WTO – UNEP Report*, New York and Ottawa: Renouf Publishing Company Limited, 2009.

[297] Tamiotti L. , Teh R. , Kulacoglu V. , Olhoff A. & Simmons B. , *Trade and Climate Change: WTO – UNEP Report*, New York and Ottawa: Renouf Publishing Company Limited, 2009.

[298] UNCTAD Secretariat. *Trade and Development Report* 2009, New York and Geneva: United Nations publications, 2009.

[299] UNFCCC – Secretariat, *UN Climate Change Conference in Cancun Delivers Balanced Package of Decisions, Restores Faith in Multilateral Process*, December 11, 2010, http: //www. unep. org/climatechange/News/PressRelease/tabid/416/language/en – US/Default. aspx? DocumentId = 653&ArticleId = 6866.

[300] Veel P. E. , "*Carbon Tariffs and the WTO: An Evaluation of Feasible Policies*", Journal of International Economic Law, Vol. 9, 2009.

[301] Voituriez T. & Wang X. , "Getting the Carbon Price Right through Climate Border Measures: a Chinese Perspective", *Climate Policy*, Vol. 11, 2011.

[302] Wackernagel M. & Lewan L. , "Evaluating the Use of Natural Capital with the Ecological Footprint", *Ambio*, Vol. 7, 1999.

[303] Wackernagel M. & Rees W. , *Our Ecological Footprint: Reducing Human Impact on the Earth*, Canada: New Society Publishers, 1996.

[304] Walter I. & Ugelow J. , "Environmental Policies in Developing Countries", Ambio, Vol. 2, 1979.

[305] Wiser G. M. , "The Clean Development Mechanism Versus the World Trade Organization: Can Free Market Greenhouse Gas Emissions Abatement Survive Free ", *Georgetown Internetional Environmental Law Review*, Vol. 3, 1999.

[306] World Bank Group, *International Trade and Climate Change – Economic, Legal, and Institutional Perspectives*, Washington, D. C. : World Bank Publication, 2007.

[307] Zhang Z. X. , "The U. S. Proposed Carbon Tariffs, WTO Scrutiny and China's Responses", *Int Econ Econ Policy*, Vol. 7, 2010.

后 记

近年来，我一直致力于外经贸领域的教学与研究工作，长达十余年的辛勤工作让我日益体会到在国际视野下看待中国经济问题的乐趣，本书的写作就是这样一种尝试。完稿之际，我的喜悦之情溢于言表，因为写作让我收获的不仅仅是学识，还有孜孜不倦去探究真理的精神。当前，我国的低碳经济研究日趋升温，我愿意加入此行列之中，为生态文明下更好地进行我国的经济建设，为我国外经贸事业的更好发展，贡献我的聪明才智。

本书的最终完稿离不开众多前辈及同仁的关心教导与无私帮助。首先，感谢中共中央党校博士生导师张伯里教授，一直以来，我都认为能够拜在伯里老师门下，让我比常人多了一份幸运，本书从选题、写作到定稿，都融入了他的细心指导；其次，感谢中共中央党校王天义教授和陈江生教授、国防大学罗永光教授、国家行政学院李江涛教授，他们为本书提供了宝贵建议；再次，感谢河南科技学院对本书写作的大力支持，能够让我没有后顾之忧地专心写作；再次，感谢我的家人和孩子对我研究工作的鼎力支持和默默奉献；最后，感谢人民出版社对本书学术价值的认可以及他们对出版事宜的无私付出。寥寥数语不足以表达我的感激之情，我愿将这份感激之情化作无穷的动力，百尺竿头，更进一步，在低碳经济研究领域能够有更多的成就。

需要指出的是，由于本书涉及的因素很多，研究内容的政策性也较强，限于本人的学术水平，书中难免会有考虑不周之处，敬请学术同仁及广大读者批评指正。

鲁 旭

2015 年 6 月

责任编辑:张　燕
封面设计:林芝玉
版式设计:胡欣欣
责任校对:吕　飞

图书在版编目(CIP)数据

中国低碳经济发展策略论:国际碳关税视角/鲁旭 著.
　-北京:人民出版社,2015.10
ISBN 978－7－01－015260－8

Ⅰ.①中…　Ⅱ.①鲁…　Ⅲ.①节能-经济发展-研究-中国
②二氧化碳-排气-关税-影响-研究-中国　Ⅳ.①F12

中国版本图书馆 CIP 数据核字(2015)第 225959 号

中国低碳经济发展策略论
ZHONGGUO DITAN JINGJI FAZHAN CELÜELUN
——国际碳关税视角

鲁　旭　著

人民出版社 出版发行
(100706　北京市东城区隆福寺街 99 号)

北京市通州兴龙印刷厂印刷　新华书店经销

2015 年 10 月第 1 版　2015 年 10 月北京第 1 次印刷
开本:710 毫米×1000 毫米 1/16　印张:17.5
字数:230 千字

ISBN 978－7－01－015260－8　定价:42.00 元

邮购地址 100706　北京市东城区隆福寺街 99 号
人民东方图书销售中心　电话 (010)65250042　65289539

版权所有·侵权必究
凡购买本社图书,如有印制质量问题,我社负责调换。
服务电话:(010)65250042